U0916076

珍藏本
纪念版

汉译世界学术名著丛书

伦理学体系

——根据知识学的原则

〔德〕费希特 著

梁志学 李理 译

2017年·北京

Johann Gottlieb Fichte
DAS SYSTEM DER SITTENLEHRE
nach den Prinzipien der Wissenschaftslehre
根据巴伐利亚科学院版《费希特全集》
第I辑第5卷(斯图加特1977年,弗洛曼出版社)第21－317页译出

汉译世界学术名著丛书
（120 年纪念版·珍藏本）
出 版 说 明

2017 年 2 月 11 日，商务印书馆迎来 120 岁的生日。120 年前，商务印书馆前贤怀揣文化救国的理想，抱持“昌明教育，开启民智”的使命，立足本土，放眼寰宇，以出版为津梁，沟通中西，为中国、为世界提供最富智慧的思想文化成果。无论世事白云苍狗，潮流左右激荡，甚至战火硝烟弥漫，始终践行学术报国之志，无改初心。

迻译世界各国学术名著，即其一端。早在 20 世纪初年便出版《原富》《天演论》等影响至今的代表性著作，1950 年代后更致力于外国哲学和社会科学经典的译介，及至 1980 年代，辑为“汉译世界学术名著丛书”，汇涓为流，蔚为大观。丛书自 1981 年开始出版，历时三十余年，迄今已推出七百种，是我国现代出版史上规模最大、最为重要的学术翻译工程。

丛书所选之书，立场观点不囿于一派，学科领域不限于一门，皆为文明开启以来，各时代、各国家、各民族的思想与文化精粹，代表着人类已经到达过的精神境界。丛书系统译介世界学术经典，引领时代思想，为本土原创学术的发展提供丰富的文化滋养，为推动中国现代学术和现代化进程做出了突出的贡献。

为纪念商务印书馆成立120周年，我们整体推出“汉译世界学术名著丛书”120年纪念版的珍藏本，寄望既利于文化积累，又便于研读查考，同时向长期支持丛书出版的译者、编者和读者致以敬意。

两甲子后的今天，商务印书馆又站在了一个新的历史时间节点上。我们不仅要铭记先辈的身影和足迹，更须让我们的步伐充满新的时代精神。这是商务人代代相传的事业，更是与国家和民族的命运始终紧密相连的事业。我们责无旁贷，必须做好我们这代人的传承与创造，让我们的努力和成果不仅凝聚成民族文化的记忆，还能成为后来人可以接续的事业。唯此，才能不负前贤，无愧来者。

商务印书馆编辑部

2017年10月

中文版序言

本书是费希特依据他的知识学原理,系统地研究道德哲学的专著。这项工作是他在耶拿大学讲授道德学说的过程中进行的,开始于1796年夏季,完成于1797年秋季。全书以《以知识学为原则的伦理学体系》为标题,发表于1798年复活节。

关于这部写得完整的古典伦理学著作,译者想按照自己的初步理解和研究结果,向我国读者扼要地谈三个问题。

一、本书在近代欧洲伦理学史中的地位

大家知道,中世纪经院哲学完成者托马斯·阿奎那认为,人生的目的是人的幸福,而人生的最高幸福是追求最高的真善美,即追求作为万事万物的最终目的的上帝。他指出,人的幸福不在于肉体的快乐,因为这种快乐阻碍人接近上帝;尘世的幸福虽然能满足一时的愿望,但毕竟是有限的,而只有追求上帝才是无限的幸福。所以他认为,要达到至善至福,单靠后天养成的审慎、正义、节制和刚毅这四种德性是不充分的,还必须具有神学的德性,即信仰、希望和爱。在这三种神学德性中,爱是根本的,爱上帝是最高的神学德性,而且必须经过教会,因为上帝是通过教会赐恩于人的。很明

显,这种伦理学的实质从实践方面看,在于把封建教权的专横统治颂扬为最合乎道德的,而把广大人民的正当欲求描绘为最不合乎道德的;从理论方面看,在于抬高神的地位,而贬低人的尊严。它是一种典型的宗教道德哲学。

在欧洲各国从封建主义过渡到资本主义的时期,代表新兴资产阶级的哲学家们都在这样或那样的程度上批评了这种禁欲主义的宗教道德哲学,而从人本身得出伦理原则,由此建立起提倡人的自由和尊严、价值和才能的伦理学。由弗兰西斯·培根开始的英国经验主义哲学家从人的感性出发,把新时代的利益定为道德的原则,创建和发展了功利主义伦理学;与此同时,在欧洲大陆上,由勒奈·笛卡尔开始的理性主义哲学家则从人的理性出发,把新时代的理性定为道德的原则,创建和发展了先验主义伦理学。虽然两派的哲学思路相反,但在破除旧的道德观念和建立新的道德观念方面却是相同的。

十八世纪的法国启蒙哲学家继承了英国经验主义伦理学的传统,在为行将到来的政治革命做思想准备的时候,发挥了幸福主义的伦理学。例如,费希特在本书中批评过的克·阿·爱尔维修就认为,物质世界是由运动的规律支配的,道德世界是由利益的规律支配的,因此,个人利益是人类行为的价值的唯一普遍标准;并且他以这样的规律为依据,把追求快乐和避免痛苦定为永远支配人的行动的唯一原则。

德国古典哲学开创者康德作为新兴资产阶级思想家,同样批判了中世纪禁欲主义的宗教道德哲学。他指出,人具有理性,同时也具有感性,所以,照顾到感性方面的要求是自然而然的事情。道德与幸福并不是相互对立的，也不是可以相互取代的。真正的问题在于，人如何才配享幸福。他认为，只有有道德的人才配享幸福，并不是道德依赖于幸福，而是幸福应该依赖于道德。所以，康德也不赞成十八世纪法国启蒙哲学家所持的那种幸福主义伦理学，因为对于幸福的追求或利益的千差万别的经验因素，不足以构成人类行为的价值的普遍有效标准。他沿着莱布尼茨的理性主义传统，吸收卢梭的自由思想，从人的理性得出决定道德行为的善良意志，并进而推演出体现这一意志的职责概念和道德规律，高扬了人作为道德行为的主体所固有的自由和尊严。

作为康德哲学的继承者，费希特在本书中贯彻了康德的这个基本立场，既反对了中世纪禁欲主义的宗教道德哲学，也批评了在英国和法国盛行的功利主义、幸福主义伦理学；同时，作为康德哲学的改造者，他在本书中又发展了康德的先验主义伦理学。这包括两个方面：其一，就形式而言，他应用古典公理化方法，从知识学原理出发，演绎伦理原则及其实在性和适用性，得出了伦理学的各条定理和各个范畴，克服了康德演绎中的缺陷；其二，就内容而言，他在广阔的现实范围里研讨伦理原则的各种条件和人的职责问题，试图克服康德的形式主义倾向，得出了康德未能得出的结论，而为谢林和黑格尔创建他们各自的实践哲学提供了重要论点。我们完全可以说，费希特的这部伦理学著作既是用科学方法对先验伦理原则作出的深刻论述，也是以感人激情对人类道德完善表示的热烈向往。

二、本书的逻辑结构和主要观点

费希特的伦理学是构成他的思想体系的一门实践哲学。它的课题是要阐明一种必然的思维的体系，即道德世界符合于和产生于我们的伦理原则。它的演绎的出发点是作为主观东西与客观东西的同一体的完整自我或绝对自我，更简单地说，是理性存在者或理智力量。它的演绎的方向与理论哲学走的道路不同，不是从客观到主观，而是从主观到客观。按照体系的这种要求，费希特把他的这部伦理学著作分为三编。第一编讲的是伦理原则的演绎，即从完整自我出发，推导出人的道德本性或人之内的伦理原则。他认为，只有经过这样的演绎，才有可能形成一门道德哲学。第二编讲的是伦理原则的实在性和适用性的演绎。他认为，理性存在者组成的共同体是由伦理原则规定的，作为道德规律的伦理原则在这个共同体里是毫无例外地适用的。第三编讲的是伦理原则在社会生活的各个方面的系统应用。这一编又分为三章。第一章谈的是行为的道德性的形式条件，即给评判我们的职责建立起一个在实践中适用的标准。第二章谈的是行为的道德性的实质条件，即从一个更高的原则出发，说明我们的职责是什么。第三章的内容是按照这两种条件，规定理性存在者的各类道德职责，即普遍的、有条件的职责和特殊的、有条件的职责，普遍的、无条件的职责和特殊的、无条件的职责。

在第一编里，费希特依据绝对自我的本质，建立起一条定理，即自我察觉其自身是具有意志活动能力的，并且把意志活动规定

为达到独立和自由的内在趋势，从而得出了理性存在者固有的伦理原则。他写道，“伦理原则是一种关于理智力量的必然的思想，即理智力量应该毫无例外地按照独立性概念规定自己的自由”。（《费希特全集》第Ⅰ辑，第5卷，第69页）在演绎和论述伦理原则时，他发展了康德的两个重要观点。第一，他不仅像康德一样，彻底否定道德他律，要求独立于外在目的，寻找道德行为的动机，而且像康德一样，认为人的理性具有规定道德行为，使之服从于我们之内的道德规律的能力，论证了伦理原则不能由人的感性，而只能由人的理性加以规定。他将道德自律分为三个方面。首先，我们总是将自己给自己制定的道德规律当作自己的活动的准则，并寻找这条规律在一切场合要求的东西。整个道德生活无非是我们不断地给自己制定这条规律的活动，在什么地方这种活动停止了，在什么地方非道德性也就开始了。其次，关于道德规律的内容所要求的无非是绝对独立性，所以，在内容方面按照这条规律对意志活动进行的规定仅仅是出自我们本身，而从我们之外借用进行规定的根据恰恰是违反规律的。最后，关于我们必然服从道德规律的概念是仅仅通过我们对自己的绝对自由反思，在我们的独立性中形成的；这个概念是自由思维的条件，并没有无条件的强制作用，因为这种强制作用不仅不可理解，而且会取消自由概念。第二，康德把道德规律与自由当作我们考察的同一个层次上的对象，从对于道德规律的意识推演出对于自由的确信，从而揭示了两者的统一。费希特赞同康德的这个结论，但不赞同他的这种推演。在费希特看来，在原始自我中的主观东西与客观东西是相互规定的，如果客观东西是由主观东西规定的，那就给出了把自由视为独立性

能力的概念,如果主观东西是由客观东西规定的,那就给出了按照独立性概念规定自我的必然性的思想;因此,我们必须把自由和规律设想为一个同一体,而既不能认为自由是从规律得出来的,也不能认为规律是从自由得出来的。他在谈到这两者的统一时写道,"当你设想你自己是自由的时候,你不得不在规律之下设想你的自由,当你设想这种规律的时候,你不得不设想你自己是自由的,因为在规律中就假定了你的自由,并且规律宣示其自身为一种自由的规律"。(I,5,64)这可以说是对于康德提出的支配道德世界的自由规律的一种更加合理的论证。

在第二编里,费希特所作的伦理原则的实在性和适用性的演绎,就是要论证我们的道德世界是由伦理原则规定的。这种论证是一个从抽象到具体、从伦理原则到各项定理的推演过程。他确立的第一条定理说,理性存在者不在它自身之外同时设想它所指向的某种东西,就不能认为自己具有任何能力。这是我们要拥有自由能力,用伦理原则塑造共同体的外部条件。第二条定理说,理性存在者不在它自身之内察觉它的自由能力的一种现实发挥,就同样不能认为自己具有这种能力。这是我们要拥有自由能力,用伦理原则塑造共同体的内部条件。第三条定理说,理性存在者不同时认为它自身有一种在它自身之外的现实因果性或效用性,就不能在它自身之内察觉它的自由的任何发挥或意志活动。这是第二条定理的深化,要说明理性存在者想察觉自己确有意志活动,就必须在自身之内还察觉有一种在自身之外的现实因果性。第四条定理说,理性存在者不通过固有的因果性概念,以某种方式规定因果性,就不能认为自己有任何因果性。这是第三条定理的深化,要

说明理性存在者在什么条件下能认为自己具有那种现实因果性。第五条定理说,理性存在者不给效用性假定客体的某种效用性,就不能认为其自身有任何效用性。这比第四条定理陈述的内容又前进了一步。第四条定理说,理性存在者在什么条件下才有一种在感性世界中的因果性,第五条定理则进一步说,理性存在者要有这样一种因果性或效用性,就必须在这种效用性中假定有客体的某种效用性。这就是说,理性存在者的效用性不仅是纯粹形式的观念活动,而且是具有内容的实在活动,所以,理性存在者不仅是作为精神力量,而且是作为自然力量,发挥其按照伦理原则规定感性世界的作用的。由此可见,伦理原则在人类社会中具有实在性和适用性。

如果说费希特在第一编里是从绝对自我出发,通过分析其中的主观东西与客观东西的相互作用,推导出了伦理原则,那么,他在第二编里则是从上述定理出发,通过分析人的自然冲动与精神冲动的矛盾关系,阐述伦理原则的实在性和适用性的。在这方面他规定了许多伦理学范畴,我们可以把他所作的最重要的规定概述如下。第一,低级欲求能力被规定为取决于自然冲动的、追求物质对象的渴望,高级欲求能力被规定为取决于精神冲动的、追求绝对自由的渴望。他认为自然冲动本身无可指责,但他反对那种把精神冲动置于自然冲动之下的享乐主义。他认为精神冲动应该统辖自然冲动,但他不同意康德那种未充分注意自然冲动的倾向。他说,“只着眼于高级欲求能力,就会单纯得到道德形而上学,它是形式的和空洞的。只有把高级欲求能力与低级欲求能力综合统一起来,才得到一门伦理学,它必定是实在的”。(I,5,126)在他看来，自我的真正存在就在于两种冲动的同一性，两者是同一种构成自我的本质的原始冲动，只不过这种冲动是从不同的方面观察到的。如果把自我视为一种仅仅由感性直观和逻辑思维规律规定的客体，这种冲动就变成了自然冲动，因为自我在这方面是天然东西；但如果把自我视为主体，这种冲动则变成了精神冲动。他主张，以精神冲动为指导，以自然冲动为基础，把两者统一起来。第二，形式自由被规定为这样的活动，即以对于自然冲动的意识为依据，按照对待自然事物的原则，决定行动的取舍；实质自由被规定为这样的活动，即以对于形式自由的意识为依据，按照为自由而自由的原则，干预自然冲动。费希特批评了那种依然受自然事物序列的约束，因而具有受动性的形式自由，而主张上升到实质自由，认为这才是理性存在者在自己的客观活动中摆脱自然因果性规律的支配，真正以精神实体性的规律为指导的关键。他从结果方面对比了经验主义伦理学坚持的形式自由和先验主义伦理学提倡的实质自由。前者以追求物质享受为目的，使人发现自己也不过是自然事物序列中的一个部分，因而不能尊重自己，陷入了自暴自弃的境地；与此相反，后者则以维护人的尊严为目的，使人发现自己是高于一切自然事物的理智力量，因而能够自力更生，坚守自己的独立不倚的地位。第三，费希特把兴趣分为两种，即基于自然冲动的感性兴趣和基于精神冲动的理智兴趣。在感性兴趣中，人所渴望的天然东西符合于人的自然冲动，则出现愉悦，不符合于人的自然冲动，则出现不快；在理智兴趣中，精神冲动得到满足，则出现愉悦，得不到满足，则出现不快。不过这是两种不同的愉悦或不快。在前一种情况下，我们忘记了自己，导致了人性的自相分离和自我异化;在后一种情况下,我们则返回到自身,导致了人性的自我复归和自相一致,即使精神冲动没有得到满足,我们感到懊恼,这也取决于我们的自由。费希特提出,我们必须尊重我们的更高天性及其要求,我们必须克服这种懊恼情绪。可以说,这些要求是这位真诚的古典哲学家面对物欲横流和道德沦丧的异化世界发出的肺腑之言。第四,在费希特看来,当人抑制着感性兴趣,抱着理智兴趣付诸行动时,他既处于自然事物序列中,也处于自由精神序列中。在后一序列中,精神冲动指引着他奔向一个虽然无法达到,但可以不断接近的无限目标;在后一序列中,自然冲动给他提供了不断接近这个目标的材料。因此,在人完成其使命的过程中,两种冲动都要会合起来;只有这样,伦理原则在其实际执行的过程中才是可能的。而这种会合就叫做伦理冲动,它把从精神冲动获得的形式赋予自然冲动,使之指导自然冲动,同时又把从自然冲动获得的内容供给精神冲动,使之支持精神冲动。这种形式与内容的统一是不应当割裂的。费希特不仅批判了抛弃伦理冲动的形式,盲目追求物质享受,贬低人的尊严的经验主义谬误,而且也批判了抛弃伦理冲动的内容,单纯追求空洞形式,漠视人的生存的独断主义谬误。他针对经验主义伦理学的那种自私自利的观点写道,"谁在道德方面只想关心自己,谁就连自己也关心不了,因为他的终极目的应该是关心整个人类。所以,他的德行绝不是什么德行,而是一种甘为奴隶、贪图报酬的利己主义"。(I,5,212)他针对中世纪宗教道德哲学的那种去欲存理的观点写道,"所有单纯从形式方面研讨伦理学的人们,假如能推勘到底,则像那些教导我们要把自己融合于上帝的神秘主义者一样,只能达到一个结果,那就是自我的

不断否定自己，自我的完全毁灭和消失”。(I,5,139)

在第三编里，费希特首先研讨了行为的道德性的形式条件。在他看来，伦理冲动赋予自然冲动以形式，要求人为自由而自由，这就意味着要求人单纯按照关于自己的职责的概念去行动，只让自己由那种认为某事是职责的想法来规定，而绝对不由任何其他想法来规定；但在这里，由于良心是人在自身之内固有的评判是非的能力，是对自己的绝对自由的意识，所以，那种要求也就意味着让人凭自己的良心去行动。因此，行为的道德性的形式条件就被费希特概括为这样一条命令：你要永远按照对于你的职责的最佳信念去行动，或者说，你要按照你的良心去行动。在费希特看来，只有凭良心去行动，才是在实践中评判我们的职责的适用标准，才符合于道德思维方式。他由此出发，批评了三种非道德的思维方式。一种是感性思维方式，它对待自然冲动的准则是以个人享受幸福为最终目的，因此它使人变成了有理智的动物。他反驳了爱尔维修主张人的一切所作所为都是出于自私的论点，说“这样的立论就把一切追求某种高尚的东西的努力都变得索然无味和毫无可能了”。(I,5,170)另一种是英雄思维方式，它绝不以感性享受为目的，而是一种不受限制、无视规律而主宰一切外在事物的准则，所以有这样的表现：想让别人拥有善良意志，但不想倾听职责的声音；想宽宏大量，体贴别人，但不想做得公正；对别人怀有善意，但不尊重别人的权利。费希特指出，这是压迫者的思维方式，它比感性思维方式更加危险。第三种是折衷思维方式，它在道德职责与感性欲求之间寻求妥协，把合乎道德的准则与不合乎道德的准则混合起来，用种种借口满足私欲，而拒不执行伦理原则。费

希特在批评这种错误时说,“为了职责,就应该牺牲一切,牺牲生命和荣誉,牺牲所有对人珍贵的东西。这是我们的看法。我们根本没有主张过,私心的满足与职责的履行无论如何总能并行不悖”。(I,5,181)为了克服这三种非道德的思维方式,费希特挖掘了它们在人性中的起源,即惰性、怯懦和虚伪这三种恶根。他像康德一样,认为人的天性在原初既不是善的,也不是恶的,而是通过自由的实践活动才成为善的或恶的。所以,他殷切地希望那些抱有非道德思维方式的人们能够改恶从善,养成道德思想方式。

其次,费希特研讨了行为的道德性的实质条件。这些条件要说明的问题是:从先验哲学的观点来看,我们的职责是什么。第一个条件是,人的躯体是人在感性世界中实现道德规律的工具;因此,我们的职责就是为了理性目的,从各方面保护和培养我们的躯体。第二个条件是,每个人都把自己设定为追求独立性的个体;因此,我们的职责就是把别人看作独立的。第三个条件是各个人在信念方面的相互作用;因此,我们的职责是在尊重每个人的外在自由的前提下,在我们所意识到的一切人当中创造绝对的自相一致。在这项研讨中,费希特提出和阐明的重要论点如下。其一,他提出道德规律左右一切理性存在者,所以,“人是实现理性的手段。这就是他的生存的最终目的;唯独为了这个目的,他才生存,如果事情不是如此,他就根本没有必要生存”。(I,5,230)不管费希特如何强调他的这个论点与康德关于每个人都以其自身为目的的论点是一致的,实际上他已经超越了康德,在道德哲学中迈出了一个决定性的步伐,为谢林和黑格尔把人视为理性的工具开了先河。其二,在谈到各个人的相互作用时,他揭示了一个矛盾,即每一个人

与其他人都相互把对方的行动视为预先决定的，而把自己方面的行动视为自由选择的；为了解决这一矛盾，他把前一类行动规定为超时间的必然行动序列，把后一类行动规定为在时间上的自由行动序列，揭示了前者贯穿在后者中，指明了人就是其所作所为，这都为进一步研究人类行为的规律性与随意性的辩证关系作出了贡献。其三，在谈到道德世界中的相互作用时，他一方面强调每个人都不可为了自己的自由而损害别人的自由，另一方面也强调"每个人能够和可以打算做的仅仅是规定别人的信念，而绝不是规定别人的有形活动"。(I,5,211)他严格区分了外在行为与内心信念、法权领域与道德领域，认为每个人对于教会制度和国家宪法都有坚持自己的信念，交流自己的思想的绝对职责。在他看来，正像把法权领域里的事情淡化为道德领域里的事情是错误的一样，把道德领域里的事情上升为法权领域里的事情也是错误的。其四，费希特认为，一切人为了理性目的而进行的相互作用，只有像道德规律要求的那样相信人类有无限的完善能力，才是可能的；即使能够证明人类迄今没有进步，反而是在倒退，我们也不能放弃这种在我们心中不可磨灭地培植起来的信念。他批评了否认人类有无限完善能力的谬论。他以犀利的笔触写道，"那些因为我们坚持道德规律绝对要求的信念，就把我们视为傻瓜的人们，究竟是些什么样的人，大家可以作出判断。不过，认为绝没有任何东西比这种信念对暴君与僧侣的专横统治更有危险性，对他们统治的王国的基础更有破坏性，这倒是真的"。(I,5,217)费希特彻底戳穿了封建专制主义者反对人类社会进步的原因。

最后，费希特研讨了人的各类道德职责。应该先解决的课题是如何划分这些职责。费希特提出的一个标准是实现道德规律的方式。就人应该成为实现理性的工具而言,人承担的是有条件的职责;就人应该符合共同体的要求而言,人承担的是无条件的职责。另一个标准是实现道德规律的范围。大家必须亲自完成,而不得转交给别人的事情,是普遍的职责;大家可以分工合作,转交给别人的事情,是特殊的职责。由于两种划分实际上是相互重合的,所以就有四类职责:普遍的、有条件的;特殊的、有条件的;普遍的、无条件的;特殊的、无条件的。

就人承担的普遍的、有条件的职责而言,道德规律的禁令是:你不要做任何按照你的意识来说,可能给你的自我保存带来危险的事情;道德规律的命令是:你要做任何按照你的最佳信念来说,能够增进你的自我保存的事情。费希特依据实现道德规律的要求,阐明了两个论点。一是反对轻生自杀,而主张任何人在任何情况下都要为完成理性托付给自己的使命而奋斗;二是主张舍生取义,而反对任何人在道德规律要求牺牲自己的生命时放弃自己的职责。对于穷人因为被剥夺了日常生活用品而自杀,他虽然表示同情,但是他认为,人应该有勇气,忍受那种对自己变得不堪忍受的生活,坚决完成理性交付给自己的使命。另一方面,他认为那种由于盲目追求独立性而自杀的刚强人物也并不真正勇敢,因为这类自杀只是对自然界里的自我保存的冲动力量的否定,表现了概念对自然的支配,与此相反,道德高尚的人则能忍受艰苦生活,为执行道德使命赴汤蹈火而在所不辞,这样的行为乃是概念本身对概念的支配,因而才是真正的英雄行为。

就人承担的特殊的、有条件的职责而言,道德规律的要求是每

个人都要为了促进理性的目的选择职业,使一切活动在共同体里得以有计划地和顺利地进行。在这里,费希特批评了那些无所事事和妨碍别人的人们,说他们不以特定的活动方式,致力于理性事业,是与道德规律的要求矛盾的。他反对封建等级观念,而认为每个职业阶层都在促进理性的目的,从种地打粮、养活人类的阶层开始,到思考未来、促其实现的学者和汲取研究成果、改革国家体制、造福子孙后代的立法者和开明君主为止,都是如此。因此,"如果每个人都依据职责去做自己所能做的一切,那么,各个阶层就都在纯粹理性的法庭面前具有同样的地位"。(I,5,244)就是说,在作出道德评判时,一切阶层都有同样的分量。

就人承担的普遍的、无条件的职责而言,道德规律的要求是每个人都要正确对待别人的自由行动。费希特把这种行动分为三个环节,即作为行动载体的身体、作为行动依据的认识和作为行动前提的财产。在他看来,既然健康的身体是理性的工具,所以我们应该在力所能及的范围内,像保护自己的身体那样,保护别人的身体。因此,一俟有人处于危险境地,我们就有责任舍己救人,因为一切人的生命都有同样的价值,在遇到危险的人得到援救以前,所有其他的人都不再有安然无恙地生存的权利。在他看来,正确的认识是人在感性世界里合乎职责地行动的依据,因此,我们绝对不可向别人说谎,不可欺骗别人,把别人引向谬误,而是要真正把我们知道的真理告诉他们,否则,就违背了道德思维方式。在他看来,通过劳动获得并且由社会承认的财产是确保自由活动,促进理性统治的手段,所以,每个人都应该有一份这样的财产,每个人都不要妨碍别人使用他们自己的财产,而且当别人的财产受到自然力量的袭击或不法之徒的侵犯时，每个人都有责任像保护自己的财产那样，保护别人的财产。

就人承担的特殊的、无条件的职责而言，费希特把它分为由人在家庭中的地位规定的职责和由人在社会中的职业规定的职责。在家庭道德方面，他谈到配偶之间的关系和父母与子女之间的关系。关于前一种关系，他以阳动阴静为原则，认为在两性为繁衍族类而组成的共同体中，只有一方的态度是能动的，另一方的态度则是受动的。他虽然也肯定了理性对女人性格的形成发生过影响，但这也不过是为了证明爱情是一种使女人自己献身，使男人得到满足的冲动。他虽然也肯定了两性的婚姻结合具有一种使理性存在者感到尊严的性质，但他认为在这种结合中女人必须把自己的生命和意志奉献给自己所爱的男人，成为这个男人的人，而男人则只需要把她当作道德存在者，接受她的奉献，向她表示脉脉温情和宽宏大度。所有这些都表明，费希特虽然反对中世纪的伦理原则，但毕竟是从封建社会脱胎而来的思想家，依然未能完全摆脱男尊女卑的观念。关于后一种关系，费希特特别强调指出，父母都应该用自己的道德言行教育孩子，给他的自由指示伦理方向，使他能成为促进理性事业的良好工具，而孩子对父母的服从乃是对于他朦胧地感觉到的道德优势的服从。在子女长大成家以后，他们与他们的父母仍然有一种特殊的道德关系。父母保留着不断关心子女的职责，子女保留着真心敬重父母的职责。子女要将父母当作最好的劝导人，父母要将子女当作自己为感性世界塑造出来的作品，以期在死后还能对这个世界履行自己的职责。在职业道德方面，费希特把直接以共同体为对象的活动称为高等阶层的职业，即培

养理智的学者、培养意志的神职人员、培养审美感的文学艺术家和保障法治的国家官员的职业，把为了共同体而以自然为对象的活动称为低等阶层的职业，即农民、匠人和商人的职业，他分别说明了这些阶层应有的职责。他认为，学者的职责在于进行研究、修正错误和从事发明，这并不是单纯为了他们自己，而是为了共同体；只有这样，他们才能成为执行道德使命的人。他认为，神职人员的职责在于接受整个共同体的委托，劝说人们做有道德的人；他们代表的是众人，而不是上帝，他们是劝导者，而不是立法者；因此，他们的工作就是要用自己的好榜样，唤起和增强业已普遍存在的道德意识，因为他们无权把自己的意见强加于人。他认为，文学艺术家的职责是给走向道德作准备，即培养完整的、统一的人，引导人返求诸己，感到那里才是自己的家，而独立自主地站立起来。他劝告他们，要谨防出于追逐眼前荣誉的欲望，讨好已经败坏的趣味，而忘记自己的神圣使命。他认为，国家官员必须是自己那个专业领域里的学者，懂得宪法，懂得整个人类为了享有应当存在的宪法而必须走的道路，在执法时秉持公正，不讲究情面和息事宁人。费希特把整个低等阶层的职责确定为两条，一是要完善和提高向自然界作斗争的技能，二是要注意、检验和采纳有学问的高等阶层提出的改进建议。在这里，他认为"高等阶层是人类这个巨大整体的精神，低等阶层是这个整体的四肢；前者是思考者和谋划者，后者是执行者。一个直接按照意志的预定目的，顺利完成每项动作的身体，是健康的身体；只要理智精心保养各个肢体，这样的身体就始终是健康的。人类共同体也是如此"。(I,5,316)在他看来，只要作为社会砥柱的低等阶层和作为知识宝库的高等阶层确立起这样的合理关系，就有了人类道德不断完善的真正基础，有了人类社会机体的健康发展。因此，他既反对那种拒绝高等阶层的建议的狭隘观点，也反对那种不尊重低等阶层的高傲态度。

三、公众对于本书的各种评论

本书问世后不久，就发生了德累斯顿高等教会监理会向萨克森选帝侯告发费希特宣传无神论的事件，从而使广大公众把更多的注意力转移到了这场争论方面。但即使如此，在德国的报刊上也相继发表了关于《伦理学体系》的六篇书评。就它们能否理解伦理原则的演绎而言，我们可以把它们分为两类。在《新德意志图书通报》第 61 卷第 2 部分第 6 期上以“Kz.”署名的评论家认为，费希特伦理学的阐述方式是一种“形而上学的迷途”，“他的这种苦思冥想有许多缺点，它们一般是模糊的，不过有时也是清晰的”；并且这位评论家断言，“如果不走这类弯路，就没有什么关于道德规律的科学，那么，这门科学也的确像可以或缺的东西一样，是一种令人厌烦的东西!”《新神学纪事》第 16 期副刊发表的评论虽然对费希特在本书中表现出来的洞察力和一贯性表示了敬意，但认为“这部伦理学体系远离开了千百万人思维的视野，因而对于普通人类理智是绝不可能理解的，并且对于少数人来说也始终是一份严加封存的圣物”。《图宾根学术通报》第 91 期上发表的评论也认为，“费希特所述的那种道德中的逻辑必然性超出了我们的思维领域，它在我们的自我性或理性中的各种根据也同样如此”。这种评论是卡·赖因霍尔德在当年就预料到的。他在写给

友人的信中说过,“我确信,我们现在得到了一部理解费希特伦理学的极其重要的著作。可惜,它的绝大部分内容只有懂得先验哲学的内行人才能理解”。(《同时代人谈论中的费希特》,第2卷,斯图加特1980年,第1页)

但也有另一种评论。在爱尔朗根《新书公论》第I辑副刊第36期上一位未署名的评论家认为,费希特的《伦理学体系》是“我们时代最值得注意的作品之一”,它“对于阐明道德概念和道德真理作出了不可估量的贡献”。最有分量的评论是弗·施莱尔马赫在《上德意志文汇报》第7—9期上发表的。在谈到本书第一编时,施莱尔马赫说,这种演绎伦理原则的方法“不仅满足了按照知识学原理,使用诀窍,评判伦理学的一切要求,向道德实践者阐明了一切东西,而且也能轻而易举地反驳让人反对演绎的一切异议”。在谈到本书第二编时,评论者肯定了费希特关于伦理原则的实在性与适用性的演绎,并详细地说明“伦理学要谈的并不是某种实际存在的东西,而是应该存在的东西;伦理概念乃是我们应该做的事情的观念”。在谈到本书第三编时,评论者准确介绍了书中关于伦理原则的各种条件的规定以及关于各类道德职责的规定,并且在人的惰性从何而来的问题上提出了不同的看法。在评论者看来,用自然界中的惰性力量来回答这个问题是不充分的,而主要应该着眼于思维规律在人的自由活动中的错误应用。施莱尔马赫从彻底应用知识学原理的角度,颂扬了这部发展了康德的《实践理性批判》的杰出论著。另一篇重要的书评是在《哥廷根神学新著图书通报》第4卷第5期上发表的,它的署名为“Qq.”的作者认为,《伦理学体系》的“作者从伦理原则的内容着眼,结束了康

德派的空洞的形式东西，从而作出了一项巨大的贡献”。

历史是检验真假对错的试金石。哪些评论是正确的，并不以当时的刊物与评论家的知名度为转移。德国古典哲学发展的历史告诉我们，费希特的《伦理学体系》确有其不可磨灭的学术价值。如果我们打开谢林的《先验唯心论体系》（1800 年），看到其中讲的自我的主观东西与客观东西是如何相互作用的，意志活动中的天然冲动与纯粹冲动是如何综合统一的；如果我们看到他对混淆道德秩序与法律秩序的独断专行之举如何表示愤慨，并且看到他如何论述隐蔽的必然性对人类自由的干预，那么，我们就会断定，他在以先验唯心论为原则的实践哲学中所述的这些论点，都是费希特《伦理学体系》中的相应论点的进一步发展。即使在黑格尔改变了德国古典哲学发展的方向，宣告他自己的体系的建立的时候，他也不能不把费希特发展了的先验主义伦理学列为《精神现象学》（1807 年）里所述的人类精神发展的道德世界观阶段加以评述。正是基于这样的历史事实，费希特的这部著作才能在近代欧洲伦理学史中占有它理当占有的地位。

梁志学

北京，2005 年 12 月

目 录

Das System der Sittenlehre nach den Principien der Wissenschaftslehre.

von

Johann Gottlieb Fichte.

Jena und Leipzig,
bei Christian Ernst Gabler
1798.

导　　论

(I,5,21)

1.

无论是谁，如果他没有发现一个点，看到客观东西与主观东西在其中全然不分离，而是浑然一体，就绝不会解释，怎么在某个时候客观东西能变为主观东西，自为的存在能变为被表象的东西——我是在这个众所周知的终点[1]把握一切哲学的课题的——我说的是，怎么能发生这种令人奇怪的转化。现在，我的体系确立的就是这样一个点，作为我的体系的开端的也是这样一个点。这个点是自我性、理智力量和理性，或者人们可以随便把它叫做什么。

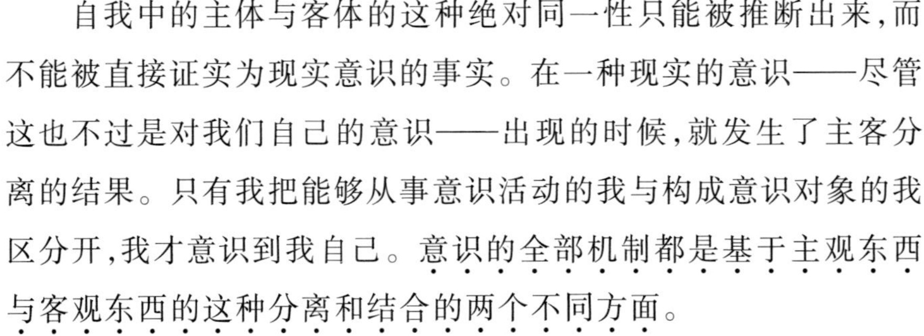

自我中的主体与客体的这种绝对同一性只能被推断出来，而不能被直接证实为现实意识的事实。在一种现实的意识——尽管这也不过是对我们自己的意识——出现的时候，就发生了主客分离的结果。只有我把能够从事意识活动的我与构成意识对象的我区分开，我才意识到我自己。**意识的全部机制都是基于主观东西与客观东西的这种分离和结合的两个不同方面**。

2.

主观东西与客观东西首先是这样被看作统一的或和谐的：主观东西应该产生于客观东西，主观东西应该以客观东西为转移；这是**认识**方面，我们如何得出关于这样一种和谐的主张，是由**理论**哲学研究的。其次，两者是这样被看作和谐的：客观东西应该产生于主观东西，存在应该产生于概念（目的概念）；这是**活动**方面；关于这样一种和谐的假定从何而来，是**实践**哲学要研究的。

关于第一个问题，即我们怎么能主张我们的种种表象与那些被认为不依赖于它们而现实存在的物是符合的，我们已经在真正必要的情况下考虑过。关于第二个问题，即怎么能把我们的一些概念设想为可以表达的，并且有些部分实际上在那个不受我们的影响而持续存在的自然界里业已得到表达，哲学至今甚至也从未感到惊奇。大家已经发现，我们能影响世界，这是极其自然而然的。
(I,5,22) 众所周知，我们的确在任何时刻都在做这件事情；它是意识的事实，所以我们要很好地研究它。

3.

伦理学是一门实践哲学。正如理论哲学要清楚地说明一种必然的思维的体系，即我们的种种表象符合于存在，实践哲学也要彻底地阐明一种必然的思维的体系，即存在符合于和产生于我们的种种表象。因此，摆在我们面前的任务是深入研讨最后提出的这个问题，一方面表明我们究竟怎么能把我们的一些表象视为存在的根据；另一方面表明那些绝对必然要产生存在的概念的体系是从什么地方特别给我们产生的。

从一个唯一的观点出发，扼要概括我们关于这个问题在本书中详细陈述的内容，就是我们写这篇导论的目的。

4.

我发现我自己在感性世界里发挥效用。这是一切意识的开端；没有对于我的效用性的这种意识，就没有任何自我意识；没有自我意识，就没有对于另一个人的任何意识，而我本人并不可能是这另一个人。谁想获得这个主张的证明，谁就会在本书第二编里详细看到这样的证明。在这里，这个主张只是作为直接的意识事实提出的，以便把我们的论证与此衔接起来。

在这种关于我的效用性的表象里包含的是哪种多样性的东西呢？我怎样能得到这种多样性的东西呢？

尽管大家可以暂且假定，包含在关于我的效用性的表象里的是关于在我的效用性中持续存在的、绝不能由它改变的质料的表象，是关于这种质料的那些可以由我们的效用性改变的性状的表象，是关于这种在未具有我所要求得到的形态以前存在的不断变化的表象；尽管大家可以暂且假定，所有这些包含在关于我的效用性的表象中的表象是从外部给予我的，虽然我不理解它们意味着什么；尽管大家可以暂且假定，它们是经验的东西，或者还可以用其它名称表示这类不属于思想的东西；但是，在关于我的效用性的

表象里毕竟还包含着某种东西，它绝对不可能是从外部给予我的，
(I,5,23) 而是必定存在于我自己之内的，我不能通过经验把握它，而是必须直接认识它，这就意味着，我本身是所发生的变化的最终根据。

说我是这种变化的根据，这意味着，只有认识变化者才同时也是发挥效用者；意识的主体与效用性的本原是一个统一的整体。但是，在一切认识的起源方面，我关于认识的主体本身所陈述的东西，或者说，我由于我在从事认识而认识的东西，却绝不可能是我从任何其它认识中得来的；相反地，我直接认识这种东西，我是绝对设定这种东西的。

由此可见，只要我从事认识，我就知道我是能动的。在一般认识的单纯形式中，已经包含了对于我自己的意识，包含了对于我自己是能动者的意识，因而也直接设定了这样的意识。

现在很可能存在这样的情况，那就是：在认识的这种单纯形式中，即使不会直接包含着关于我的效用性的上述表象所包含的所有其它多样性东西，也会借助于上述直接东西而同样包含着这些多样性东西。假如这样的情况是存在的，那么，我们就会由于自己能用另一种自然而然的方式解释这些多样性东西，而避免了作出糟糕的假定，以为它们是从外部来的。这种解释会回答上面提出的那个问题，即我们怎么能假定我们在我们之外的感性世界里有效用性，因为作出这样一种假定的必然性是可以直接从业已假定的一般意识推演出来的。

我们想判定这样一种推演是否可能。推演的计划如下：我们刚才已经看到包含在关于我们的效用性的表象里的东西。其前提在于，这种东西已经包含在一般意识中，并且必然是与一般意识一

起被假定的。因此,我们就从一般意识的形式出发,由此进行推演;并且当我们在推演的道路上又回到关于我们在感性世界里的效用性的表象时,我们的研究也就结束了。

5.

我把我自己设定为能动的,按照以上所述,这意味着:我在我之内把一种从事认识的力量与一种真实存在的力量区分开,虽然后一种力量不是**从事认识的**,而是**现实存在的**,但我把两种力量视为一个绝对统一的整体。我怎么能做出这种区分呢?我怎么恰恰能这样规定区分开的东西呢?回答了那前一个问题,也就可以同 (1,5,24)
时回答这后一个问题。

我不认识**某种东西**,就没有从事认识;我不恰恰通过这种认识,对我变成某种东西,就没有关于我的认识;或者换个意思相同的说法,我不把在我之内的主观东西与客观东西分离开,就没有关于我的认识。设定了意识,就设定了这种分离;没有这种分离,就没有任何意识是可能的。但通过这种分离,也同时直接设定了主观东西与客观东西的相互关系。客观东西应该不受主观东西的影响,不依赖于主观东西,而独立地存在;主观东西应该依赖于客观东西,并且应该仅仅由此获得其内容方面的规定。存在是独立的,认识则依赖于存在;存在与认识必定向我们显现出来,犹如某种东西向我们显现出来那样,或者,犹如我们拥有意识那样。

我们由此获得的重要认识如下:认识与存在不是在意识之外,不依赖于意识被分离开的,而是仅仅在意识之内被分离开的,因为这种分离是一切意识成为可能的条件。通过这种分离才出现了认识与存在。不借助于意识,就绝没有任何存在,正像没有存在,也就决没有任何单纯作为主观东西而指向存在的认识一样。为了能够向我单纯说个自我,我不得不被分离开;但我不得不被分离,也仅仅是由于我说这个自我;当我说这个自我时,就出现了分离。一个统一的整体被分离开,从而为一切意识奠定了基础;并且借助于这个统一的整体,意识中的主观东西与客观东西又被直接设定为统一的整体;这样一个统一的整体绝对是 = X,而绝不能作为单纯的东西达到意识。

我们在这里发现了主观东西与客观东西之间的一种直接的符合;我之所以有关于我的认识,是由于我存在,而我之所以存在,是由于我有关于我的认识。很可能,两者的所有其它的符合,无论是像在目的概念里那样,客观东西应该产生于主观东西,还是像在认识概念里那样,主观东西应该产生于客观东西,都无非是那种直接的符合的一个特殊方面;假如这种可能的情况真正能得到证实,那么,由于这种直接的分离与符合是意识本身的形式,而所有其它的分离与符合则要详尽阐明一切可能的意识的全部内容,所以也许就同时证明,所有能够出现在意识里的东西都是通过意识的单纯形式设定的。这种情况究竟会是怎么样的,无疑将在我们研究的过程中看出来。

(I,5,25)

6.

我把我自己设定为能动的,这在加以研究的精神状态中绝不意味着我认为我自己有一般活动，而是意味着我认为我自己有一种特定活动，它恰恰是这样一种活动，而绝不是任何其它的活动。

如我们刚才已经看到的，主观东西单纯通过它与客观东西的分离，变为全然有依赖性的和彻底受强制的，它的这种在内容方面的规定性的根据，即它的在它为何物方面的规定性的根据，绝不在于它本身，而在于客观东西。主观东西表现为对于呈现在自己面前的东西的单纯认识，而绝不在任何方面表现为对于表象的能动创造。所以，在一切意识的起源中，在主观东西与客观东西完全分离的地方，主观东西一定是必然的。但在意识发展的过程中，借助于一种综合，主观东西也表现为自由的和起规定作用的，因为它表现为能进行抽象的；在这种情况下，举例说，它也就能够有一种虽然不进行知觉，然而作出自由描述的一般活动。不过在这里我们是处于一切意识起源的地方，因此，加以研究的表象必然是一种知觉，也就是说，主观东西在表象中表现为不发挥其自身的作用而完全彻底地被规定的。

这意味着什么呢？主观东西有一种特定活动。这种特定活动是怎么变为被规定的活动的呢？仅仅是由于给它对设了一种抵抗，即通过理想活动设想一种抵抗是它的对立面，想像一种抵抗是与它对峙的。在你看到活动的地方与范围内，你也必然看到抵抗，因为如果不是这样，你就看不到任何活动。

首先，这种情况不容忽视。出现这样一种抵抗，仅仅是意识规律造成的结果；因此，这种抵抗有理由被视为这条规律的产物。这种抵抗据以存在于我们面前的规律本身，像刚才做过的那样，可以从主观东西与客观东西的必然分离推演出来，从业已完全设定的它们两者的关系推演出来。由于这个缘故，对于抵抗的意识就是一种间接的意识，而绝不是直接的意识，它之所以是间接的，是因为我必定把我自己视为单纯的**认识主体**，并且在这种认识中必定把我自己视为完全依赖于客观性的主体。

其次，关于抵抗的这种表象的各个特征，我们可以用它们的发生方式来说明。这种抵抗被表象为活动的对立面，因而被表象为某种单纯持续存在、静止不动和僵死不变的东西；它只是**存在**于那里，而绝不**行动**；它所追求的仅仅是持续存在，因而当然是以某种力量保持原状；它反抗自由对它自己的地盘的影响，但绝不再能克
(I,5,26) 服自由对自己的领域的影响，简言之，它所追求的是**单纯的客观性**。这样的东西用它特有的名称来说，就叫做**质料**。——更进一步说，所有的意识都是由对于我自己的意识制约的，对于我自己的意识是由对于我的活动的知觉制约的，对于我的活动的知觉是由对于抵抗本身的设定制约的。由此可见，具有刚才所述的特征的抵抗必然贯穿于我的整个意识领域，与我的意识长期共存，而自由从来都不会被设定为能对抵抗有丝毫影响的东西，因为这会废除自由本身，废除一切意识和一切存在。我们在上文已经发现，在对我们的效用性的知觉中包含了关于一种绝对不能由我的效用性加以改变的质料的表象，这个表象已经从意识规律推演出来。

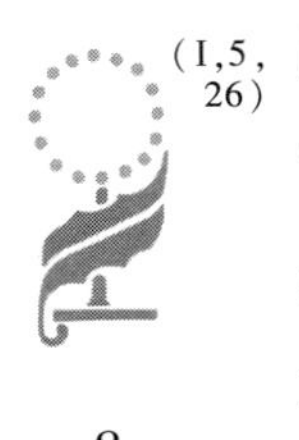

我们提出的主要问题之一，即我们怎么能假定主观东西、概念应该从客观东西、存在产生出来，并且由此得到规定，已经得到答案。如我们看到的，这是我们把我们之内的主观东西与客观东西在意识中分离开而又视为统一整体的必然结果；但是，主观东西应该由客观东西加以规定，客观东西不应该由主观东西加以规定的

特定关系，则是产生于主观东西本身对客观东西本身的绝对业已被设定的关系。这样，全部理论哲学的原则和课题就推演出来了。

7.

我把我自己设定为能动的。关于这种设定中的主观东西与客观东西，关于它们的分离、结合以及原初的相互关系，我们已有充分论述；不过，对于统一的、不可分离的自我被认为具有的属性，我们尚未予以研究。说我是能动的，这到底意味着什么呢？在我认为我自己具有活动或能动性时，我究竟设定了什么呢？

一般活动、能动性、自动性的图式，或可以随便称之为什么的图式，在读者当中是预先假定的，对于任何一个没有在自己的自我直观中察觉到它的人来说，都无法予以展示。这种内在的能动性像我们刚才看到的，绝对不能被认为是客观东西本身具有的；客观东西仅仅是持续存在的，仅仅是现实存在的，并且始终保持原状。能动性在其行动的形式方面，仅仅为主观东西、理智力量本身所具 (I,5,27)
有。我之所以说在形式方面，是因为像我们在上文看到的，规定中属于内容的东西是应该在另一方面由客观东西规定的。表象活动在其形式方面被察觉是最自由的内在运动。这时，我作为统一的和不可分离的自我应该是能动的，作用于客体的东西毫无疑问是我之内的客观东西，即真实存在的力量。如果我们考虑到这一切，我的活动就只能以它从主观东西出发的方式，被设定为规定客观东西的，简言之，被设定为单纯概念对客观东西的因果性或因果作用，而这个概念在这个范围里不能又由另一种客观东西加以规定，

而是绝对在其自身并且通过其自身得到规定的。

这时，我们提出的主要问题之二，即我怎么能假定客观东西、存在应该从主观东西、概念产生出来，也已经得到回答，因此，全部实践哲学的原则就推演出来了。这个假定来自我必须绝对把我自己设定为能动的，但我在把我之内的主观东西与客观东西区分开以后，就只能把这种能动性描述为概念的因果性。绝对的活动是绝对直接属于我的属性，由概念发挥出来的因果性则是概念的那种必然由意识规律造成的唯一可能的表现。在这最后一种表现形态中，我们把绝对的活动也称为**自由**。自由是自动性的感性表象；就我们把客体与我们自己联系起来而言，这种表象是通过我们自己作为理智力量与客体的约束的对立发生的。

就我用我那种在后来被称为目的概念的概念解释感性行动或存在而言，我是把我自己设定为自由的。因此，我们在上边提出的事实，即我发现我自己发挥效用，只有在这样的条件下才是可能的：我假定一种由我自己制定的概念，效用性要以它为转移，要既在**形式方面**通过它得到论证，也在内容方面通过它得到规定。由此可见，除了业已在上文提到的关于我们的效用性的表象的各种特征以外，我们在这里还得到一个新的特征，它在上文是没有必要挑明的，但在这里却同时被推演出来了。不过应该注意，以往对这样一种概念的制定仅仅是**被设定的**，仅仅属于我们的自动性的感性方面。

应该得出客观规定的概念，即我们所谓的目的概念，如我们刚才提到的，并不又是由客观东西规定的，而是绝对由它自身规定
(1,5,28) 的。因为假如它不是这样，自我就不会是绝对能动的，不会被直接

设定为绝对能动的，而是我的活动会依赖于一种存在，以这种存在为中介，这是与我们假定的前提背道而驰的。诚然，在被联结的意识发展的过程中，目的概念表现为不是由对于存在的认识规定的，而是由这种认识制约的；但是，在一切意识起源的地方，在我们以绝对的活动为出发点的地方，事情却不能被认为是如此。由此得出的最重要的结论是：按照主观东西对客观东西的因果性来说，确实有单纯概念（即所谓绝对命令中的绝对东西）的一种绝对的独立性和自主性，正如按照客观东西对主观东西的因果性来说，应该有（物质实体的）一种绝对的、由自身设定的存在一样；这样，我们就把整个理性世界的两端相互结合起来了。

（无论是谁，只要他恰当地把握了概念的这种独立性，他就会对我们的整个体系得到最完备的认识，从而对这个体系的真理性抱有最坚定的信念。）

8.

从概念产生出客观东西。这怎么可能呢？这会意味着什么呢？无非意味着，概念本身对我表现为某种客观东西。但目的概念从客观方面来看，就叫做意志活动，而关于意志的表象也无非是单纯为了意识到我们的活动而设定的目的概念的这个必然方面。在我之内的精神东西直接作为效用性的本原来看，对我变成了一种意志。

这时，我应该作用于我们在上文业已就其发生过程描述过的质料；但是，除了借助于那种本身就是质料的东西，我便不可能设想一种对于质料的作用。因此,当我就像我必须做的那样,设想我自己作用于质料时,我对我自己就变成了一种质料;就我看到我自己是如此而言,我把我自己称为一种**物质躯体**。我作为物体世界中的效用性的本原来看,是一种由各个环节或肢体组成的躯体;关于我的躯体本身的表象无非是关于我自己作为物体世界中的原因的表象,所以间接地说,也无非是我的绝对活动的某种方面。

但是,意志在这时毕竟对我的躯体有因果性,并且有一种直接的因果性;只有意志的这种直接的因果性是可行的,躯体作为工具
(I,5,29) 或肢体才是可行的。(我们预先提出的这个概括的看法并没有把我的躯体视为一种**有机组织**。)因此,意志也是与躯体区分开的,因而不表现为与躯体完全相同。但是,这种区分也不过是主观东西与客观东西的再次分离,或者更确切地说,是主观东西与客观东西的原始分离的一个特定方面。在这种关系中,意志是主观东西,躯体是客观东西。

9.

然而,我的现实的因果性是什么呢?在感性世界中会由此造成的变化是什么呢?可以由这种因果性改变的感性世界是什么呢?

当在我自身之内的主观东西要转化为客观东西,目的概念要转化为意志决断,意志决断要转化为我的躯体的某种形态变化时,我显然把我自己表象为已经变化的。但是,我算作我的所有的最后的东西,即我的有形躯体,应该与全部物体世界有联系,因此,正

像我的躯体被察觉是已经变化的一样,全部物体世界也必然被发现是已经变化的。

可以由我的效用性改变的物或天然东西的**性状**与那种不可改变或纯属物质的东西是完全相同的,只不过是从不同的方面来看而已,正如概念对客观东西的因果性从两个方面来看,表现为意志和躯体那样。天然东西从主观方面,结合着我这个能动者来看,是可变的东西;同样的天然东西完全并且单纯从客观方面来看,则是不可变的东西,而它之所以不可变,是由于我们在上文已经指出的各种原因。

所有包含在对于我们的感性效用性的知觉中的多样性东西,像我们所要求的那样,在当前都已经从意识规律推演出来;我们这时发现,我们曾经由以出发的同一个东西是我们的推论达到的最后的环节;我们的研究过程回归到了自身,因而也就结束了。

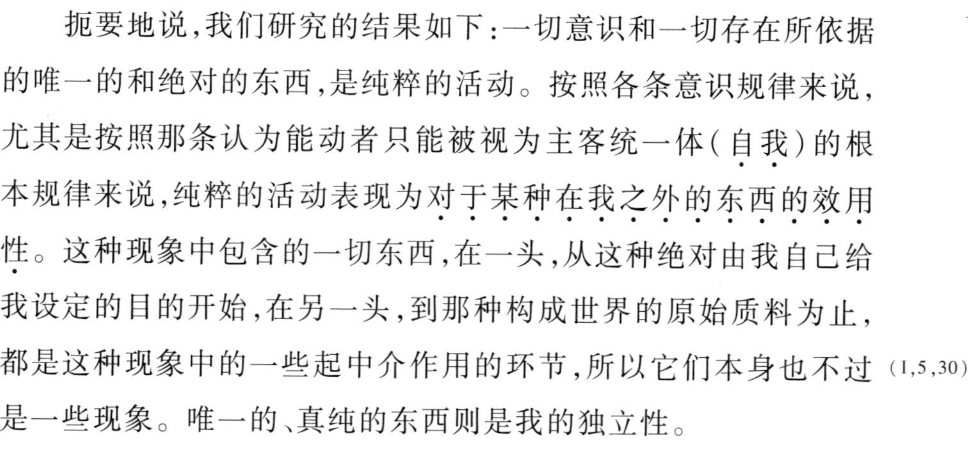

扼要地说,我们研究的结果如下:一切意识和一切存在所依据的唯一的和绝对的东西,是纯粹的活动。按照各条意识规律来说,尤其是按照那条认为能动者只能被视为主客统一体(**自我**)的根本规律来说,纯粹的活动表现为**对于某种在我之外的东西的效用性**。这种现象中包含的一切东西,在一头,从这种绝对由我自己给我设定的目的开始,在另一头,到那种构成世界的原始质料为止,都是这种现象中的一些起中介作用的环节,所以它们本身也不过 (1,5,30)
是一些现象。唯一的、真纯的东西则是我的独立性。

(I,5,33)

第一编　伦理原则的演绎

绪　　言

可以断言，在人心中会表现出一种驱迫感，要求全然独立于外在目的，去做一些事情，即单纯为了它们会发生而去做它们，并且要求同样独立于外在目的，不做一些事情，即单纯为了它们不会发生而不做它们。就人毕竟是人，因而这样一种驱迫感在他心中必然要表现出来而言，我们把人的这种性状称为他的一般**道德本性**或**伦理本性**。

人的**认识**能够以两种方式对待他的这种道德本性。或者，当我们断言的内心驱迫感作为事实见诸他的自我观察——当然可以假定，它的确会见诸细心的自我观察——时，他停留在这个事实本身。他满足于自己已经发现事情是**如此**，而不问事情是**以哪种方式**和由于**什么原因**变成如此的。他也确实会出于爱好，自由地作出决断，要无条件地**信仰**那种内心驱迫感的箴言，把那种驱迫感本身向他展现的事情真正**设想**为他的最高使命，并且也确实会坚贞不渝地按照这种信仰去**行动**。这样，在他那里就不仅产生了关于他的一般道德本性的**普通**认识，而且当他在他的特定生活处境中细心留意他的良心的箴言时，也产生了关于他的确定的特殊职责的**普通**认识；这种认识按**普通意识的观点说**是可能的，并且足以产生合乎职责的信念和举止。

或者，人依据自己的想法，不停留于这个事实，不满足于直接的知觉，而是要求认识这种知觉活动的真正原因；他不满足于肯定事实的认识，而是要求一种揭示起源的认识；他不仅想知道这样一种驱迫感在他之内是存在的，而且想察知它是怎样发生的。假如他获得了这种希望得到的认识，那么，这就会是一种**思辨的**认识，并且为了获得这种认识，他必须超越普通意识的观点，使自己上升到一个更高的观点上。——那么，应该怎样解决这个课题呢？应该怎样发现人的道德本性或人之内的伦理原则的**根据**呢？全然提出对一个更高根据作一切探讨的唯一东西在于我们是**我们**，在于我们之内的**自我性**或我们的合理本性。不过，这后一个表述远远比不上前一个表述，能把事情的特点刻画得那么明确。其余的一切东西，无论是**在**我们之**内**存在的，如那种驱迫感，还是**为**我们存在的，如我们在我们之外假定的世界，之所以是在我们之内存在的或为我们存在的，是因为像一般很容易证明的那样，我们是那个我们；但是，对于某物在我之内或为了我们怎样与那种合理本性相联系并必然由此产生出来的明确认识，却是关于我们在此谈到的这个某物的各种根据的思辨科学认识。既然凭这些根据，能从最高绝对原则，即自我性原则推导出某物，并能证明某物是必然从最高绝对原则得出的，那么，这些根据的阐明就是一种推导或演绎。所以，我们在这里必须作出人的道德本性或人之内的伦理原则的演绎。不必详细列举这样一种演绎的种种优点，在这里也足以看出，

(I,5,34)

通过这种演绎才形成一门道德科学，而这门科学无论在什么地方可能成立，都是以其自身为目的。

这里提出的专门伦理学科学，在它涉及哲学的整个科学体系的方面，是通过这种演绎与全部知识学的基础联系起来的。现在的演绎是根据全部知识学的基础中的一些定理作出的；这门专门的科学在演绎中都是以普通知识学为出发点，成为专门的哲学科学的。为了正确评价这种演绎，仅仅还需要提到下列情况。像我们断言的，如果按照必然的规律，从我们的合理本性得出了我们的本质的道德性，那么，上述驱迫感对于知觉本身就是首要的和直接的东西，是不依赖于我们的影响而表现出来的，我们在这种表现中不可能自由地改变丝毫的东西。我们通过演绎获得了对于产生这种表现的各个根据的认识，我们由此获得的并不是改变这种表现中的某种东西的力量，因为达到现在这个地步的是我们的知识，而不是我们的力量，并且整个这样的关系都必然是我们固有的不可
(1,5,35) 改变的本性。因此，除了理论认识，我们的演绎决没有再创造任何东西，大家也不应当再期望从我们的演绎得到任何东西。按照对于这种做法的各个根据业已获得的认识来说，大家不能以不同于得出这种认识的方式，在空间和时间里设定各个对象，同样，按照这些根据的演绎来说，道德性也不能以不同于作出这种演绎的方式，在人之内表现出来。伦理学并不是**研究智慧的科学**，这样的伦理学根本是不可能的，因为智慧与其说应被看作一门科学，倒不如说应被看作一门艺术，相反地，伦理学像全部哲学那样，是一门**研究知识的学说**；具体地说，它是关于我们的一般道德本性的**意识的理论**，是关于我们的特定职责的**意识的理论**。

关于预告的演绎的意义与目的，我们就讲这么多。现在我们还要作一个暂时的说明，以正确理解这一演绎，而这个说明之所以必要，仅仅是由于现在依然很广泛地流传着一种不熟悉先验哲学的本质的现象。

我们的演绎的方法将是这样的：我们会承担一个课题，即在某种预定的条件下思考我们自己，考察我们**怎样**不得不在这种条件下思考我们自己。我们将从我们的这样找到的性状中推导出那种道义上的驱迫感，把它当作必然的。我们恰好在这种确定的条件下思考我们自己，这在最初看来是随意的。但是，谁能概括了解全部哲学，概括了解各门哲学科学在体系中的联系，谁就会觉得这种条件是必然的；而另一种人则会暂时认为这种做法是一种将伦理学制定为科学的尝试，它可能失败，也可能成功，因为确实能用这种做法产生希望建立的科学的事实还没有向他证明这种做法的正确性。所以这种考虑没有什么价值。

一种颇为重要的、颇能以其解决方法启发人的考虑则是这样的：像有人会说的那样，“你要**思考**你自己。你作为批判哲学家应当知道，或者，你会很容易被告知，你的一切思维都是按照其自身的某些内在规律进行的，因此，所思考的东西的形式会通过思维方式得到改变，并且某物是以它为你存在的方式被你掌握的，之所以如此，是因为你在思考它。毫无疑问，当前的情况也不会是别样，由于你把你的思维指向你自己，所以，你本身的形式就会在这种思维中得到改变；在这种情况下，你不应该说，‘**我是如此自在和自为地存在的**’；因为你除了通过思维，不掌握认识你自己的其他手段，所以你从来都不可能知道所说的这类事实；相反地，你只应该 (I,5,36)

说,‘我必然应该如此思考我自己’。如果你现在总是仅仅意识到你的结论的这个真正的意义,把你自己限制在这个意义上,你的做法就无可非议,而且你自己也会看到由此获得什么成果。但是,你切不可装模作样地把你自己限制在你的结论的这个意义上。你要设法由此解释那个在我们之内向一切人表现出来的驱迫感,因而把某种现实的东西从思想里推导出来;你要设法从思维领域过渡到与此迴然不同的现实存在领域。”

我们对这种考虑的答复是:我们绝不做这类事情,我们要依然待在思维领域里;正是在这个领域里有一种对于先验哲学的误解仍然在蔓延,有人还认为这样一种过渡是可能的,还要求这种过渡,并且发现一种自在的存在还是可以思议的。那种在我们之内的驱迫感,除了是一种对我们有强制作用的思维,一种必然的意识,它本身究竟还会是什么呢?我们在这里能从对于单纯意识的意识达到对象本身吗?除了我们必然应该想到,会对我们出现这样一种要求,我们关于这种要求还知道某种其他的东西吗?在演绎中,由我们的推论得出的是一种思维;不依赖于一切推论,作为一种在我们之内的首要的和直接的东西存在的,也是一种思维。差别仅仅在于,我们在后一种思维中意识不到它的各个根据,而是它以直接的必然性对我们有强制作用,从而获得实在性或可知觉性的属性;反之,前一种思维则存在于一种由我们意识到的各个根据组成的序列中。揭示一种处于我们的理性的进程里的、我们靠普通意识的观点始终不认识的东西,正是一切哲学的宗旨。我们谈的根本不是一种作为自在存在的存在,也绝不可能是这样的存在,因为理性不可能超越其自身。决没有任何代替理智力量的存

在；因为只有为了理智力量才有一种存在，所以在一种必然的意识之外根本没有任何存在。意识的这种必然性对普通观点有直接的强制作用，但这种必然性的根据则应按照先验观点加以探讨。我们在下边所要作的演绎和我们要在此基础上建立的全部道德体系，也无非是提供了这种必然的意识的一个部分；谁要是把这一演绎或这一体系看作某种别的东西，谁的看法就会大错特错。 (I,5,37)

§.1.

课　　题

思考我自己单纯是我自己，也就是说，是与一切不是我们自己的东西分离开的。

解　　决

1）定理　我察觉我自己是我自己，是只有意志活动能力的。

解　　释

a）我察觉我自己，这个我自己意味着什么？

引导人学会明确思考和理解自我概念的最容易的方式是这样的：我可以向他说，你要思考某个确定的对象，诸如你面前的墙壁，你使用的书桌，等等。毫无疑问，你在这样的思维中假定了一个思维者，而这个思维者就是你自己；你在这样的思维中直接意识到了你的思维。但所思考的对象应该不是思维者本身，也不等于思维者,而是某个与思维者对立的东西,你在这样的思维中同样直接意识到了这个对立的东西。这时,你要进而思考你自己。既然你在这么做,那么,你就不是像以前那样,在这样的思维中把思维者与所思考的对象对立起来;这两者不应当是两种东西,而是像你直接意识到了你自己那样,是同一个东西。由此可见,如果在思维中把思维者与所思考的对象当作同一个东西,就思考到了自我概念;反过来说,在这样一种思维中形成的东西就是自我概念。

可以把这个道理应用于我们当前的情况。说我察觉我自己,这会意味着,我把所察觉的东西假定为与我这个察觉者是一样的,所察觉的东西不应该是某种不同于察觉者本身的东西。

b) 我**察觉**我自己,这个**察觉**意味着什么?

所察觉的东西在这里是与我们自身创造的东西相反的;尤其是,察觉者应该是有察觉能力的,这就是说,在我从事于察觉活动
 (1,5,38) 时,除了单纯的把握活动,我没有意识到任何其他活动;但所把握的东西既不能由把握活动创造出来,也不能以某种方式被改变形态;它能不依赖于把握活动而确实**存在**,并且**像它原来那样存在**。它过去是在不被把握的条件下存在的,并且即使我没有把握它,它也依然会像它原来那样存在;我的把握活动对它完全是偶然的,丝毫没有改变它的本质。我觉得我自己在察觉活动中也是这样;察觉活动要涉及的仅仅是单纯意识事实的说明,而绝不是从真实性来看,即从最高思辨观点来看,会有怎样的情况。像我们已经很明确地指出的,**给予**知觉活动者的是某种东西。简言之,察觉者只能是被动的,在我们当前的情况下,某种东西能对他有强制作用,而他就承认这种东西是他自己。

c）我察觉我自己**有意志活动能力**，我能察觉我自己**只有**意志活动能力，这意味着什么？

意志活动的意思被假定为已知的。这个概念绝不能有任何现实的解释，也绝不需要有任何现实的解释。每个人通过理智直观，都必定会在他内心意识到这个概念的意思是什么，并且他可以毫无困难地做到这一点。用那几个字表示的事实是这样的：我会意识到一种意志活动。我在这种意志活动中联想到某种持久的、不依赖于我的意识而存在的东西，它在这种意志活动中应该是意志活动的主体，它应该**具有**这种意志，应该在自己之内包含这种意志。（我们这里谈的，不是怎么能联想到这样一个实体，不是这个实体存在的根据是什么，而只是出现了这个实体；每个人通过自己的自我观察，都必定会对此深信不疑。）我说，我会**意识到**这种意志活动，会知觉到这种意志活动。这种意识，这种知觉，同样也是我会意识到的，并且也同样与一个实体有联系。这个有意识活动的实体对我来说，也正是有意志活动的实体；因此，我察觉我自己是意志活动的主体，或者说，我察觉**我自己**有意志活动能力。

我察觉我自己**只有**意志活动能力。我不能直接知觉到那个实体。实体性的东西根本不是知觉的对象，而是仅仅在所知觉的东西上联想到的。不过，我能直接知觉到某种必定属于实体的表现的东西。被认为直接属于那个实体的表现共有两类，一类是**思维**活动（广义地说，即表象活动和一般意识），一类是**意志**活动。前者在原初直接就其本身而言，并不是一种新的特殊意识的客体，而是意识本身。只有它指向另一客观东西，与这种东西相对立，它才 (I,5,39)
在**这种对立**本身成为客观的。所以，作为那个实体在原初的客观

表现剩下的就只是后者,即意志活动;这种活动也始终总是单纯客观的,本身绝不是思维活动,而始终仅仅是所思考的自动性或自我活动的表现。简言之,我原初认为我自己仅仅具有的表现是意志活动;只有在我意识到这样一种活动的条件下,我才意识到我自己。

总而言之,上述定理的含义就是这样。

证　明

说明　这个证明已经在拙著《自然法权基础》里作过[2]。尽管如此,我们在此也不略去它,而是要撇开那里用过的措辞和说法,重新把它作出来。因为我们在不同的时间,从不同的方面陈述同一个真理,会使作者和读者获得很多明确的认识。

首先,这个证明是以自我概念为根据。关于这个概念的意义,我们刚才已经通过它的起源或发生指出来了。人在思考他自己时,确实是以我们指出的那种方式做的,反过来说,用这种做法给他产生的,无非是对他自己的想法;这是每个人必定都会在他自己之内察觉的,而绝不可能让人给他就此作出任何特别的证明。其次,这个证明是以意识中的主观东西与客观东西的原始对立的必然性为根据。在一切思维中都有一个被思考的东西,而它并不是思维本身;在一切意识中都有某个东西,它是人们意识到的,而不是意识本身。这个论断的真理性是每个人必定都会在对自己的做法的自我直观中察觉到的,而不可能让人用概念给它予以证明。诚然,人们后来会在思维中意识到他的思维本身,即意识到他的作为行动的思维,在这个限度内把它当作自己的客体,并且达到这种

意识的敏捷灵巧和天然倾向是哲学的天才；没有这种天才，就没有 (1,5,40)
一个人能理解先验哲学的意义。但是，甚至这种事情之所以可能，也仅仅是由于人们不知不觉地认为单纯被思考的东西给那种思维奠定了基础，尽管这种东西极其不确定，也不过是客体的一般形式而已；因为只有在这个条件下，人们才能真正思考一种思维。最后，这个证明是以**原始客观东西的这样一个特点**为根据，即这种东西应该是某种不依赖于思维而存在的东西，因而是某种**实在的**、自为地通过自身而持续存在的东西。通过内部直观，大家也对此必然会深信不疑；客观东西与主观东西的这种关系尽管在知识学里显然应该加以研讨，但绝不可能用知识学中的那些通过自我观察才成为可能的概念得到证明。

这个证明可以这样来进行：自我的特点在于，**行动者与行动的对象是同一个东西**。像我们刚才看到的，如果所思考的是自我，情况就是如此。只有所思考的东西与思维者是同一个东西，所思考的东西才被视为我自己。

但是，思维现在在这里可以完全不参与其事。既然所思考的东西与思维者是同一的，思维者当然是我自己；但是，按现在制定的定理来说，**所思考的东西，即单纯自为的、完全不以思维为转移的客观东西**，必定是**自我**，并且必定被承认为自我，因为它必定是**作为自我被察觉的**。

由此可见，在所思考的东西本身的范围内，即在它只能成为客观东西，绝不能成为主观东西，因而是原始的客观东西的范围内，必然会有行动的主体与行动的客体的一种同一性，所以，我说过，它只能是客体，因而只能是一种对于它自身的**实在**行动，也就是说,它不像理想活动那样是一种对于它自身的单纯直观,而是它自身对于它自身的一种实在的自我规定。但这样一种自我规定只是意志活动;反过来说,我们只是这样思考意志活动的。所以,“察觉我自己”这个命题就与那个“察觉我自己有意志活动能力”的命题是绝对相同的;这仅仅是说,我在察觉我自己有意志活动能力时,必然察觉我自己;我在察觉我自己时,必然察觉我有意志活动能力。

附　　论

大家可以看出,要根据现在业已证明的命题“我在察觉我自己时,必然察觉我自己有意志活动能力”,用直言的方式阐明某些东西,则必须先有另一个命题,即“我必然察觉我自己,必然意识到我自己”。在《全部知识学的基础》中,的确没有证明这种自我

(I,5,41) 意识是事实,因为它作为事实是直接的,但在它与其他一切意识的联系中,却证明它是与其他一切意识相互制约的[3]。所以,现在业已证明的命题和从这个命题进一步推导出来的一切东西就既是自我意识的必然结果,也是自我意识的必然条件。关于这个命题及其一切结果,我们可以说,既然我是我,或我意识到我自己,那么,这种东西或那种东西就对我是确实的,是必然在我之内并且为我自己存在的。于是,在这里由我们制定的伦理学科学就与全部哲学都是牢固地建立在一个共同的基础上的。

2）但是,意志活动本身只有在认为有一个与自我不同的东西的前提下才是可以思议的。

显然在哲学抽象中,我们可以谈一种一般的意志活动——这种活动正因为处于哲学抽象中，所以是不确定的——但是，像这里所要求的一切真正可以知觉的意志活动却必然是一种确定的意志活动，它希求的是某种东西。而希求某种东西，就意味着：要求一个在意志活动中仅仅被设想为**可能的**确定的客体（因为否则，它就不是被希求的，而是被知觉的）成为经验的真正对象；这个要求显然把这个确定的客体置于我们之外。所以，在一切意志活动中都包含着对于在我们之外的客体的假定，并且在意志活动的概念中设想的是某种并非我们自己的东西。

不仅如此，而且在意志活动中假定我们之外的某种东西的可能性在我们之内是以关于一般"在我们之外"的东西的概念为前提，而这个概念又只有通过经验才是可能的。但这种经验同样是我们自己与我们之外的某种东西的联系。换句话说，我希求的绝不是某种别的东西，而只能是被认为确实存在于我之外的客体的形态变化。所以，我的一切意志活动都是由那种对我之外的客体的知觉制约的；在意志活动中，我不能像我自在自为地存在那样知觉我自己，而只能像我在与我之外的物的某种联系中生成那样知觉我自己。

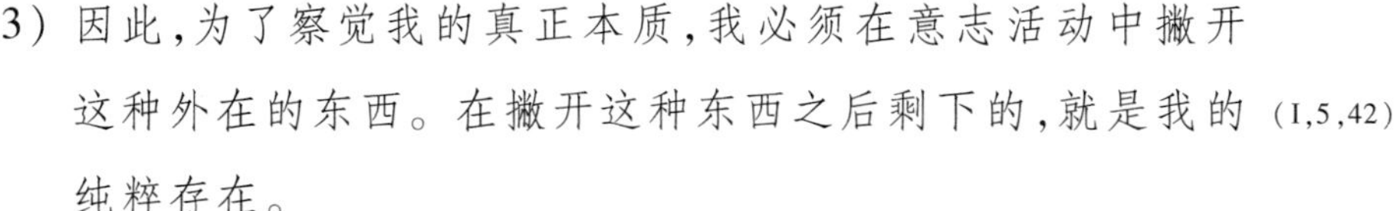
3）因此，为了察觉我的真正本质，我必须在意志活动中撇开这种外在的东西。在撇开这种东西之后剩下的，就是我的 (1,5,42)
纯粹存在。

现在提出的这个论断是从以上所述的那些命题直接得出的结论。唯独还需要研究的是在撇开那种东西之后会剩下的东西。意志活动本身是一种首要的、绝对和唯独在其自身之内有其根据的东西。关于这个只能从**反面**加以理解和解释（因为一种首要的东

西无非是指一种不是由任何其他东西推导出来的东西，一种以其自身为根据的东西无非是指一种不以任何其他东西为根据的东西）并且在此作为一切东西的依据的概念，我们想阐述得更清楚一些。一切有依存性的、由另一个东西制约的和以另一个东西为根据的东西，就它们是这样的东西而言，也可以通过对它们的根据的认识，间接地加以认识。例如，当一个球体由一个冲力推动起来时，我当然能直接看到它在运动，知觉到它的出发点、停止点以及运动速度；只要我知道这个球体原来所处的条件，我不凭任何直接的知觉，也能根据那个把它推动起来的力量，推论出它的出发点、停止点以及运动速度。因此，球体的运动就被视为某种有依存性的、派生的东西。所以，一个首要的、以其自身为根据的东西的性状必定在于，它绝对不能通过另一个东西，间接加以认识，而是只能通过其自身，直接加以认识。它是按其本然存在的，因为它就是如此。

由此可见，就意志活动是一种首要的、绝对的东西而言，它全然不能根据自我之外的某物的影响加以解释，而只能根据自我本身加以解释；可以说，在撇开一切外在东西之后剩下的正是它的这种绝对性。

说明　在我们解释的意义上的意志活动会表现为绝对的，这是一件意识事实；每个人都能在其自身之内察觉它，我们不能从外部给任何不了解它的人提出对它的证明。但不能由此得出结论说，这种现象不必进一步加以解释和推导；如果加以解释和推导，由此表现出来的绝对性就会进一步得到解释，而不再是绝对性，并且它的现象也会变为假象；这个结论否定的，恰好是一件显然也会表现出来的意识事实，那就是一些确定的事物虽然不依赖于我们而存在于空间和时间里，但这种现象毕竟在先验哲学中进一步得到了解释。（而没有变为假象，至于其理由何在，这里不加列论。）诚然，没有一个人能用某种别的东西，对意志活动作出这样的解释，也不能为了这个目的而提供某种容易理解的词汇；但是，如果他主张意志活动在我们之外具有我们显然无法理解的根据，那么，这种主张虽然没有丝毫的立论根据，但是也不存在任何驳倒它的合理论 (I,5,43)
据。如果有人现在终于下定决心，不进一步解释这种现象，而把它视为绝对不可解释的，即视为真理，视为我们的统一的真理，一切其他真理都必须按照这种真理加以评判，而且我们的全部哲学都恰恰基于这种决断，那么，这便不是按照理论见解进行的，而是按照实践兴趣进行的。我**希望**自己是独立的，所以我把我自己视为独立的。而这样一种以愿为真的做法就是**信仰**。因此，我们的哲学是以一种信仰为出发点，并且知道这一点。甚至那种作出同样的论断的独断论，如果它是彻底的，也同样是以一种信仰（对于**自在之物**的信仰）为出发点，只不过它通常不知道这一点罢了。（参看拙著《知识学新说》“导论”，载《哲学评论》第 V 卷，第 23 页[4]。）有人按我们的体系把自己定为他自己的哲学的基础，所以，他的哲学在那种不能这么做的人看来就显得是没有基础的；但是，他可以预先向这种人保证，如果他不设法建立这样的基础，或不打算满足于这样的基础，他就在其他地方也不会找到任何基础。我们的哲学有必要公开承认这件事情，以便能终于打消一种无理的要求，

即从外部向人们指明他们必须在其自身之内创造的东西。

那么,意志活动中的这个绝对的东西是怎样加以设想的呢?

意志概念在它在这里必须保持的抽象性上也许是全部哲学中最难理解的概念,但是,既然这里需要制定的全部科学实际上只需研究它的进一步的规定,那么,它无疑将会获得最大的明晰性。为了让人一开始就能设想这个概念中的某种内容,我们要举一个事例,着手对它的研讨。

我们可以设想一个受压的钢弹簧。它无疑有一种把压它的物
(I,5,44) 体反弹回去的努力,所以这种努力在它之内是向外进行的。这可以说是关于作为理性存在者的**状态**的现实意志活动的一个比喻,但我在这里不谈这个问题。我们的问题在于,这种努力作为钢弹簧的真正确定的表现,究竟是以什么东西为其首要**根据**(我说的不是条件)呢?无疑是钢弹簧对它自身的一种内在作用,一种自我规定。但在它之外的那个压它的物体,并不真正包含着自己受到反作用的根据。可以说,这种自我规定就是在理性存在者中属于单纯意志**活动**的东西。假如钢弹簧能直观它自身,那么,在它之内就会从作用与反作用这两个环节产生出对于反弹那个压它的物体的意志活动的意识。不过,我所指明的这一切只有在一种压力确实从外部作用于它的条件下,才会是可能的。同样,根据以上的论证来说,理性存在者如果不与其自身之外的某种东西处于相互作用(因为理性存在者就是这么**表现出来**的)中,就不可能规定自己去从事一种真正的意志活动。在这里,我不必谈这个问题,所以,我们正像不谈前一个环节一样,也不谈最后指明的环节。如果我再回到这个事例上来,全然撇开外来压力,那就毕竟会剩下某种

总能据以设想钢弹簧本身的东西。这种剩下的东西是什么呢？显然是我判定钢弹簧一俟受到压力，就会对压力作出反抗的努力的依据，因此，是它规定自己作出反抗的努力的一种固有的内在趋势，而这种趋势是它的弹性的真正本质，并且在出现它表现自己的条件时，是它的一切现象的一种不能进一步加以解释的最后根据。钢弹簧的这种原始趋势与理性存在者的同一种原始趋势的差别是很重要的，我们将在以下的研究中予以说明。

我们过去是怎样分析用这个事例提出的概念的，我们现在也必须怎样分析用意志活动理解的自我。

首先，这个课题就其**形式**而言，在于把具有所要求的抽象性的自我设想为一种**持续存在的**、固定的东西；由此可知，据以理解和表征自我的想必是一种持久的、本质的东西。自我的种种表现和现象能够发生变化，因为自我表现自己的各项条件是变化的；但是，在所有这些条件下能把自己表现出来的东西却永远是相同的。

（熟悉先验哲学的精神，就会假定，对持续存在的东西所作的这种思考本身是以我们的思维规律为依据的，因此，在这里加以探索的 (I,5,45)
只是自为自我的本质，而不是作为自在之物的自在自我的本质。）

其次，就这个课题的**内容**而言，需要加以设想的东西应该是一种绝对的意志活动（一切意志活动都是绝对的）的根据。这种东西是什么呢？每个人必定从开始就与我们一起，确实设想过所要求的东西，确实对它做过预先规定的抽象，并且目前在内心里直观自己，看会给自己留下的是什么，自己还在一直思考的是什么。只有这样，他才可能获得预期的认识。名称并不能说明任何东西，因为整个这一概念迄今几乎都没有被考虑过，更不要说予以命名了。

但为了使这个概念能有一个名称,我们拟将我们业已理解的东西称为达到绝对者的绝对趋势,或绝对不能由这个概念之外的某种东西确定的趋势,或不受任何外来的推动而绝对自己规定自己的趋势。这种东西不仅是单纯的力量或能力——因为能力绝不是现实的东西——而且是我们为了能把现实性纳入我们的思维序列而在有现实性以前思考的东西;但我们在这里要思考的东西应该是某种现实的、构成自我的本质的东西,而在此种思考中也包含着能力概念。从这方面来看,这种东西在涉及那种只有在既定客体的条件下方才可能的现实表现时,就是表现的能力。这种东西也不像我们在以钢弹簧为例时能给弹性的根据命名那样,是一种冲动,因为冲动在出现其发生效用的条件时必然是以一种在内容方面确定的方式发生作用的。在这一个阶段,我们还对自我毫无所知,并且也不应该通过匆忙作出的规定而抢到未来的研究之前。

结论 自我的那种使它与一切在它之外的东西区别开的本质特点,在于一种为了独立而达到独立的趋势,这种趋势就是在自在自为的自我与它之外的东西毫无联系而被思考时加以思考的东西。

说明 大家不要忘记,自我在这里仅仅被看作客体,而不是被看作一般自我。在把自我视为一般自我的前提下,我们制定的定理会是完全错误的。

(I,5,46)

§.2.

刚才已经表明自在自为的自我是什么,或者更认真地说,自我在它仅仅作为客体被思考时必然会被怎样思考。

但是，自我只有把它自身设定（直观和设想）为某种东西，才是某种东西，而绝不是它未曾把它自身设定成的东西。这是一个我们能够根据全部知识学的基础假定为已知的和得到证明的命题[5]。

不过，我们在这里还应说几句话，以解释这个命题。物和完全与物对立的自我（理性存在者）之所以恰好区分开，是由于物只需单纯存在，而不必对自己的存在有丝毫的知识，但在作为自我的自我里，存在和意识则须结合起来，没有自我的自我意识，就不可能有自我的任何存在，反过来说，没有自我意识到的东西的存在，就不可能有对于自我本身的任何意识。一切存在都与意识有联系；甚至一个物的存在，如果不联想到一个知道这种存在的理智力量，也是无法让人思议的；不过，这种知识不是被安置于现实存在的物之中，而是被安置于物之外的一个理智力量之中；但是，对于自我的存在的知识却是被安置于一个与自我相同的、也现实存在的实体之中；只有设定了意识与存在的这种直接的结合，我们才能说自我是这个或那个东西。

把这层道理应用于我们当前的场合，就意味着：我们在上面提出的确实是自我的本质，而自我必定知道这一点。所以，对于上述绝对趋势的意识肯定是存在的。

不仅一般地知道这一点，而且还特别描述这种意识本身，也许会具有重要意义。现在我们就来做这项工作。

课　　题

明确意识到对于自我原初的存在的意识。

解　　释

我们说，显而易见的事实在于，我们意识到了这种意识，并且在哲学思考中不会有别的情况。我们在上节中当然就是这样意识
(I,5,47) 到某种东西的。通过我们的思维能力的自由的自我规定，借助于一种随意的抽象，已经产生了我们的意识的客体。

我们现在主张，同一个客体在原初，即在有一切自由的哲学思维以前，对我们是存在的，并且既然我们完全有意识，就必然会对我们有强制作用。如果这是真的，那也就有一种对于这个客体的原初意识，显然这种意识在我们刚才提出它的同一个抽象思维中恰恰不是对于一个具体的客体的意识。这种意识完全能出现在另一个思想中，并且能与这个思想一起出现，作为这个思想的规定。

那么，这种原初的意识的性状难道不同于我们刚才作为哲学家在我们之内创造的意识的性状吗？这毕竟是可能的吗？因为这种意识应以其自身为客体，因为哲学家本人除了拥有一切理性的普通原始思维形式，也确实不拥有任何其他主观思维形式。

所以问题在于，我们究竟为什么要寻找我们已经拥有的东西？我们不知道这种东西，我们却拥有这种东西。我们现在只是想在我们之内创造对于这种东西的知识。理性存在者已经被安排成这样：它在思考的时候，通常并不考察它的思维，而是只考察所思考的东西，或者说，它在客观东西中丧失了它自己作为主体的地位。

但对哲学来说，一切问题都在于认识主体本身，以评判主体对客体的规定的影响；但只有把单纯的反思当作一种新的反思的客体，这项工作才能进行。不懂哲学的人对于我们应该意识到一种意识，可能会觉得离奇可笑；然而，这种人除了以此证明他们对哲学的完全无知和无能为力，却不能证明什么别的东西。

从起源方面对上述意识所作的描述

1）自我具有绝对的直观能力，因为它正是由此成为自我的。这种能力不能进一步加以推导，也不需要进一步加以推导。随着设定一个自我，也就设定了这种能力。进一步说，自我能够毫无困难地直观它本身所是的东西，并且必定会毫无困难地直观它本身所是的东西。所以，这里假定的一般直观能力的特殊规定同样不需要推导，或者说，同样不需要以这种能力之外的根据为中介。自

我之所以直观自己，完全是因为它在直观自己。关于这件事实本 (I,5,48)
身，我们就谈这么多。

2）我们现在要谈的是这件事实的规定，按照这种规定，我们就可以信赖任何一个人对于我们所谈的东西的自动创造，信赖对于在这种创造中给他产生的东西的密切直观。

按照我们提出的公设来说，这种恰恰通过假设的活动而成为有理智者的直观者把那种达到绝对活动的趋势设定为**它自身**，也许可以说，理解为与它**自身**是同一的，即与**有理智者**是同一的。所以，那种实在行动的绝对性就**由此**变成了一种**理智力量**的本质，并且处于**概念的统辖**之下；只有这样，那种绝对性才变成了真正的**自由**，即变成了绝对性的绝对性，变成了使自身成为有绝对性的绝对

能力。通过对那种实在行动的绝对性的意识，自我把它自己与它自己分离开，并把它自己确立为独立的。

我说过，自我把它自己与它自己分离开；我应该首先把这个说法解释清楚。一切直观本身都要指向某种不依赖于直观存在的，并且就像被直观到的那样存在的东西；我们这里所说的直观也是如此，因为它毕竟是直观。自我作为绝对者在被理解为直观以前，是应该存在的，并且已经存在；这种绝对性构成自我的那种不依赖于一切直观的存在和持续存在。凡在被直观者应该是直观者的本质之外的某种东西的地方，对理智力量本身来说就依然仅仅存在着受动的观看。我们现在谈的情况则肯定不是如此。被直观者本身就是直观者；被直观者虽然不是直观者本身，但与直观者是一样的本质，一样的力量与实体。所以，理智力量在这里不单纯有观看活动，而且理智力量作为理智力量，对于其自身（这是显而易见的，因为没有任何人可望探究另一种存在）**变成了**概念的绝对的和实在的力量。作为拥有意识的绝对力量的自我，是将其自身与那种作为不拥有力量和意识的**特定**绝对者的自我分离开的。

在这里我们有必要对于这个主要的想法再作一点解释。虽然这个想法对许多人来说显得难以理解，但是，理解我们的全部体系的可能性却以正确理解这个想法为转移。

我想向我的读者说，你不妨再设想一下我们在上节中作为例证使用过的那个钢弹簧。在它之内当然包含着一种独特运动的本原，这种运动对它绝不是外来的，而是抵抗它从外部得到的运动方
(I,5,49) 向的。尽管如此，你还是会怀疑，钢弹簧怎么被认为具有你至今一直称为**自由**，并且完全有理由这么称呼的东西。这种怀疑是从什

么地方来的呢？社果你回答说，“虽然抵抗产生于钢弹簧的自然本性，产生于把它设定起来的一个条件，即压力是按照一条必然的规律，毫无例外地从外部加给它的，因此如果设定了这两个论据，人们预先就会确信弹簧有抵抗的力量，并且预见到这种力量；但这里还有一种对我隐蔽起来的根据，使我无法坚持认为钢弹簧有自由”，那么，我就想把这个使你无法认为钢弹簧有自由的障碍清除掉，这就是说，我想同意你不考虑钢弹簧中的这种必然性与规律性，想同意你假定人们一方面不知道钢弹簧屈服于压力的原因，另一方面也不知道钢弹簧抵抗压力的原因。但你想把这样设想的钢弹簧称为**自由的**吗？我绝不希望你这么做。自由概念与钢弹簧概念的结合并没有解除你的疑虑，倒不如说，你要求的是某种绝对不可思议的东西，即盲目的机遇；虽然你坚持认为，你不知道钢弹簧为什么被规定为进行抵抗的，但你又坚持认为，它毕竟**被**规定为进行抵抗的，也就是说，它绝不是**自己规定自己**这么做的，因而不应该被认为是自由的。

当你认为它不是**自己规定自己**，而是**被**规定的时候，你设想的可能是什么呢？你为了它能自己规定自己而真正要求的，可能是什么？我们希望设法把这个问题讲清楚。既然你无法回避最后试图提出的这种把自由的东西当作以盲目机遇为转移的东西的想法，而且在附加上自由以后，你也不会解除疑虑，因而实际上无法设想任何东西，那么，我们就想坚持最初提出的那个想法，认为钢弹簧是有自由的。你说，在这种情况下钢弹簧是**由它的自然本性规定**为抵抗那种加给它的压力的。这是什么意思呢？我们在这里要求于你的，并不是你应该拥有一种处于你之外的知识，或你应该进一步推论，找到新的结论。在这里重要的是你在此刻真正设想的东西，而且你在决心从事哲学思考以前，已经设想过这种东西。你只应该澄清你真正设想的东西，只应该学会理解你自己。物的本性在没有内在运动时是它的固定的持续存在，是静止僵死的；你在设定一个物及其自然本性时，必然是在设定某种这样的物，因为
(I,5,50) 这种设定正是对一个物的思维。在这种静止不变的持续存在中，你已经同时理解了这个物，它的被预先决定的性状在于，某种变化是在某种条件下发生的，因为像你说过的，你一开始就设想了一种**固定不变的东西**。这就是物的自然本性，它完全不依赖于物；因为物确实就是其自然本性，其自然本性确实就是物。既然你在设想一方，你也就必然同时设想到另一方，你并不希望有这样的情况：物在有其自然本性**以前**就已经存在，因而物本身规定其自然本性。但是，一俟你设定了物的自然本性，你就在你的这种从（自然本性的）存在出发，经过纯粹的存在，而到（自然本性在某种条件下的表现的）存在的思维活动中，正在穿过一个连续的序列；或者说，如果大家从主观方面考虑这件事情，同时考察你的思维的规定，不断约束你的直观，始终约束你的直观，那么，你的直观就永远不过是观看，而且在那个序列里绝不存在你的直观可以上升到自动创造的环节；你称为**必然性**的思想的，正是你的思维活动的这种状态，通过这种状态，你否认了所思考的东西有任何自由。

这样，我们就找到了你在我们的情况下和类似的情况下绝对无法设想任何自由的原因。从客观方面来说，由一种存在中产生的一切存在都是一种必然的存在，而绝不是自由的产物；从主观方面来说，通过一种存在与另一种存在的结合给我们产生的，是关于

一种必然的存在的概念。你也能通过对比，由此得出你真正要求的东西，以设想你毕竟能设想的，并且一贯真正设想的自由。你要求一种不是毫无根据的存在，因为你完全无法设想某种毫无根据的东西；但它的根据不应该又在一种存在中，而应该在某种别的东西中。既然对于我们来说，除了存在，也只能有思维，所以，你能设想为自由的产物的存在必然产生于一种思维。我们现在想考察的是：在这个前提下自由是否会成为可以理解的。

如果某种东西不是被规定的，而是自己规定自己的，你就希望它被算作自由的。这种能动的规定活动在思维完成规定的前提下是可以理解的吗？毫无疑问，只要人们能思考思维活动本身，而不把概念当作一个物，这种能动的规定活动就是可以理解的。原因在于：过去那种设定固定不变的持续存在，使得从存在不可能推演出自由的做法，现在在这里被完全废除了；因此，思维活动不是被设定为某种持续存在的东西，而是被设定为能动性，并且单纯被设定为理智力量的能动性。所以，你的要求在于：某种东西为了能被设想为自由的，必须自己规定其自身，这种东西不仅不是由外部规定的，而且也不是由自己的自然本性规定的。这个自身是什么意思呢？用这个自身设想的，显然有双重意思。其一，自由的东西在有规定性以前，就应该存在，就应该有一种不以其规定性为转移的特定存在。一个物之所以不能被设想为自己规定自己的，是因为它在有它的自然本性，即它的规定性的范围以前，是不存在的。反之，像我们刚才所说的，要自己规定自己的东西则在它存在以前，在它有种种属性和自然本性以前，必定会在某个方面是存在的。不过，这也只有在我们的前提下才能加以设想，并且在我们的前提

(1,5,51)

下也的确能加以设想。其二,自由的东西在它现实存在以前,是具有关于它的现实存在的概念的理智力量,在这个概念中就包含它的现实存在的根据。关于某种存在的概念是先于这种存在的,这种存在是以关于这种存在的概念为转移的。

由此可见,我们的主张在于,只有理智力量能被设想为自由的,理智力量只有把自己理解为理智力量,才会变成自由的,因为只有这样,理智力量才在某种高于一切存在的东西中,即在概念中,拥有自己的存在。有人会提出异议说,甚至在我们自己于上节所作的论证里,绝对性也已经被假定为一种存在和设定的东西,现在要起如此非凡的作用的反思显然是受那种绝对性的制约的,是以那种绝对性为客体,如果不假定一个客体,不假定这个客体,它就既不是一般的反思,也不是这种反思。但是,我们将会在适当的地方得知,甚至这种绝对性也是为一般理智力量的可能性所要求的,是从这种可能性产生出来的,所以,我们刚才提出的命题也允许加以颠倒,因而大家可以这么说:只有自由的东西能被设想为理智力量,而理智力量必然是自由的。

现在我们再回到我们的研讨计划上来。

> 自我按照公设,将那种达到绝对活动的趋势直观为其自身,因而就将其自身设定为自由的,即设定为一种以单纯概念为依据的因果性的能力。

(1,5,52) 按照康德的说法,自由是绝对开始一种状态(存在和持续存在)的能力[6]。这的确是一个出色的名词解释。但一般认为它对认识自由没有很大的裨益,因为关于自由总是一直流行着许多几乎完全错误的概念。以往要回答的更高的问题是:究竟怎样才能绝对开始一种状态呢？或者说，究竟怎样才能设想一种状态的绝对开端，它可以从起源方面提供自由概念——即把这个概念在我们眼前创造出来——呢？我们刚才已经回答了这个问题。有绝对开端的状态绝对不能被结合到任何东西上，因为有限理性存在者必然仅仅是借助于中介和结合进行思维的。所以，那种状态除了被结合到一种思维上，也就不能被结合到另一种存在上。

但是，要这样制定自由概念，我们当然必须走知识学的道路，并且也必定能够走知识学的道路，即撇开一切存在本身（事实），从高于一切存在的东西，从直观和思维（一般理智力量的行动）出发。那条在理论哲学里独自达到目标的道路，即解释存在（当然是为我们的存在）的道路，也独自会使实践哲学成为可能。这样，我们也就更清楚地阐明了我们在上文中提出的说法：自我独立地确立其自身。同时，我们也完全阐明了我们这个命题的首要目的：自我把它原初所是的一切东西（当然，它在原初只是自由的）都纳入到了对它自身的直观和关于它自身的概念中。不过，自我还有更多的内容。因为凡在概念变为认识概念，并对理智力量仅仅依然是观看时，自我**实际上**所能是的一切东西都毕竟在原初就以概念为转移。无论自我必须成为什么东西，它都必须通过概念，使它自身成为这种东西；无论自我将会成为什么东西，它都将会通过概念，使它自身成为这种东西。从任何方面来看，自我都以它自身为根据，即使从实践意义上说，自我也是绝对**设定它自身**的。

但是，自我也把它自身仅仅设定为一种能力。 (I,5,53)

这是必须加以严格证明的，并且也能得到最严格的证明。这是因为，像我们已经看到的，达到绝对活动的趋势属于有理智者的统辖范围。但是，有理智者本身（像每个人在对其自身作为理智力量的直观中必定会发现，而对任何其他人则不能加以证明的那样）是绝对自己规定自己的，因而不管一切持续存在与设定的存在会被设想得多么精致，都会与它们相反，仅仅是纯粹的活动；由此可见，有理智者绝不能由自己可能具有的自然本性或本质加以规定，也绝不可能由自己包含的倾向、冲动、偏好或某种东西加以规定。所以，这样一种偏好不管会被设想得多么精致，在由理智力量统辖的行动力量里，也是不可能存在的；相反地，这种力量却由此仅仅变成了一种纯粹的能力，也就是说，仅仅变成了这样一种概念：一种现实在思维中能被联结到这种概念上，把它当作自己的根据，尽管它不包含丝毫的论据，也足以说明这种现实将会成为一种什么样的现实。

我们当前研究的结果已经明确地包含在上述命题里，所以绝不需要特别说明。

§.3.

在上节里必定令人感到诧异的两种情况在于，从对一种趋势的反思推导出了一种与趋势毫无类似之处的意识，而这种在以前提出的趋势的真正特点似乎被完全搁置到旁边去了。这后一种情况是不可能发生的。按照我们在上节里的论证依据的原理来说，自我不过是它把它自身设定成的东西。自我在原初应该是一种趋势。如果自我不应该为它自身具有这种特点，不应该意识到这种特点，这就完全不是指我们所说的东西，而且是自相矛盾的。所以，问题并不在于这样一种意识是否会出现于自我；但是，这种意识就其形式而言，会有什么样的性状，却需要细心研究。我们允许这种意识在我们眼下发生，这样，我们就将会最合乎目的地获得我们所要求的认识。

由此可见，我们的课题如下：(I,5,54)

试看自我会以哪种方式意识到它的达到绝对自动性的趋势本身。

绪　言

在上节里我们是这么进行研究的：我们完全设定一种对当前的客观自我的反思，我们对此拥有无可争议的权利，因为自我必然是理智力量，而且是能无条件地自己直观自己的理智力量。我们这些从事哲学思维的人们仅仅是一些观照原始自我的自我直观的人；我们提出的东西并不是我们自己的想法，而是自我的想法；我们反思的对象本身也是一种反思。

在这一节里，只要我们能解决我们的课题，我们同样指望达到这样一种对自我的原始反思；不过，我们不能从这种反思开始，因为关于反思的单纯公设不能产生任何其他结果，而只能产生我们已经拥有，但出于上述根据，我们并不能满意的结果，这就是对于一种单纯的能力的意识，但绝不是对于一种趋势或冲动的意识。我可以这样扼要地指出两种反思的差别；以前所述的反思是绝对可能的，现在需要表明的反思则必须首先就其可能性加以论证，而这种论证恰恰是通过我们的哲学思维完成的，当然，我们的哲学思维（至少暂且）不应该被算作任何其他东西，而只应该被算作一种

哲学思维。

我们现在就来解决我们的课题。

1）设定的趋势必然表现为完整的自我的冲动。

原始自我并不这么设想，而是哲学家亲自把他的上述命题清楚地阐述出来的时候，他方才这么设想的。

这个主张不需要一种特别的证明；它是通过单纯分析上节规定的东西得出来的。趋势被设定为自我的本质；所以，趋势即使作
(1,5,55) 为趋势，也必然属于自我，必然包含于自我之内；在自我本身未被扬弃的情况下，趋势在思维中是不能被撇开的。但是，趋势作为单纯的趋势就是**冲动**，即解释一种现实自动性的实在的和内在的根据。一种被设定为本质的、持续存在的和不可磨灭的冲动是有推动作用的，并且这种冲动是自我的表现——这两个说法的意思完全相同。

如果我们现在**单纯从客观方面**思考这个包含着冲动和表现出冲动的自我，冲动的作用就是可以立即理解的；一俟具备外部条件，正像钢弹簧的情况那样，冲动就促成一种自动性。行动产生于冲动，犹如结果产生于原因。诚然，如果我们甚至在冲动中联想到理智力量，但认为这种力量以客观性状为转移，而不是客观性状以这种力量为转移，那么，冲动就是由渴望伴随的，行动就是由决断伴随的，而渴望和决断是在条件具备的时候，以产生行动的那种必然性产生的。

虽然我们能够这样从客观方面思考这个与冲动相关的自我，并且在适当的时候将必须这样思考这个自我，但是，这种在我们已经构成的概念里重复出现的分离过程却在这个地方只会分散我们

的注意力，而毫无用处。系统的研究进程要求进一步如实地规定最后发现的东西；因此，自我在这里不能从客观方面加以思考，而是必须像它在上节里被提出来那样，同时从主观与客观方面一起加以思考。这就是我们在上述命题中使用的完整的自我这个名称的意义。如我们已经证明的，行动力量通过反思，受到了理智力量的统辖，反过来说，反思的可能性又以行动力量及其规定性的现实存在为转移；这就是我们假定了的东西。这个关于自我本身的概念，像它刚才被提出来的那样，虽然人们可以把它分为各个部分，逐步加以把握，最初把客观的东西设想为依赖于主观的东西，然后把主观的东西设想为依赖于客观的东西，但是，人们使用这种方式，却永远无法把它理解为一个统一的概念。

我们有必要就这个问题再进一步作某种详细的论述；我们之所以有这种必要，主要的原因在于，（除了我在《哲学评论》第Ⅴ卷第374页[7]上做过的一点暗示，即“人们在这里也许可以期望作进一步的解释；或者，从我作为反思者的必然的有限性出发……”，）(Ⅰ,5,56)
我也一向没有在任何地方详细谈过这个问题。像我们说的，自我性在于主观东西和客观东西的绝对同一性（意识跟存在、存在跟意识的绝对统一）。自我的本质既不是主观东西，也不是客观东西，而是一种同一性。仅仅是为了表示这种同一性中的空白点，我们才谈到主观东西或客观东西。有人能把这种同一性设想为他自己吗？绝对不能；因为人们要设想自己，就必须在主观东西与客观东西之间恰好作出在同一性这个概念中不应该作出的区分。但没有这种区分，任何思维都完全是不可能的。所以，我们从来都没有把两者设想为相互统一的，而是设想为彼此并列的和先后相继的；

通过这种先后相继的设想，我们使一方与另一方相互依存。所以，人们不禁要问：是因为我思维我自己，所以我存在呢，还是因为我存在，所以我思维我自己呢？但是，这样一种"因为"和这样一种"所以"在这里都是根本不存在的。你绝不是这两方中的任何一方，因为你是一种与此不同的东西；你根本不是双重的，而是绝对同一的；你之所以是这种不可思议的统一体，完全是因为你是这种统一体。

这个只能被描绘为思维课题，而从来都不能加以思考的概念，暗示了我们研究中的一个空白点，我们拟用 X 表示它。出于上述根据，自我不能自在自为地理解自己；自我绝对是 =X。

这种完整的自我，就它既不是主体，也不是客体，而是主客同一体（这种同一体无非意味着思维中的一个空白点）来说，在自身具有一种达到绝对自动性的趋势，而这种趋势如果从实体本身被分离出来，并被设想为实体的活动的根据，则是一种推动实体的冲动。假如有人对于我们把这种冲动与完整的自我联系起来的权限还有一些怀疑，那么，通过在这里当然允许作出的自我的分割，我
(I,5,57) 们就可以消除这种怀疑。这是因为，自我在按照上节所述的根据反思它自己时，也就把它的客观性中包含的东西设定为它自身；即使它是进行反思的或主观的，它也是这样。那么，在客观的东西中就无疑有一种冲动，这种冲动通过反思，也变为一种对主观东西的冲动；并且因为自我在于主观东西与客观东西的统一，所以这种冲动也变为一种对完整的自我的冲动。

但是，这种冲动如何表现于完整的自我，在这里却根本无法加以规定；既然它所指向的东西本身是绝对不可理解的，它就更加无法加以规定。只有从否定方面来看,我们才可以说,它不可能以必然性和机械强制力量起推动作用,因为自我作为主观东西——这种主观性当然属于整个自我——在概念的统辖之下提供了自己的行动力量,而概念既不是能由冲动规定的,也不是能由某种类似于概念的东西规定的,而只能由概念本身加以规定。

2）绝不像人们通常会期待的那样,从冲动的这种表现中产生出一种感受。

一般感受都是自我中的客观东西对于自我的主观东西,即自我的存在对于自我的意识的单纯直接联系,感受能力是这两者的真正结合点;然而,像从我们上面的描述中看到的,只有主观东西被视为依赖于客观东西,感受才是这样的联系。(反过来说,只有客观东西被视为依赖于主观东西,**意志**才是这两者的结合点。)

这可以被阐明如下:自我中的客观东西正像单纯的物得到改变那样,是不借助自己的任何作用,而通过自由得到推动、规定和改变的。但是,既然自我不单纯是客观的,而且在同一个未分割的本质中主观东西也与自我结合起来,那么,随着客观东西的改变也必然同时出现了主观东西的改变,因而出现了对于这种状况的一种意识,而这种意识正如这种状况本身一样,显得是同样机械地产生的。在表象中,当被表象的东西是现实的存在时,直观者就察觉自己同样是单纯受动的;把**感受**与表象区分开的标志在于,在感受里决没有对于思维者、对于内在能动性的任何意识,而在表象里则在表象的形式方面显然会出现这种意识。在表象中,我虽然不创 (I,5,58)
造被表象者,但创造表象活动;在感受中,我则既不创造被感受者,也不创造感受活动。这种区别无法用概念加以精确规定,甚至于

这里作出的各个规定如果不在这些不同的情况下，通过对思维者自身的直观加以阐明，也是毫无意义的。诸如此类的描述不应该代替自我直观，而只应该指引自我直观。

虽然单纯客观的自我的一种规定将在往后通过达到绝对自动性的冲动显示出来，并且一种感受也会从这种规定中推导出来；但是，按照以上所述，这里应该谈的并不是单纯客观的自我的规定，而是完整的自我 = X 的规定。那么，能从这种规定产生出一种感受吗？

根据我们的描述，给一种感受假定的性质一方面是单纯客观的东西对驱动的依存性，另一方面是主观的东西对单纯客观的东西的依存性。在这里后一种依存性并未被设定为可能的，因为主观的东西与客观的东西绝不应该被视为不同的，而应该被视为绝对统一体，并且已经被规定为绝对统一体。这个绝对统一体是什么？它的规定是什么？像我们在上文已经提到，并且指明原因那样，我们并不理解。而要理解某种东西，给我们剩下的方法也只能是这样：在我们由于受到限制而必然把我们自己分裂成的两个部分当中，把一个部分作为开端。特别是由于我们讨论的是自我，所以，就客观东西应受主观东西的统辖而言，我们把主观东西作为开端是最合适不过的。

由此可见，自我作为理智力量，千真万确是直接由冲动规定的，而理智力量的一个规定就是思想。

3）所以，通过冲动的表现必然产生出一种思想。

如果有人针对刚才指出的这个论断的根据，提到我们在上文中所述的论断，即理智力量作为绝对能动性绝不能有任何规定，它产生了自己的思想，但思想在它之内绝不可能是被创造的，那么，我们就必须注意下文中阐述的东西，在那里，我们当前的论断依据的命题将会受到限定，并且将会表明，两个论断能够很妥善地彼此并存。所以，对于完全会发生这样一种思想，绝不能允许有任何怀疑，而我们现在要做的，也不过是准确地了解这种思想本身。 (I,5,59)

a）我们首先从形式方面研究这种思想。

或者，一种确定的思想，如这里描述的这类思想，在所思考的东西应该是现实客体的时候，显得是由一种特定存在规定的。在这种情况下，思想就像产生出结果那样，按照我们的意识产生出结果，因为物就有这般性状。或者，这种确定的思想是由另一种思想规定的。在这种情况下我们就会说，它是产生于这另一种思想，并且我们对于一系列理性根据获得了深刻的认识。

实际上，这两种情况中的任何一种都没有在这里发生。前一种情况之所以没有发生，是因为我们思考的根本不是什么客观规定，甚至于也不是客观自我的规定，而是完整的自我的规定，我们虽然不理解完整的自我，但知道它不能单纯被看作客观的。后一种情况之所以没有发生，是因为自我在这种思维活动中思考它自身，并且是按照它的本质思考它自身，而不借助于各种由这个本质推导出来的属性；但这种关于自我的思想，尤其从这个方面来看，绝不受任何其他思维的制约，而是制约所有其他思维的。

所以我们认为，制约和规定这种思想的绝不是任何在它之外的东西，既不是一种存在，也不是一种思维，而绝对是它自身。这是一种最初的、直接的思维。尽管这个论断乍看起来显得令人诧异，但它是从业已制定的前提正确推导出来的，并且无论对于我们在此制定的专门哲学科学，还是对于整个先验哲学，都具有重要意义；因此，应该对它细致认真，牢记在心。首先，推导出这个论断，就会使思维在其形式方面成为绝对的；我们获得了一个绝对以一种思想为开端的系列，这种思想不以任何其他东西为依据，也没有被联系到任何其他东西上。因为像我们已经指出的，我们刚才在哲学思维中用冲动进一步论证了这种思想，这对于那类虽然从这种思想开始，却没有意识到我们提出的根据的普通意识，并没有发生什么影响。我们依靠普通意识的观点得知的，无非是我们刚才在进行思维。但在一种存在要依赖于思维、现实力量要由概念统辖的关系中，思维在其形式方面必定也是绝对的。我们还应就此说明的是，主观东西对客观东西的这种关系实际上是自我中的原初的关系，而相反的关系，即思想要依赖于存在的关系，首先是以
(1,5,60) 自我中的这种原初的关系为根据，并且必定是从这种关系中推导出来的；这个说明是在哲学的其他部分得到证实的，而在我们的伦理学里也必须在下文中予以展开。其次，我们在此需要描述的这种思想在其内容方面也是绝对的；它之所以被这么设想，完全是因为它就是这么被设想的。这对于我们的伦理学具有特别重要的意义，由于有这样的意义，人们就不会像在经常发生的情况里那样，受到误导，去进一步解释并想用外在根据推导关于我们具有职责的意识，因为我们现在加以描述的思想将表明其自身就是这样的意识，而那种解释与推导是不可能的，也有损于道德规律的尊严与绝对性。

扼要地说，这种思维是我们的存在的绝对原则；通过这种原则，我们完全建构起我们的本质，而我们的本质就是以这种原则为

内容的。因为我们的本质并不像无生命的东西那样,是物质性的持续存在,而是一种意识,并且是一种**确定的**意识;这就是我们当前要描述的思想。

我们直接知道我们在这样进行思维;因为思维正是对于思维者本身作为理智力量所具有的规定性的直接意识,并且在这里具体地说,是对于理智力量单纯作为理智力量所具有的规定性的直接意识。一种直接的意识叫做**直观**;既然在这里没有任何物质性的持续存在是借助于感受被直观的,而是理智力量直接作为理智力量被直观的,并且只有理智力量是被直观的,所以这种直观就有理由叫做**理智直观**。但这种直观也是在每个人之内不借助于哲学抽象的自由而在**原初真正**出现的那种唯一的直观。先验哲学家要求每一个要理解他的人都具有的理智直观,是那种**真正的**理智直观的单纯形式,是撇开自己的规定性而对内在绝对自决性所作的单纯直观。没有真正的直观,哲学抽象就会是不可能的;因为思维在原初不是被设想为抽象的,而是被设想为明确的。

b）其次,我们从**内容**方面描述我们所要研究的思想。

完整的自我是由达到绝对自动性的冲动规定的,而在这种思维中设想的正是这种规定。但完整的自我无法加以理解,正因为如此,它的一种规定性也无法直接加以理解。只有通过主观东西和客观东西的相互规定,才能逐渐接近完整的自我的规定性,而我们想走的就是这条道路。

首先,我们可以设想主观东西是由客观性规定的。客观性的 (I,5,61)
本质是一种绝对的、不变的持续存在。把这应用到主观东西,就意味着有一种僵持的、不变的思维,换句话说,有一种按照规律来说是必然的思维。但有规定作用的冲动是达到绝对自动性的冲动。于是，作为被推导的思想的内容得出的就会是这样的思想：理智力量必定会给其自身制定达到绝对自动性的不可移易的规律。

其次，我们也可以设想客观东西是由主观东西规定的。主观东西是在上节里所述的一种绝对而完全不确定的自由能力的设定。这就规定、产生和制约了我们所述的客观东西；我们得出的那种思想只有在自我设想其自身为自由的条件下，才是可能的。主观东西与客观东西的相互规定意味着：制定那种规律的活动只有在我们设想自己为自由的条件下，才表现出来，但如果我们设想自己为自由的，制定那种规律的活动就必然表现出来。这样一来，也就消除了我们在上文承认的那个肯定思维者本身有一种规定性的难题。我们所述的思想并没有无条件的强制作用，因为如果这样，思维就会不再成其为思维，并且主观东西也会转化为一种客观东西；相反地，只有用绝对自由设想某种东西，即设想自由本身，我们所述的思想才有强制作用。这种思想实际上不是一种特别的思想，而仅仅是思考我们的自由的必然方式。所有其他的思维必然性也是这样。思维的必然性不是这类完全不可能存在的绝对必然性，因为一切思维都以对于我们自身的自由思维为出发点，相反地，思维的必然性是以我们完全在思考为条件。

还应该注意到，虽然这种思想不是靠我们的意识，而是凭刚才完成的对它的推导，建立在冲动上的，因而必然保留了冲动的特点，但这种特点是一种公设的特点。所以，我们可以把所推导的思想的内容扼要地描述如下：我们不得不设想，我们应该单纯通过概念，用意识规定我们自己，也就是按照关于绝对自动性的概念规定

我们自己;这种思维正是对于我们达到绝对自动性的原始趋势的意识,它是我们曾经设法获得的意识。

*　　　　　*　　　　　*

严格地说,我们的演绎已经结束了。众所周知,我们的演绎的真正目的是从整个理性体系出发,把我们应该以某种方式行动的思想推导为必然的,证明我们假定一个理性存在者,我们也就同时 (I,5,62)
会假定它有这样一种思想。这对于一种以自身为固有目的的理性体系的科学来说,是绝对必要的。

但是,这样一种演绎也有许多其他的优越性。且不谈我们真正理解的只是我们看出的那种以其自身为根据产生的东西,因而只有通过这样一种推演才得出了对于我们的本质的道德性的最佳认识;甚至所谓的绝对命令通过这种推演获得的可理解的性质,也以最完善的方式清除了它迄今显然不顾理性批判首创者的**积极**倡议而带有的神秘性质(qualitas occulta)的外貌,并且以最可靠的方式毁灭了这种性质给一切狂热幻想呈现的神秘领域(例如,一种由神活灵活现地建议采取的道德规律的神秘领域)。由此可见,我们越发有必要用各种各样的自由观点,完全驱散这种想要滞留在我们自己的演绎上的神秘性质,但是,只要我们受系统陈述的束缚,我们就没有适当的办法消除这种神秘的性质。

我们可以把我们刚才作的演绎的主要内容概括如下:理性存在者**作为理性存在者来看**,是绝对的、独立的和完全以它自身为根据的。在原初,即在它不发挥作用的时候,它根本**是**子虚乌有;它必定是靠它自己的行动,使自己成为自己应该**成为**的东西。这个命题没有得到证明,而且也绝不能得到任何证明。完全应该要求每个理性存在者这么察知和设想其自身。

所以,我应该向读者说,你要像我现在描述理性存在者那样,设想你自己。当你设想我所描述的理性存在者时,你真正设想的究竟是什么呢?因为我要求你的并不是超出设定的和公认的概念,而是仅仅通过单纯的分析,阐明理性存在者。

理性存在者本身应该创造出它实际上将会成为的一切东西。因此,你必定会认为它在有一切现实的(客观的)存在与持续存在以前,就像我们在上边已经看到的那样,有一种存在。这种存在不可能是任何其他的存在,而必定是作为包括在概念中的、具有概念的理智力量的存在。由此可见,你在你当前的这个概念中必定已经把理性存在者设想为理智力量。你也必定已经进而认为这种理智力量有一种单纯用自己的概念创造存在的能力,因为你是为了找到存在的根据而把理智力量假定为理智力量的。一言以蔽之,你在你关于理性存在者的概念中已经设想到我们在 § .2. 中以自由的名称推演出来的东西。

(I,5,63)

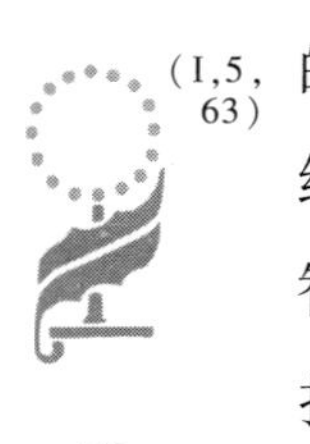

你为了察知你关于理性存在者的概念是可以理解的,以这种考虑——在这里一切都以这种考虑为转移——究竟得到了多少收获呢?你已经凭我们所描述的标志,把独立性设想为理性的本质吗?绝对没有。你不过是设想到独立性的一种空洞的、模糊的能力。对你来说,这就使关于一种独立存在的思想,像你毕竟理所当然地设想到的那样,单纯成为可能的,而不是成为现实的。能力是这样一种东西,当你会另有一种现实存在时,你就能够把它单纯与这种东西结合起来,把这种东西当作它的根据,而不是一定要把它从这种东西推导出来。在你的这个概念里没有丝毫的论据,足以说明应该设想一种现实和设想**一种什么样的**现实。那种独立性的能力也许完全无法加以使用，或只能暂时加以使用，所以，你不是没有获得任何独立性，便是仅仅获得一种间断的独立性，而决没有获得一种持久的（构成**本质**的）独立性。

所以，你在加以分析的概念中并没有设想理性存在者的独立性。你不仅以或然的方式，而且以直言的方式，把这种独立性设定为理性的**本质**。把某种东西设定为本质的意思是什么，在上文已有充分的解释；这意味着把这种东西设定为必然的和不可分离地包含在概念中的，即已经在概念本身假定和预先规定的。由此可见，你大概已经把**独立性**和**自由**设定为**必然性**，而这无疑自相矛盾，因而也是你会认为不可能的。所以，你必定是把这种固定的存在设想成这样：对自由的思维在此也毕竟依然是可能的。你讲的规定性在过去是自由理智力量的一种规定性，但现在却是一种（由理智力量）对独立性进行的**必然思维**，是理智力量据以要求自由地规定自己的规范。因此，你的独立性概念包含着两个环节，即能力和坚定不移地使用这种能力的规律；你不设想这两个环节是统一的，就无法设想独立性概念。你这个现在自由地决意与我们一道进行哲学思考的人是怎样的，每个理性存在者——由于你是按照普遍的理性规律进行哲学思考的——就必然是怎样的，尤其是我们这种在此用原始自我的名称把我们自己设想为一般理性代 (I,5,64)
表的理性存在者也必然是怎样的，而我们要制定的就是这种理性存在者的思想体系。如果理性存在者把自己仅仅设想为独立的——这是我们由以出发的前提——那么，它就把自己必然设想为自由的，并且——这是我们在此涉及的真正关键之所在——它

是在独立性的规律下设想它的这种自由的。这就是我们的演绎的意义。

在这一节里,我们曾经把这个关键作为出发点。我们现在还可以用另一种方式表示我们对于演绎出来的思想的必然性的确信。理性存在者是在自由的那种业已解释过的、单纯形式的意义上把自己设想为自由的。但理性存在者是有限的,它的反思的每个客体对它来说都是由单纯的反思限制或规定的。所以,连它的自由也对它成了一种确定的东西。自由本身的一种规定性究竟是什么东西呢?我们刚才已经看到了这种东西。

或者,我从整个先验哲学体系的深奥之处把这种东西提取出来,最全面、最明确地阐述它。这时,我是主体与客体的同一性 = X。如果我只能设想一些客体,把主观东西与它们分离开,我就不能把我自己设想为 X。因此,我应该把我自己设想为主体兼客体。我(按照因果性规律)相互规定主体与客体,从而把两者结合起来。我的客观东西是由我的主观东西规定的,这就给出了把自由视为一种独立性能力的概念。我的主观东西是由我的客观东西规定的,这就在主观东西中给出了关于仅仅按照独立性概念,凭我的自由规定我自己的必然性的思想,而这种思想既然属于我的原始规定,则是一种直接的、最初的和绝对的思想。所以,既像在前一种场合那样,我的客观东西不应该被设想为依赖于主观东西的,也像在后一种场合那样,我的主观东西不应该被设想为依赖于客观东西的,而是两者应该被设想为一个绝对同一体。我在上述规定性中(按照相互作用规律)相互规定两者,把自由设想为规定规律的,把规律设想为规定自由的,从而把两者设想为一个同一体。一方不能被设想为没有另一方；在设想一方时，也就设想到另一方。当你设想你自己是自由的时候，你不得不在规律之下设想你的自由，当你设想这种规律的时候，你不得不设想你自己是自由的，因为在规律中就假定了你的自由，并且规律宣示其自身为一种自由的规律。

我想对刚才提出的命题的结尾部分再作些讨论。自由不是从规律得出来的，规律也不是从自由得出来的。两者不是两种思想，似乎它们当中的一种思想被设想为依赖于另一种思想，相反地，它们是同一种思想，而这种思想像我们已经考察过的，是一种（以相互作用规律为依据的）完备的综合。康德在许多地方从对于道德 (1,5,65)
规律的意识中推演出对于我们的自由的确信[8]。这应该被理解如下：自由的现象是意识的直接事实，而绝不是从另一种思想得出的东西。但是，像我们在前边已经提到的，有人可能想进一步解释这种现象，并且要由此将它变为假象。有人不进一步解释这种现象，这是没有任何理论理性根据的，但确有一种实践理性根据，即这样的坚定的决心：承认实践理性居于首要地位，把道德规律视为我们的存在的真正最终目的，而不使用理性辩证的方法，超出这个范围——这对于自由幻想当然是可能的——把道德规律变为假象。人们如果不超出这个范围，那也就不超出自由的现象，因此，这种现象就对我们变成了真相。这是因为，一种命题“我**是**自由的；自由是唯一的、真正的存在，是其他一切存在的根据”，迥然不同于另一种命题“**我觉得**我自己是自由的”。因此，对于这种现象的**客观有效性**的信仰正是需要从对于道德规律的意识中推演出来的信仰。“**我是真正自由的**”，是一个首要的信条，它给我们开辟了过渡到理智世界的途径，并且在这个世界中给我们首先展现出坚实的基地。这种信仰同时也是感性世界与理智世界的联结点，而我们的这个要概括两个世界的体系就是从这个联结点出发的。行动不能从存在推演出来，因为这会把行动变为假象，而我是不**可**把行动视为假象的；倒不如说，存在能从行动推演出来。对于实现我们的真正目的来说，借助于存在如此获得的这类实在性，我们毫无损失，而是有了收获。自我不能从非我推演出来，生命不能从死亡推演出来，而是非我能从自我推演出来；因此，一切哲学都必须从自我出发。

*　　*　　*

我们已经把我们演绎出来的思想称为一条**规律**，一项**绝对命令**；我们已经把在这项命令中设想某种东西的方式称为一种与存在相反的**应当**。普通知性觉得这些名称被表述得颇为奇怪；我们
56 (I,5,66) 现在就想考察，怎么也会从我们的演绎产生出一些同样的看法。

如已经表明的，我们能够设想，自由绝对不服从任何规律，而是单纯在它自身就包含着它的规定性的根据，而它的规定性属于一种在后来被设想为存在的根据的思维。当我们希望正确地设想自由时，我们就必须把自由设想为如此，因为自由的本质以概念为依据，而概念是绝对不能由某种在概念以外的东西规定的。正因为自由是自由，因而能用一切可能的方式加以规定，所以我们也能够在一个固定的规则下设想自由，关于这个规则的概念当然只能由自由的理智力量予以制定，只能由自由的理智力量通过自己的自由，照这个规则予以规定。所以，理智力量会制定许多不同的规则或准则，诸如对付自私自利、懒惰成性和压迫别人的规则或准则,并且坚定不移地、毫无例外地一直通过自由活动遵循它们。于是人们就承认,关于这种规则的概念对理智力量有强制作用,也就是说,理智力量在思维的某种条件下必须把某种规则,并且必须只把这种规则设想为它通过自由进行规定活动的规则。某些这样的东西可以适当地予以承认,因为理智力量的思维虽然就单纯的活动而言是绝对自由的,然而就方式方法而言依然服从于一些确定的规律。

这样,理智力量就会把某一种行动设想为合乎规则的,而把另一种行动设想为违反规则的。现实的行动总是一直依赖于绝对自由;自由理智力量的行动并不是在现实中得到规定的,不是必然机械地得到规定的,因为这会取消自我规定的自由,相反地,它仅仅是在关于行动的必然概念中得到规定的。这种存在于单纯概念中,而绝不会存在于现实中的必然性究竟该怎样恰当地加以表示呢?我以为,最适当不过的表示方式是:这样一种行动是**需要的和适合的**,也就是说,是**应当**存在的;与此相反的行动是不适合的,不应当存在的。

像我们在上边已经指出的,关于这样一种规则的概念是一种绝对首要的、无条件的和没有任何外在根据而绝对以自身为根据的概念。所以,那种行动之所以不应当出于这个或那个根据而存在,并不是因为希望有的或应当有的是某种别的东西,相反地,那种行动之所以应当存在,纯粹是因为它应当存在。由此可见,这个应当是一种绝对的、直言的应该,那种规则是一种毫无例外地有效的规律,因为它的有效性绝对不服从于任何可能的条件。(I,5,67)

如果有人设想这个绝对的应当还有一种发号施令的、表现任何其他爱好的东西，那么，这个特征就在这里依然无法加以解释，因为我们把规律只与这样一种绝对自由联系起来，在这种绝对自由中没有任何爱好或诸如此类的东西是可以思议的。

有人已经用同样很确切的语言，把这种制定规律的活动称为自律，即自己给自己制定规律。这种活动可以有三方面的意思。首先，在已经假定了关于一般规律的思想，把自我单纯视为自由理智力量的时候，一般规律对于理智力量就变成了规律，这仅仅是由于理智力量在反思规律，并自由地服从于规律，也就是说，自动地将规律当作自己的一切意志活动的牢不可破的准则；并且我说，理智力量必定会——这本来是显而易见的，但在许多人看来不是显而易见的，所以将在下文里严格予以证明——依靠判断力，又发现这条规律在一切具体场合要求的东西，而再自由地制定实现业已发现的概念的课题。因此，整个道德生活无非是理性存在者不断地给自己制定规律的活动；在什么地方这种制定规律的活动停止了，在什么地方非道德性就开始了。其次，关于规律的内容所要求的无非是绝对的独立性，是绝对不能由自我之外的某种东西进行规定。所以，在内容方面按照规律对意志活动进行的规定仅仅是出自我们本身，而一切他律，即从我们之外的某种东西借用进行规定的根据，都简直是违反规律的。最后，关于我们必然服从规律的整个概念，都是仅仅通过自我对它自己的绝对自由反思，在它的真正本质中，即在它的独立性中形成的。如已经证明的，我们推导的思想无论是借助于感受，还是借助于某种东西，都没有无条件的强制作用，这种强制可以说是完全不可理解的，并且会扬弃关于理智力量的概念；相反地，我们推导的思想是自由思维的条件或必然的

方式。因此,正是自我将其自身置于规律性的整个这种关系中,并且理性在任何方面都以其自身为规律。

像我觉得那样,在这里也可以清楚地看出,理性怎么可能是实践的,这种实践理性怎么根本不是它有时被人们看成的那种令人诧异的和不可理解的物,怎么根本不是另一种理性,而是那种完全被我们承认为理论理性的理性。

理性不是一种特定存在和持续存在的物,而是行动,是真正 (1,5,68) 的、纯粹的行动。理性直观它自身;它之所以能这样做,并且在这样做,恰恰是因为它是理性;但是,它只能把它自身直观为它所是的东西,因而直观为一种行动。这时,它是有限的理性,它所表象的一切东西在它表象它们的时候,都对它变为有限的和确定的;因此,单纯通过自我直观和约束自我直观的有限性规律,它的行动也对它成为一种确定的行动。但是,一种纯粹行动本身的规定性却绝不提供任何存在,而是提供一种应当。所以,理性是能自己规定自己的活动;不过,说理性规定一种活动和说理性是实践的,意思完全相同。从某种意义上说,我们一向承认理性是实践的;这就是说,理性必定会找到手段,实现某种在它之外由我们的自然需求或我们的自由随意性提出的目的。从这个意义上说,理性叫做技术实践的。但我们主张,理性完全是从自身出发,凭自身的力量给自己制定目的,就此而言,理性是完全实践的。理性的实践品格就是它的绝对性本身,即它是不能由某种在它之外的东西规定的,而是完全由它自身规定的。谁不承认这种绝对性——大家通过直观,仅仅在自己内部就能发现这种绝对性——而把理性视为单纯的论证能力,对他来说就在这种能力未能活动起来以前,首先必定会有

外来客体；他会始终无法理解，理性怎么能够是绝对实践的，而他也决不会不相信，在能承认规律以前，必须先认识到可能实现规律的条件。

〔从这里显示出来的一个哲学体系的前景是各式各样的。我不能不至少指出此中的一种前景。理性自己规定自己的行动，因为它能直观自己，并且是有限的。这个命题有双重意义，因为理性的行动可以从两方面来看。在伦理学里，这个命题主要涉及所谓的行动，它是由自由意识伴随的，因而甚至在普通观点中也被承认为一种行动，即**意志活动**与**实际活动**。但是，这个命题对于那种在先验观点中被察觉为行动的行动也同样有效，即对于**表象中**的行动也同样有效。理性为了采取前一种行动而给它自己制定的规律，即道德规律，并不必然为理性本身所遵守，因为这种规律是对自由发布的；理性为了采取后一种行动而给它自己制定的规律，即

(1,5,69) 思维规律，则必然为理性本身所遵守，因为理智力量在应用这种规律时虽说是能动的，却不是自由地能动的。所以，无论按照前一种规律的制定，就那种**应当**存在、因而完全被假定为能存在的东西来说，还是按照后一种规律的制定，就这种直接被察觉为能存在的东西来说，整个理性体系都是预先由理性本身规定为必然的。不过，理性本身按照它固有的规律组合成了什么东西，它也无疑能够按照同样的规律又分解什么东西；理性必然认识到它自身是全备的，并且这是对它的全部做法的一种分析，或者说，一个理性体系是可能的。这样，在我们的理论里一切东西就都相互衔接起来了，并且只有在作出这样一些结论的条件下，才可能建立起一个必要的前提：不是必须放弃一切哲学，便是必须承认理性的绝对自律。只有

在这个前提下,关于一种哲学的概念才是合理的。对于一个理性体系的可能性的一切怀疑或一切否定,都是基于一个他律的前提,即基于这样一个前提:理性是能够由某种在理性本身之外的东西规定的。但这个前提是绝对违背理性的,是一种对理性的反抗。)

按照这项演绎对伦理原则所作的描述

伦理原则是一种关于理智力量的必然的思想,即理智力量应该毫无例外地按照独立性概念规定自己的自由。

这是一种思想,而绝不是一种感受或直观,虽然这种思想基于对理智力量的绝对活动的理智直观;这是一种纯粹的思想,它不可能掺杂丝毫的感受成分或感性直观成分,因为它是纯粹理智力量将其自身视为这种力量的直接概念;这是一种必然的思想,因为它是借以设想理智力量的自由的形式;这是首要的和绝对的思想,因为它既然是关于思维者本身的概念,那么,除了以它自身为依据,就不以任何其他思想为依据,也不受任何其他东西的制约。

这种思想的内容是:首先,自由存在者应该以某种方式进行活动,因为应当正是自由的规定性的表达;其次,自由存在者应该使 (I,5,70)
自己的自由服从一种规律;再次,这种规律只能是关于绝对独立性(即绝对不能由自由存在者之外的某种东西进行规定)的概念;最后,这种规律是毫无例外地适用的,因为它包含着自由存在者的原始规定。

这项演绎的先验观点

我们在我们的论证里是从这样的前提出发的，那就是自我的本质在于自我的独立性，或者说，在于自我的达到独立性的趋势，因为这种独立性只有在某些尚未指出的条件下才能被设想为某种现实的东西。我们已经研究过，自己思考自己的自我怎么会必须在这个前提下思考自己。所以，我们曾经是从自我的一种客观存在出发的。这种自我本身竟然是某种与意识无关的客观东西吗？举例说，我们在§.1提到的自我竟然与任何意识都没有关系吗？毫无疑问，我们曾经把它与我们在哲学方面思考的我们自己的意识联系起来。现在我们可以把它与原始自我的意识联系起来，只有依靠这种联系，我们才能以正确的观点评价我们的演绎。我们的演绎不是独断论的，而是先验唯心论的。我们不想从一种自在的存在得出思维，因为自我仅仅是为自己的知识活动存在的，是在自己的知识活动中存在的，倒不如说，我们谈的是思维本身的原始体系，是理性的各种陈述在它们自身之内和在它们彼此之间的原始耦合。理性存在者设定它自己为绝对独立的，因为它是独立的；理性存在者是独立的，因为它设定它自己为独立的。在这种联系中，理性存在者是主客统一体 = X。在它这样设定自己的时候，它一方面在自由这个词汇的上文确定的意义上把自己设定为自由的，另一方面则使自己的自由服从于独立性规律。这两个概念就是关于它的独立性的概念，而关于独立性的概念也包含这两个概念，两者完全是同一个东西。

某些误解和异议还使我们不得不提醒大家注意下列情况。我

们并不主张，我们站在普通的观点上，就会意识到我们所推演的思想与其根据的联系。众所周知，对于意识事实的各种根据的认识只属于哲学的范围，而且只有从先验的观点出发，才是可能的。我们同样不主张，这种思想是以我们把它推导出来的那种普遍性和抽象性出现于普通意识的事实，大家不必进一步靠自由反思的帮 (I,5,71)
助，就会直接意识到这样一种支配自己的一般自由的规律。只有通过哲学的抽象，大家才使自己上升到这种普遍性，而且为了能够明确地提出课题，大家也必须从事这种抽象思维。在普通意识里，作为事实出现的只是一种特定的思维，而绝不是一种抽象的思维，因为一切抽象都以理智力量的自由行动为前提。因此，我们仅仅主张，如果有人把一些特定的行动——它们显然是实在的，而不单纯是观念的——设想为自由的，这就同时会使我们不禁产生一种思想，认为它们本来应该以某种方式加以安排。诚然，即使有人总是受到情欲的推动，从来都不会真正想到自己的自由，因而从来都不能在思考他自己的行动时获得这种经验，他也至少在评论别人的各种自由地设想的行动时会在他自身发现这条原则。因此，如果有人就他个人来说，否认对于道德规律的意识是他对于他自己的内在经验的事实，那么，当这种事实被理解为一种得到普遍表述的道德规律，并且这种规律就其本质而言绝不会是直接的事实时，他就会对一个捍卫那种事实而不能充分理解自己的人说得完全正确。但是，假如他否认支配各项自由行动的道德规律的那种被我们肯定的明确陈述，那么，至少在他毫无成见、不考虑自己的哲学体系而评论别人时，我们会很容易向他证明他的做法与他的主张是矛盾的，举例说，他毕竟不会对烧毁他的房屋的大火生气，但他

会对纵火毁屋的人大发雷霆。如果他不假定这种人本来能够以别的方式行动,本来应该以别的方式行动,他不是会成为一个向这样的人发怒的笨蛋吗?

第二编　伦理原则的实在性与适用性的演绎 (I,5,73)

绪　　言

1) 一个原则的实在性和适用性一般意味着什么？或者换一个在这方面意思相同的说法，一个概念的实在性和适用性一般意味着什么？而伦理概念又特别能有什么实在性？

一个概念有实在性和适用性，意味着我们的世界——当然是为我们存在的世界，我们的意识的世界——在某个方面是由这个概念规定的。这个概念属于我们据以思考客体的概念，并且对我们来说，在这个概念里有某些特征，因为我们是通过这个概念，通过这种思维方式思考这些特征的。所以，寻求一个概念的实在性，就意味着探讨客体是怎样和用什么方式由这个概念规定的，我想举若干例证，把这层意思讲得更清楚一些。

因果性或因果作用的概念有实在性，因为通过这个概念就在我的世界的各种各样的客体当中出现了一种确定的联系，借助于这种联系才能有由此及彼的思维过程，有从结果本身到原因、从已知原因到结果的推理过程，也就是说，对一个东西的思考已经在某

个方面联想到对另一个东西的思考。**法权**概念也有实在性。我在自由(这是作为客观事物的**自由存在**,因为只有在这个条件下,我才处于法权概念的范围里)的无限领域里设想我的活动区域必然受到限制,因此也这么设想在我之外的自由或自由存在者,而我就是通过这种相互限制与其他自由存在者进入共同体的。由此可见,通过法权概念才在我面前出现了一个由许多自由存在者组成的共同体。

但是,在因果性概念与法权概念对我们的世界所作的规定里有一个值得重视的差别,因为这突出地呈现出了我们在这里真正要回答的问题,所以,我想立刻提请大家注意这个差别。从那两个概念得出一个确然有效的理论命题,即任何结果都有其原因,或更

(1,5,74) 具体地说,所有的人本身都依法有其权利。但在涉及我的实践时,虽然我根本无法随心所欲地设想去掉结果的原因,我既不可以这么设想,也不打算这么设想,更没有能力这么设想;但是,我却完全可以设想我违背着一个人的权利对待这个人,我会打算这么对待他,并且也经常拥有这么对待他的有形能力。在这里大家要看到,我既不能否认,也不能摆脱一种理论上的信念,那就是别人不管我对待他的行为如何违法,毕竟仍然拥有自己的权利,但这种信念本身并不带有任何实践上的强制力量;因为与此相反,认为每个结果都有其原因的信念则完全否定了一切与这个信念相反的实践。

我们现在谈的是**伦理**原则或**伦理**概念。这个概念已经作为特定的思维形式,作为设想我们的自由的唯一可能的方式,被单独推导出来了;所以,我们意识中的某种东西,即对我们的自由的意识,这时当然也用这个概念得到了规定。但这只是我们意识中的直接

确定的东西。现在还可以借助于这个自由概念,间接地规定若干其他的东西,而这恰好是我们现在的问题。

根据我们的演绎来说,伦理概念完全不涉及现实存在的事物,而是涉及应当存在的事物。这个概念是不掺杂任何异质成分,纯粹从理性的本质产生的,并且除了独立性以外,绝不要求任何东西;这个概念绝不考虑任何经验,倒不如说,是反对根据某种从经验中得出的原则所作的一切规定的。我们在谈到伦理概念的实在性时,不可能有——至少**首先**不可能有——这样的意思,好像通过对这个概念的单纯思维,同时也就在现象世界里实现了某种东西似的。这个概念的客体,即那种通过对它的思维给我们产生的东西(请参看拙著《自然法权基础》“导论”[9]),只能是一种**理念**,一种**在我们之内**的单纯设想,而关于这种设想,我们绝不会佯称,**在我们之外**的现实世界里某种东西是与它符合的。因此,也许首先出现的是这样的问题:这种理念究竟是什么?或者说,在各种理念都无法直接加以理解的情况下,描述它们的方式和方法是什么?(我假定为已知的情况的,是各种理念无法直接加以思考,自我作为主客同一体 = X 也同样无法直接加以思考;但是,我们确实能够指出一种方式和方法,表明人们要把握它们,本该在思维中怎么办,而恰恰不能怎么办,同样,我们也确实能指出,人们本该把主体 (I,5,75)
与客体完全设想为同一体。各种理念是思维的**课题**,只有这些课题至少能加以理解,它们才出现在我们的意识里。)或者,为了通俗地表达以上所述的东西,现在出现的是这样的问题:有人向我们说,我们绝对应当做某事,但我们究竟应该做**什么**事情呢?

2) 按伦理概念设想的客体或由这个概念规定的客体,是我们

> 应当做的事情的理念。但我们不在感性世界里拥有我们活动的客体，就不能做任何事情。这个客体从何而来？是怎么得到规定的呢？

我**应该**做某种事情，是指我应该在我之外完成这种事情；即使这种事情绝不**存在**，而总是单纯**应当存在**，因而无疑给我设定了一个无限的目标，我绝不能完全完成这件事情，我也毕竟应该永远这样进行活动，那就是我应该处在逐渐接近于我的目标的道路上。由此可见，我总应该确实完成某些摆在这条道路上的事情。

但是，我是有限的，所以总是必须拥有我从事活动的质料；或者换个意思相同的说法，我不能从虚无创造出向我要求的东西。

因此，在感性世界里必定会有某种东西，我要处理**这种东西**，以逐渐接近于实现那个本身无限、不可达到的理念。道德规律对我的要求所涉及的这个感性世界的领域究竟是什么呢？我应该怎样概括地或系统地认识这个领域呢？我应该怎样具体地认识我要按照规律加工这个领域里的每个特定客体——恰好是这个 A，这个 B，等等——的**方式**呢？

首先可以直接看出，我必定**能够**加工我应该加工的东西，并且我也必定拥有从事所要做的加工活动的有形能力。从先验观点来看，这种有形能力可以叫做什么的问题，我们将会在下文中研讨，而在这里我们只打算说明如下。

自由存在者是作为理智力量行动的，也就是说，是按照一个在出现结果以前就已经给结果制定的概念行动的。因此，需要促成的结果必须至少有这样的性质，那就是它一般能由理智力量加以
(I,5,76) 设想，尤其是它被设想为能存在的或不能存在的（即它的存在被

设想为偶然的)；于是，自由理智力量在制定自己的目的概念时就可以在它的这种存在或不存在之间进行选择。我们作出的这个说明排除了相当大的一部分能存在的东西，这就给我们标出一个领域，唯独在这个领域里，我们才应该寻找那种通过我们的因果作用在有形世界里可能存在的东西。这是因为，虽然我们世界中的若干东西对我们表现为必然的，我们不可能以其他方式设想它们，并且由于意志活动受思维规律的束缚，概念先于意志活动，所以我们也不可能以其他方式希求它们；但是，还有若干东西在它们的存在中却对我们表现为偶然的。例如，虽然我不能打算在一切空间之外设定任何东西，因为我不能在空间之外设想任何东西；但是，在一个物现在确实占据的空间位置之外，我却完全可以在另一个空间位置上设想这个物，我也同样可以打算改变这个物的位置。

一门彻底的和完备的哲学必须指出，为什么若干东西以这种方式对我们表现为偶然的，这些偶然东西的界限和范围怎么也会同时得到规定。诚然，这些问题迄今都未曾被提出来，更不要说得到回答了。

在这项研究中能够引导我们的是这样的意见：偶然性的特征通常是一种标志，它表明某种东西被设想为我们的自由活动的产物，或者，至少我们的自由活动的一切产物都被设想为偶然的。(这个命题像在我们的知识学里那样，已经被提出来，并且得到了证明[10]。) 例如，表象在它与被表象者的存在的关系中被设想为偶然的，并且我们认为，被表象者即使不能加以表象，也总会是存在的；这是因为，我们察觉表象在其形式方面是思维的绝对自由的产物，在其内容方面则是思维的必然性的产物。

根据这种类比就可以看出，现象世界里的**一切**偶然东西在某
种意义上都必须从自由概念推导出来，并且必须被视为自由的产
物。这个命题如果验证不爽，会意味着什么呢？它绝不单纯意味
着，这些客体可以由作为创造性想像力的理智力量的理想活动在
(I,5,77) 发挥作用时设定起来，因为这种情况从一切哲学的基础来看，在伦
理学中会被假定为已知的，并且在我们的世界里不仅这些被设想
为偶然东西的客体，而且那些被设想为必然东西的客体，也都是如
此。但是，那个命题也绝不意味着，那些被设想为偶然东西的客体
可以在感性世界里被设定为我们的**实在的**、实践的效用性的产物，
因为这的确与假定它们应被视为确实不靠我们的作用就已经存在
的事物的前提是矛盾的。由此可知，这个以或然的方式提出的命
题应该具有这样一种重要的意义，即我们的自由本身是**一种规定
我们的世界的理论原则**。关于这种意义，我想作一些解释。我们
的世界全然不是任何其他东西，而只能是非我；它之所以被设定起
来，仅仅是为了解释自我受到的限制，所以，只有通过与自我的对
立才获得了它的一切规定。现在，自我也应该另外具有——更确
切地说，特别具有——自由的属性，所以，这个属性也应该规定自
我的对立物，即世界。这样，**自由存在**概念就会提供一条理论思维
规律，它应该以必然性支配理智力量的理想活动。

以这样的方法规定我们的客体的例证，我们已经在另一门科学，即法学中见到过。因为我是自由的，所以，我就把我的世界里的客体设定为可以改变形态的，认为我自己有一个由我的纯粹意志按照我的概念推动起来的躯体，并且假定在我之外有与我相同的存在者[11]，如此等等。不过，在这里我们的研究必须进一步归本

溯源，必须在更深的层次上作出对于那个论断的证明，因为我们在这里恰好达到一切理性的最根本、最原始的所在。

如果能证实这个认为我们的一部分现存世界是由作为理论原则的自由加以规定的设想，并且能表明恰好这个部分构成我们的职责客体的范围，那么，自由的规律作为颁布给意识的实践规律就会完全继续发挥它作为理论原则在没有得到理智力量的意识时本当开始发挥的作用。自由的规律似乎依靠它自身的力量，已经给自己规定了一个由它支配的领域；但它靠它现在的性能，绝不会陈述它靠它以前的性能本来没有陈述过的内容。这条规律首先要完全规定某物，这个某物会被它**设定**为具有如此这般的性状的；然后，它也就会随着时间的推移，借助于我们那种处于它的领域之内的实践自由，**维持**这个某物的这种性状。这条规律的内容在它发挥的实践作用方面也可以这么加以表达：你要按照你对于在你之外的物的原始规定（终极目的）的认识去行动。举例说，从关于我 (I,5,78)
的自由的概念出发，在理论方面得出一个命题：每个人都是自由的。这个概念从实践方面来看，会确立一条命令：你要把每个人都当作自由存在者来看待。换句话说，这个理论命题意味着：我的躯体是我在感性世界中的活动的工具；但这个命题作为实践命令来看，则会意味着：你要把你的躯体仅仅当作达到你的自由与自动性的目的的手段来看待，而绝不可当作目的本身或享乐对象来看待。

于是，假如这一切假设都得到了证实，伦理原则就还会获得一种迥然与以前所述不相同的实在性和客观意义，并且上述问题，即要求做的活动的各个客体从何而来，它们的认识原则是什么，也会有了答案。伦理原则本身同时应该是理论原则，伦理原则作为理

论原则应当提供**内容**，提供规律的特定内容，并且作为实践原则应当提供规律的**形式**，提供命令。这种原则应当返回其自身，与其自身处于相互作用之中，这样，我们也就会获得一种从一个点出发的、臻于完善的和令人满意的体系。在我们之外的东西之所以应该有这种终极目的，是因为我们应该这样看待它；我们之所以应该这样看待它，是因为它应该有这种终极目的。看来我们既找到了**我们应该做的事情**的被寻找的**理念**，也同时找到了我们应该**据以**逐渐接近于实现这个理念的**基质**。

3）关于对客体发生效用的有形能力的概念一般意味着什么？这个概念在我们之内是怎样形成的呢？

我们首先要问，当我们以为自己意识到了我们在感性世界里的实际活动时，我们究竟真正意识到了什么呢？这种直接的意识能包含什么，又不能包含什么呢？我们直接意识到的是我们关于目的的概念，是真正的意志活动，是绝对的自我规定，仿佛这就用一个唯一的点概括了整个精神。而且我们也将直接意识到以前只用目的概念设想的客体的实在性和对这种客体的真正感觉，把这两者当作一种在感性世界里实际给定的东西。（有人可能在当前竭力使人相信，我们也意识到了作为创造活动的**劳动**，它介于意志决断与其在感性世界中的实现之间。我要答复说，这绝不是什么特殊的意识，而仅仅是业已指出的那种对于我们的满足感的逐渐的意识。这种意识是从作出决断开始的，并且由于意志活动是不
(1,5,79) 断被设定的，所以也就会不断发展，直至**完全**实现我们的目的概念。由此可见，这种意识仅仅是上述两类意识——意志活动与作为现实事物的被希求的东西——的综合统一。）

我们决没有意识到我们的意志活动与对于被希求的东西的实在性的感觉之间的联系。按照我们的主张，我们的意志应该是这种实在性的原因。但怎么能有这样的事情呢？或者，像应当做的那样，用先验哲学语言来表述这个问题：我们怎么能在目的概念与我们之外的现实客体之间，假定这种绝不应该以现实客体，而是应该以目的概念为根据的奇妙和谐呢？我想用对照的方法把这个问题讲得更清楚些。认识概念应该是我们之外的某种东西的摹本，目的概念则应该是我们之外的某种东西的原本。在涉及认识概念的情况下，照理说，我们追问的不是和谐本身的根据——这会毫无意义，因为对立面之间的统一或和谐只有被理智力量加以设想，才能存在——而是假定概念作为第二位东西与物作为第一位东西的和谐的根据；在涉及目的概念的情况下，我们追问的则是假定物作为第二位东西与概念作为第一位东西的和谐的根据。

在涉及认识概念的情况下，我们的问题曾经得到这样的回答：概念和物是同一个东西，只不过它们是从不同的方面被看到的；如果概念仅仅是理性的一个必然概念，则概念本身就是物，而物也绝不是别的，只能是对物的必然概念。在涉及目的概念的情况下，我们也可以得到一个类似的回答：凡是我们认为在我们之外创造出来的东西，从某个方面来看，无非是我们的目的概念本身；不过，这种和谐只能发生于某种条件之下，所以，关于在这种条件下存在的东西，我们就要说我们能创造这个东西，而关于不在这种条件下存在的东西，我们则要说我们不能创造这个东西。

我所希求的东西在真正产生的时候，是感觉的客体。所以，必定存在一种据以设定这个客体的特定感觉，因为对我来说，一切实在性只有在这种条件下才能发生。由此可见,我的意志活动在这种情况下是由一种涉及被希求的东西的感觉伴随的;根据这种观点,我们至少获悉,我们研究的领域仅仅属于自我,我们要谈的只是在我们之内发生的东西,而根本不是那种据说在我们之外发生的东西。

(I,5,80) 感觉总是我们受到的限定的表现,所以在这里也是如此。在我们的情况下,特别有一个从一种感觉到另一种感觉的过渡,前者涉及的客体据说是不借助于我们的作用而存在的,后者涉及的客体则必定是通过我们的效用性而改变了形态的。由此可见,既然这后一种客体必定是我们的自由活动的产物,所以确实有一个从一种受到限定的状态到一种很少受到限定的状态的过渡。

现在我们可以把我们的课题更明确地表述如下:我们的界限的一种真正扩展是怎样与一种通过自由活动作出的自我规定(意志活动)联系起来的呢?或用先验哲学语言来说,我们怎么能为此假定这样一种扩展呢?

那种关于在我之外有新的实在性的假定是对于我的世界的进一步规定,是我的世界在我的意识里的改变。我的世界在这时是通过一种与我发生的对立加以规定的;具体地说,我的原初发现的、据说不借助于我的作用就存在的世界是通过一种与我发生的对立加以规定的,这种情况就像我发现我是必然的,但不像我把我当作拥有自由的一样。所以,给我的世界的改变(一种改变了的观点)奠定基础的必定是我自己的改变(一种改变了的观点)。

因此,假如我能凭我的意志改变我自己之内的某种东西,那么,这也必然会改变我的世界;说明了前一种改变的可能性,也就会同时解释了后一种改变的可能性。我的世界得到改变，意味着我得到改变；我的世界进一步得到规定，意味着我进一步得到规定。

这时，可以把我们提出的问题表述如下：说我改变我自己，这会表示什么意思？这会让人怎样设想？只要回答了这个问题，另一个问题，即我怎样能改变我的世界，无疑也就同时得到了回答。无论我在什么时候有意志活动，我都要规定我自己，把我的全部本质从一切没有得到规定的东西中概括出来，而这一切没有得到规定的东西，像我们刚才提到的，只有用一个唯一的、确定的点才能加以规定。由此可见，我是改变我自己的，不过从一切意志活动并不能得出被希求的东西的出现。所以说，一种依靠任何意志活动都能加以改变的自我与一种依靠其自身的改变同时也就改变了我们对世界的看法的自我一定是不相同的，而且从对于前一种自我的规定中并不一定能得出对于后一种自我的规定。那么，前一种意义上的自我究竟是什么呢？根据以上所述（§.2）已经知道，这种自我是一种通过对自己的绝对反思，摆脱自己的形体，确立起自己的独立性的自我，是一种仅仅以自己的概念为转移的自我。依 (I,5,81)
靠只能加以设想的东西，就能规定这种意义上的自我，因为这种意义上的自我的确完全受概念的统辖。那么，还存在另一种自我吗？按照以上所作的研讨，毫无疑问，它是存在的；它就是我们在前一种意义上所述的那个在内部受理智力量本身支配的自我为了确立其独立性而摆脱自身的自我，是客观的、能够努力活动的和具有冲动力量的自我。大家可以假定，这种努力像它无疑会做的那样，是以一种确定的意志规定为鹄的，因为它的确只能被设想为一种确

定的努力。大家可以设定一种靠自由活动作出的意志规定，它与那种努力不符合，也不是那种努力所要求的；大家当然可以假定诸如此类的意志规定，因为意志的自由除了思维的可能性的条件，绝对不受任何条件的制约，并且已经明确地摆脱了冲动的影响。我可以说，在这种情况下，自我的性状依然会被分割开，就像刚才被分割开那样；冲动与意志不会符合，我也只能意识到我的意志活动，意识到我的单纯的、空洞的意志活动。自我的一个部分，即意志的状态，会有改变；但整个自我不会有改变。具有冲动力量的自我依然会处于它过去所处的状态；它依然不会得到满足，因为它并不像要求创造出来的东西那样，会要求这样一种意志活动，而是要求一种全然不同的东西。大家也可以反过来假定，意志的规定符合于冲动，因而那种分离就不再发生；整个统一的自我有了改变，并且我们的世界也应按照这种改变，以另一种方式加以规定。

为了把这里获得的一切观点统一起来，我们不妨对以上所述作个回顾。像我们设想的那样，我们的世界确实能根据刚才提到的原始努力或作为理论原则的自由，在某个方面得到规定。但是，另一种东西也应据此得到规定，并且必定能得到规定。因此，我们在那种联系中谈到的是作为客观东西的自由，所以十分准确地说，也是理性存在者原初的和根本的努力。因此通过这种作为理论原则的努力，我们的世界在原初就会得到规定；尤其是通过这种原则，我们的世界就会获得偶然性，因而获得自由决断的可行性。

所以，我们以或然的方式确立的一切论断的结论都应当是这样的：把现象与我们的意志活动联系起来的根据是我们的意志活动与我们的天然东西或天性的联系。我们能做的是我们的天性推

(I,5,82)

动我们去做的事情；我们不能做我们的天性不推动我们去做的事情，但我们却能做我们依靠想像力的不规则的自由发挥决定去做的事情。——我们也必须说明，在这里遵从道德规律的可能性不是（以他律的方式）取决于一种陌生的、在这种规律之外存在的原则，而是（以自律的方式）取决于道德规律本身。

为了避免遭到种种误解，我们还必须提到，在我们的天性中的那种决定我们的有形能力的冲动恰恰一定不是道德规律本身，因为我们也有能力作出不道德的决断。所以，在这里也许还有必要划出一条新的界线。但我们尽可说，道德规律命令做的事情必然属于我们的有形能力的范围；所以，一开始就应该批驳这样一种反对意见，按照这种意见，遵从道德规律似乎是不可能的。

这部分绪言的目的在于考察当前预告的演绎必须完成什么任务。这个目的已经达到。很明显，在这个演绎中必须证明以下两个主要命题：

1）按照第一编所述，理性存在者应该把它自身设定为绝对自由的和独立不倚的，它若不同时也在理论上用某种方式规定它的世界，就不可能把它自身设定为这样的。那种对它自身的思维与这种对它的世界的思维都是通过同一个活动完成的，并且绝对是同一种思维；两者是同一个综合中的两个能够整合的组成部分。——自由是一个理论原则。

2）在第一编里也被证明为实践规律的自由，涉及那些对于世界的规定，并且要求维护这些规定，使它们臻于完善。

(I,5,83)

§.4. 我们的一般活动的对象的演绎

第一定理

理性存在者不在它自身之外同时设想它所指向的某种东西，就不能认为自己具有任何能力。

绪　言

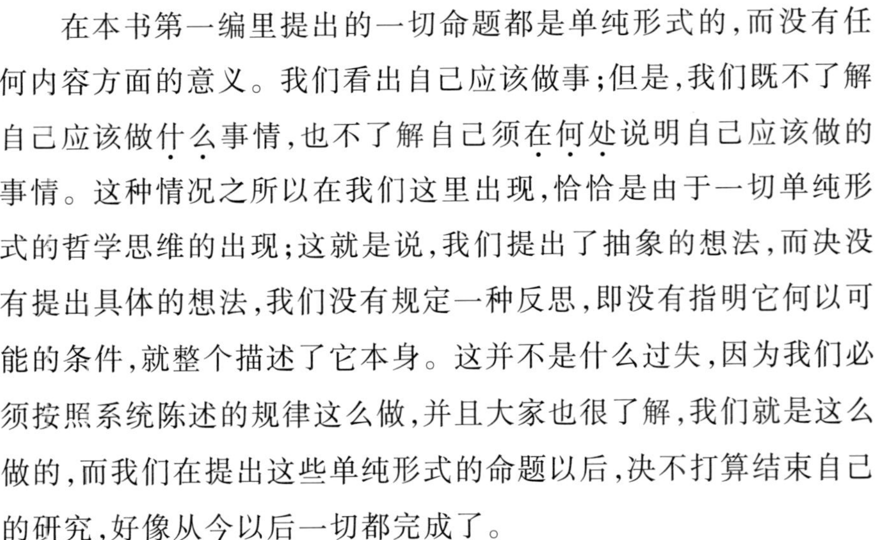

在本书第一编里提出的一切命题都是单纯形式的，而没有任何内容方面的意义。我们看出自己应该做事；但是，我们既不了解自己应该做**什么**事情，也不了解自己须**在何处**说明自己应该做的事情。这种情况之所以在我们这里出现，恰恰是由于一切单纯形式的哲学思维的出现；这就是说，我们提出了抽象的想法，而决没有提出具体的想法，我们没有规定一种反思，即没有指明它何以可能的条件，就整个描述了它本身。这并不是什么过失，因为我们必须按照系统陈述的规律这么做，并且大家也很了解，我们就是这么做的，而我们在提出这些单纯形式的命题以后，决不打算结束自己的研究，好像从今以后一切都完成了。

这个说明给我们也明确地指出了我们当前要做的工作，即我们必须指明第一编里提出的反思何以可能的条件。我们将会发现，最初指明的这种可能性的条件又受另一个条件的制约，而这另一个条件又受第三个条件的制约，如此类推，以致我们将会获得一个由许多条件组成的不间断的链条，而我们就是打算在一系列定理中提出这些条件的。

也可以由此看出，尽管我们在这一编里进入另一块园地，但这并不是通过一次飞跃，而是通过按部就班、循序渐进的系统论证完成的，并且恰好在第一编结尾让人扔掉一条线索的地方，我们在当前又保留了它。在第一编里曾经肯定，既然我们能意识到我们自己，我们就认为自己有绝对的自由能力。这何以可能，则是我们当 (I,5,84)
前的问题。所以，我们就要把各个业已指明的条件跟对于自由的意识结合起来，并且借助这种意识，把它们跟直接的自我意识结合起来，而这后一种结合恰恰构成一项哲学演绎的本质。

如不久将会看到的，在这一编需要对我们的活动的内部直观——我们通过这种直观，制定需要加以研究的各个概念——作出证明时，我们也决没有感到麻烦。因此，在显然要求考察我们的自动性时，我们就可以把我们在这一编里的各个命题同样作为课题提出来，并且也能把现在提出的第一定理表述为这样的课题：明确思考自由的能力，如此等等。但是，尽管指出我们的方法的自由使用和避免我们的体系的单调安排的意图会给我们作充分辩白，我们在这样提出那些命题或课题时也还抱有一个目的，那就是精确说明在规定那种想法的时候必须注意的关键，因为如所看到的，那种想法确实有许多条件和规定。

解　释

毫无疑问，每个听到我们的这些言论的人都会这样理解它们：无论是谁，他如果不同时想像他靠自己的自由行动涉及的某种客观东西，就绝对不可能思考自己的自由能力，尽管这种客观的东西不是什么特定的对象，而仅仅是客观性或他的行动涉及的质料的一般单纯形式。这些言论当然也可以这么理解，而且在这方面不需要作任何解释。但在另一方面，关于我们的论断的形式，即我们的论断应当适用的条件，和关于内容，即我们的论断的内涵，却有必要作若干解释。

首先，就形式而言，有人可能会说：刚才在第一编里要求的是不设想任何客体而思考单纯的、空洞的自由能力，假如我们实际上不能这么做，那么，要给予我们的一切教导就会至此丧失殆尽。我的回答是：另一种思维是哲学中的抽象思维，它的可能性本身受过
(I,5,85) 去的经验的制约，因为我们不是靠思辨开始我们的生活，而是恰恰靠生活本身开始我们的生活；也就是说，另一种思维是基于经验观点的原始特定思维。自由概念，像我们在上文中得到它的那样，是通过抽象、分析给我们产生的；但是，假如我们没有事先就得到它，把它当作业已**给定的**和适时**察觉的**，我们就完全不可能把它制定出来。我们在这里谈的是这后一种情况，即**原初**已有的自我的情况，而不是从事**哲学思考**的自我的情况。我们的看法是：你如果不同时在同一种意识中察觉你的自由应当指向的客体，就不能察觉你是自由的。

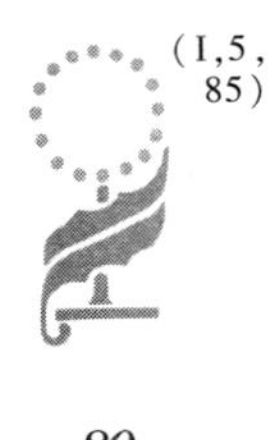

其次，就内容而言，我们主张思维的绝对综合，即能力与客体的绝对综合，因此主张这一思维与另一思维的**相互**制约。在时间上一方并不先于另一方，相反地，双方都是同一个瞬刻的思想。如果大家会注意到双方被**思维**的事实，那么，甚至也不能假定这一思维对另一思维有什么依存性，而是意识被不可抗拒地从每一方推向另一方。但是，如果大家会注意到双方被思维的**方式**，那么，对

自由的思维就是一种依靠理智直观进行的直接思维，而对客体的思维则是一种间接的思维。我们不是通过后一种思维洞察前一种思维，而是反过来，通过前一种思维洞察后一种思维。自由是我们认识客体的手段，而不是反过来，对客体的认识是认识我们的自由的手段。

最后，我们的论断有两个方面。一方面，一种应该存在于自由理智力量**之外**的客体是被思维的；另一方面，自由行动是与这种客体**有联系的**，具体的联系方式在于，不是行动应该由客体来规定，而是反过来，客体应该由行动来规定。所以，在我们的证明中要阐明两个方面。一方面是**对立**的必然性，另一方面是**联系**的必然性，即这种**特定**联系的必然性。

证　　明

1）理性存在者如果不把许多现实的、特定的行动设想为通过它的自由而成为可能的，就不能认为自己有任何自由能力。

这个论断的前一句说的是后一句说的意思；两句话的意思是相同的。说我认为自己有自由，就恰恰意味着我把许多自身不同 (I,5,86)
的行动设想为通过我而成为同样可能的。要深入了解这个论断的真理性，只需要我们分析我们关于自由能力的概念。

根据以上所述，能力绝对不是任何别的东西，而只能是单纯思维的产物，这种单纯思维的目的是把一种并非在原初设定的，而是在时间中才发生的现实性能够同能力结合起来，因为有限的理性只能以严格推理的方式，借助中介进行思维。谁把能力概念设想为某种不同于这样的单纯结合手段的东西,谁就是不理解自己。在这里,不应该像在其他情况下经常做的那样,从现实性倒推至能力,而是思维应该从作为最初的、直接的东西的能力开始。然而,即使是在这个条件下,如果不同时也设想现实性,能力就无法加以思考,因为能力与现实性是两个综合统一起来的概念,若不思考现实性,任何能力与任何东西就都不可能加以设想。我可以明确地说,现实性一定是被设想的,而不是被直接知觉的;我的这个说法不应该被勾画为现实的,而是仅仅应该被勾画为通过想像力的单纯理想作用而成为可能的。现实性是可知觉性或可感觉性;它必然是被设定的,但这不是就它的本质来说的,而是仅仅就它的形式来说的。自我被认为拥有创造可感觉性的能力,但这也只是能力,而不是事实。理性在原初怎么会具有这种单纯形式的问题,将在下文充分加以研讨,我们在这里就不谈了。我们在这里只满足于讨论我们怎么能思考这种形式,并且怎么能借助于这种形式思考一种单纯的能力。

在这里还应该进一步加以思考的是一种自由的能力,而绝不是一种确定的能力,它的表现方式像在客体中那样是由于它的本质使然。理性存在者用什么办法思考这种自由能力呢?我们只能描述这种做法,关于我们的这一描述的正确性,则必须让每个人依靠自己的内部直观表示自己的信念。

自我仅仅 idealiter[在观念方面]把它自身设定为能在现实性的对立规定当中靠自由进行选择;它只能这样设想它自身,因为它在事实上并不真正是这样,或察觉它自身是这样。一个不受我们的影响就得到规定的客体 = A,可以被规定为 = X,也可以被规定

为 = -X,更可以被规定为其他东西,如此类推,以致无限。自我 (I,5,87) 也仿佛能这么讲它自己。于是,我在这些规定中选择哪个规定,还是我根本不选择任何规定,而让 A 听其自然,这都仅仅取决于我的思维的自由。但是,我将选择哪个规定,在我靠创造这个规定的意志去规定我自身时,则是一个将会真正给我在感性世界中的知觉产生的问题。只有我这样设定我自身,我才把我自身设定为自由的,也就是说,我才把现实性设想为依赖于我那种受单纯概念支配的实在力量的,就像每一个想明确思考这种想法的人将会立刻相信的那样。

大家应注意到,在这种思维中设想的不是一个确定的、需被创造出来的东西 = X,而仅仅是规定性的一般形式,即自我从偶然事物中选出这个或那个东西,并把它设定为自己的目标的单纯能力。

2）理性存在者如果不在自身之外假定现实行动指向的某种东西,就不能把任何行动设想为现实的。

大家还应该仔细考察刚才所述的明确思考自由的方式。我说过,我用自由概念把我自身设想为能进行选择的。大家现在应该注意的仅仅是这个被设想为选择者的自我。毫无疑问,它是能进行思维的,并且仅仅是能进行思维的,所以,它在这种选择中被认为具有的仅仅是理想的活动。但是,像我通常讲它与某种东西的关系那样,它无疑在思考这种东西,又翱翔于这种束缚它的东西之上;这种东西是客观的东西,因为只有借助于这样一种关系,自我才是主观的和理想的。这种客观的东西不是自我本身,也不能被归属于自我。这种东西既不能被归属于具有理智的自我本身,因为它与这样的自我显然是对立的;这种东西也不能被归属于具有意志的和真正能动的自我，因为它还不是被希求的，而是只有意志的选择才得到描述，因而这样的自我还完全没有被设定于行动中。这种东西不是自我，然而也不是虚无，而是某种东西（即一般表象的对象，关于它的真正的实在性或可感觉性我们还没有作出判定）；换句话说，这意味着：这种东西是非我，是某种在我们之外不受我们的影响而现成存在的东西。

这种现成存在的东西必然被设定为能在一切形态变化中都绵延不已和没有变化，而促成这些形态变化的能力被认为是自我借助于自由概念拥有的。自由概念的依据在于，我认为我自己拥有实现 X 或 -X 的能力；由此可见，这个概念的依据在于，我把这两个对立的规定作为对立面，在同一个思维中统一起来。但是，假如不在对于两个对立面的思维中毕竟也把意识同一性依存的同一性东西设想为能在对立的思维中绵延不已，那种统一就不可能。这种同一性东西不是别的，只能是一种使思维本身在其形式方面成为可能的东西，是与一般客观性的联系，因而恰恰是业已指出的非我。这种同一性东西之所以被设想为没有在一切通过自由可以设想的规定中发生变化，是因为只有在这个条件下自由本身才能加以思议。所以，这种同一性东西是一种原初给定的（即由思维按照其形式本身设定的）、形态可以无限地变化的和存在于我们之外的质料，是我们的效用性所指向的东西，即在我们的效用性中（就形式而言）会有变化，但（就内容而言）依然如故的东西。

(I,5,88)

最后，这种质料对实在效用性有联系，就像实在效用性对它有联系一样；它除了是设想实在效用性的手段，实际上就不是任何东西。它把实在效用性实际上限定于单纯的造型活动之内，而排除

于创造和毁灭物质的活动之外。它本身就像一切限制实在效用性的东西一样，由此获得了实在性。在我们之外有我们进行活动的一种实在对象。这样，我们就证明了我们要证明的东西。

§.5.

第二定理

理性存在者不在它自身之内察觉它的自由能力的一种现实发挥或一种现实的、自由的意志活动，就同样不能认为自己具有这种能力。

绪言

我们的演绎现在依然处于它以前开始的地方和阶段。我们在上文已经证明，我们认为自己拥有自由的能力。我们怎么可能认为自己拥有这种能力，是现在需要回答的问题。认为我们拥有这种能力的一个外部条件，即自由行动的客体是设定的，已经被揭示出来。现在还应该指明我们拥有这种能力的一个内部条件，即属于我们自己的状态的条件，唯有在这种状态中，才可能认为我们拥有自由的能力。

第二定理不需要加以解释。组成它的各个语词都是清楚的，(I,5,89) 假如它们还有一些歧义，它们也将会通过证明本身得到充分的解释。照以上所述可以假定，并且从现在起将永远假定：这个定理和以后的各个定理主张的结合在同一个思维中被理解为一种综合的联结,例如这里所说的;如果在思维者的同一种状态中没有发现自由能力的现实发挥,这种能力就完全不可能被设想,并且也没有被设想。

证　　明

如我们已经知道的,自由能力概念是关于自由意志活动的概念或单纯理想的表象。我们现在主张,如果没有现实性和对意志活动的知觉,这种单纯理想的表象就是不可能的;因此,我们主张单纯的表象与意志活动有必然的联系。如果不准确了解两者的差别,我们就不可能理解它们的结合。由此可见,我们必须首先说明表象活动和意志活动之间的独特差别;其次,既然现实的意志活动也必须达到意识,所以我们也必须进而说明单纯理想的表象与对意志活动的知觉之间的差别。只有在这个时候,才可能证明没有后者,前者就是不可能的。

一般主观性与客观性有什么样的关系,单纯表象活动本身与意志活动就有什么样的关系。我察觉我原初既是主体,同时也是客体;一方是什么,若不通过与另一方的对立和联系,是无法加以理解的。没有任何一方是由其自身规定的,而是一般自动性构成双方共同的、绝对确定的东西。就双方是有差别的而言,双方是仅仅间接可以规定的:主观东西是把自身与客观东西联系起来的东西,是在自己面前浮现出客观东西的东西,是客观东西所依存的东西,如此等等;客观东西是主观东西所依存的东西,如此等等。我是绝对自由活动的,我的本质即在于此。我的自由活动直接作为这样的活动,如果是客观的,就是我的意志活动;我的同一个自由活动，如果是主观的，就是我的**思维活动**（思维活动这个词汇，广义而言，表示理智力量本身的一切表现）。因此，意志活动只有通过与思维活动的对立，才能加以理解，而思维活动也只有通过与意 (1,5,90)
志活动的对立，才能加以理解。所以，意志活动作为产生于思维活动的活动，可以从起源方面这样予以描述，而且如果它被表象为自由的，它也当然必须这样加以描述。在有意志活动以前设想的是一种对于目的所作的自由能动的理解，即一种用概念对于目的所作的绝对创造。在对于目的概念的这种创造中，自我的状态仅仅是理想的和主观的。这种理解或创造是被表象的；它是以绝对自动性被表象的，因为目的概念仅仅是表象的产物；它是在对未来的意志活动的联系中被表象的，因为如若不然，这个概念就绝不会是**目的概念**；不过，它也只是被表象的，而绝不是被希求的。在这种理解或创造中，我过渡到**现实的**意志活动；我**希求**达到目的。每个人在普遍意识里都很容易把这种状态与关于他能希求的东西的单纯表象区分开。在意志活动里究竟包含着什么呢？像在思维活动里那样，包含着绝对自动性，不过具有另一种特点。这种特点究竟是什么呢？显然是对知识的联系。我的意志活动不应该是知识；但我应该**知道我的意志活动**。由此可见，这是单纯客观性的特点。以前的主观东西现在变为客观的；它之所以变为客观的，是因为给它增加了一种新的主观因素，而这种新的主观因素又仿佛是从绝对丰富的自动性迸发出来的。

在这里大家应该注意序列中条理的改变。如在上文研讨过的，自我在原初既不是主观的，也不是客观的，而是主客同一体；但我们不能设想两者的这种同一性，所以就设想它们是先后相继的，

并按照这种想法使一方依存于另一方。于是在认识中，一种客观的东西，即物，就应该变成一种主观的东西，即有表象的东西，因为像我们在上文所说的，认识概念被视为存在的摹本。另一方面，目的概念则应该是存在的原本；因此，主观的东西应该转变成客观的东西，并且这种转变必然是在自我中，在我们的意识的唯一直接的对象中开始的。关于表象活动与意志活动的差别，我们就谈这么多。

对于意志活动的单纯表象正是我们刚才在我们自身之内创造出来的表象，也就是从主观东西到客观东西的绝对的（由绝对自动性促成的）过渡的表象，因为这种过渡正是一切自由意志活动的普遍形式。

对于意志活动的这种单纯理想的表象应该怎样与对于现实意志活动的知觉区别开呢？在前者中，理想的活动本身依靠自由，创造意志活动的那种形式，并且我意识到了这种创造的行动。在后者中，理想的活动没有设定自己是能创造那种形式的，反而察觉意志活动是给定的活动，并且其自身在意志活动的表象中是受束缚的。
(I,5,91) ——这里还应说明，对于现实东西的知觉，即对于现实存在的客体的知觉，通常发端于一种感觉，依据这种感觉，某物才由创造性想像力设定起来。对于现实意志活动的知觉则不是这样。我不能像某些没有用自己的语言准确把握意志活动的哲学家公然说的那样，说我感觉到我的意志活动，因为我只感觉到我的活动所受的限制，而我的意志活动就是活动本身。那么，对于意志活动的这种意识究竟是一种什么样的意识呢？显然是对我自己的活动的直接观照，不过这种活动是作为主观东西的客体，而不是作为主观东西

本身,所以,主观东西未被直观为自我活动的。简言之,这种意识是理智直观。

按照这些解释,很容易作出对上述论断的证明。

依据自我概念,如果没有客观东西,原初就没有主观东西;只有在这个条件下,主观东西才是主观东西。意识必然开始于两者的这种结合。但在对于意志活动的单纯表象里,只出现一种主观东西;意志活动中的客观东西,或更确切地说,客观东西的单纯形式,是通过主观东西才被创造出来的。如果理智力量再创造自己的一种确定的状态,因而如果现实的状态已经在哲学抽象中被假定,那么,通过主观东西进行的这种创造当然是可能的;但这种创造在原初却是不可能的。如果再现是可能的,这种创造则必定已经完成。由此可见,对于我们的自由能力的原始表象必然是由现实意志活动伴随的。

严格地说,我们的证明已经结束。但为了不丧失掉我们通过以前的研究获得的成果,还应该再提到:甚至反过来说,如果没有对于自由能力的理想表象,或换个意思完全相同的说法,如果没有对于意志活动形式的理想表象,对于意志活动的知觉也是不可能的,所以,我们主张刚才区分开的两个思想的综合统一。这很容易由下列情况看出:我应当意识到一种意志活动,但这种意志活动只有被设定为自由的,才是意志活动,而且只有它的规定性是由自由地制定的目的概念伴随的,它才被设定为自由的。这种意志活动必定具有一切意志活动的形式,仿佛是通过这种形式被看到的。只有这样,有意志活动者才是自我,并且意志活动的主体与知觉这种意志的主体是同一个主体。 (I,5,92)

大家不应该让一种说法给自己造成思想混乱，按照这种说法，目的概念的拟订必须设定在一个先于意志活动的时刻；这恰恰像我们表明的那样是不可能的，因为在知觉一种意志以前，我根本不存在，并且也没有理解活动。这种概念的拟订并不是在时间方面先行的，而是与意志活动一起，全然发生在同一个时刻；意志活动的规定性只能被设想为依赖于目的概念，在这里绝不存在任何时间上的顺序，而是只存在一种思维中的顺序。

我可以把我所述的这一切作个扼要的总结。我原初是把我的活动作为客体加以直观的，就此而言，必然是把它作为确定的客体加以直观的；这就是说，这种客体不应该是我意识到我能够具有的全部活动，而仅仅应该是这全部活动中的一个数量有限的活动。这种被直观的客体正是在一切人类语言里十分简单明了地称为意志活动的和众所周知的东西，而且像哲学家指出的，是一切意识最初由以出发的和唯独由以得到中介的东西。但是，只有被直观的活动的规定性在我之外毫无根据，而全然在我自身之内有其根据，这种客体才是一种意志活动，才是我的意志活动，才是一种可以直接知觉的意志活动。而在这种情况下，按照以上所作的研讨（第57页以下），那种规定性必然以我的思维活动为根据，因为我除了意志活动以外，还具有思维活动，并且一切客观东西都完全能从思维活动推导出来；既然意志活动本身是被知觉的，我们的意志活动的规定性就必然是以这种方式被设想的。

§.6. 理性存在者的现实因果性的演绎 (I,5,93)

第三定理

理性存在者不同时认为它自身有一种在它之外的现实因果性，就不能在它自身之内察觉它的自由的任何应用或意志活动。

绪　　言

我们的演绎要前进一步。我如果不察觉我自己有意志活动，就不能认为我有任何自由能力；但是，我如果不在我之内还察觉某种别的东西，也就不能这么做，不能察觉自己确有意志活动。这就是我们在这里的主张。换句话说，不管在意识的发展过程里有什么东西会借助于先前的经验和自由的抽象而成为可能，意识正像不能发端于对我们的一般希求能力的表象一样，在原初也毕竟不是发端于对软弱无力的单纯意志活动的表象。就我们迄今所见，意识发端于对**我们在感性世界里的实际活动的知觉**；这种活动是我们从我们的意志活动推导出来的，而我们的这种意志活动的规定性则是我们从自由地制定的目的概念推导出来的。

由此可见，自由概念是间接由现在需要推导的对于现实因果性的知觉制约的，并且因为自由概念制约着自我意识，所以自我意识也同样是由对于现实因果性的知觉制约的。因此，我们迄今业已揭示的和在将来还想揭示的一切东西都是同一个综合意识，它的各个组成部分虽然能在哲学抽象里加以分离，但在原初的意识

里却绝不是分离开的。为了将来而一并指出这一点，也许就讲得充分了。

证　　明

只有我的活动能由关于我的活动的一个确定概念推动起来，我才发现我有意志活动。如在上文充分证明的，我的活动在意志活动中必然是一种确定的活动。但是，在作为纯粹活动的单纯活动本身，却绝对没有任何能加以辨别和规定的东西。活动是最简
(I,5,94) 单的直观，是单纯的内在能动性，而绝对不是任何其他东西。

活动不能由它自身加以规定，但如果意识是完全可能的，它仍然必定能得到规定；这无非是说，它能通过和借助于它的对立面得到规定，因而能通过它受限制的方式得到规定，并且我们只有在这个方面才可以思议它的多样性，即许多特定的行动。

不过，我绝对不能通过我自己在理智中直观我受限制的方式，而只能在感性经验中感觉这种方式。但如果一种活动受到限制，并且它受的限制是被感觉到的，那么，这种限制本身必定显然是为我存在的，而不是自在地存在的。于是，所有在感性方面可以直观的东西都必然是一个特定的量，不过在当前仅仅是一个能感觉瞬刻的特定的量。而这种能感觉瞬刻的特定的量本身就是一个可以无限分割的多样性东西，因此，被知觉到的限制本身也必定是一个多样性东西。于是，自我必须被设定为能动的；在这种情况下，自我就可以被设定为能够在连续性（甚至在单个的瞬刻都有连续性，因为如其不然，时间的绵延就不可能产生于许多单个的瞬刻的组合）中消除和打破各种各样的限定与抵抗的力量，或者换个意

思相同的说法，**自我就可以被认为自己具有一种在自身之外的感性世界里的因果性**。

附　　论

1）在我们的研究得出的结论中切不可忽视，我们由以出发的理智直观如果没有感性直观，就是不可能的，而感性直观如果没有感觉，也是不可能的。有人会完全误解我们的意思，认为我们持有相反的主张，因而要把我们的体系的含义和宗旨恰好颠倒过来。但是，不作这样的颠倒，就不可能认为我们持有相反的主张。我若不是某种东西，就不可能是为我存在的，并且我只有在感性世界里才是某种东西；然而，我若不是自我，我也同时不可能是为我存在的，并且我只有在理智世界里才是自我，而理智世界是借助于理智直观展现在我们眼前的。两个世界的联结点在于，我只有通过绝对的自我活动，并且借助于概念，才对我成为我在感性世界成为的东西。我们在理智世界里的生存是道德规律，我们在感性世界里的生存是实际行动；两种生存的联结点是自由，它是用前一种生存规定后一种生存的绝对能力。

2）自我只有与非我相对立，才能被设定为一种现实的东西。但是，只有在自我进行活动的条件下，这种现实的东西才对自我来说是非我。自我在自己的这种活动中会感觉到抵抗，然而可以克 (I,5,95)
服这种抵抗，因为自我如果不能这么做，就不会进行活动。只有借助于抵抗，自我的活动才成为一种可以感觉到的、通过时间延续的东西，因为自我的活动如果不成为这种东西，就会存在于时间之外，而这是我们无论如何都无法思议的。

3）因此，既没有基于非我的因果性，也根本没有基于非我的自我。这种因果性对于自我不是偶然的，而是像一切包含在自我中的东西那样，本质上属于自我。大家不应该再用一些偶然联结起来的片断拼凑理性，而应该习惯于把理性视为一种臻于完善的整体，仿佛把它视为一种组织起来的理性。自我或者是它所是的一切，并且像在普通意识的观点看来那样，是不依赖于一切哲学抽象而表现出来的，或者是虚无而根本不存在。意识开始于彻底确定的感性知觉，而绝不是开始于抽象思维。由于人们希望从抽象思维——哲学当然是从抽象思维开始的——开始有意识，并且把需要解释的东西，即现实意识与对这种东西的解释，即哲学理论混淆起来，哲学就变成了一种用幻想精心编造出来的东西。

4）只有通过对于像我们刚才提出的事情的这种表象，自我的绝对性才作为自我的本质特点被保留下来。我们的意识是从对于我们的活动的直接意识开始的，而且只有借助于我们的活动，我们才发现我们是受动的。并不像人们通常认为的那样，是非我影响自我，而是自我影响非我；并不像我们不得不通过感性直观去看这种关系那样，是非我冲过来，闯入自我，而是自我走出去，进入非我。因为从先验观点来看，这种关系应该这样加以表述：我们发现我们原初受到限定，并不是由于我们受到限定的范围狭窄，因为如果这样，随着我们的实在性的扬弃，对这种实在性的意识也会同时被扬弃；而是由于我们能扩大我们的界限，并且我们正在扩大它。再说，自我哪怕为了能从自身走出去，也必须被设定为能克服抵抗的。这样，就理性是实践的而言，我们便又肯定了实践占有的优先地位，只不过是在一个更高的意义上肯定的。一切事物都是从行动出发的，并且是从自我的行动出发的。自我是一切运动、一切生命、一切业绩和一切事件的第一本原。如果非我作用于我们，那么，这种作用不是在我们的范围里，而是在非我的范围里进行的。非我是通过抵抗起作用的，假如我们不先作用于非我，这种抵抗就不可能存在。不是非我进攻我们，而是我们进攻非我。

§.7. 通过理性存在者的因果性的内在特点，对这种因果性所作的规定 (I,5,96)

第四定理

理性存在者不通过固有的因果性概念，以某种方式规定因果性，就不能认为其自身有任何因果性。

绪　言

现在提出的这个定理，含义很多，不易理解。理性存在者在感性世界里的效用性，像我们在当前可以猜想、在下面将明确得知的那样，会服从于许多限定和条件；用这里谈的规定性的某种方式所指的，会是其中的什么限定和条件，并不能一望而知。诚然，我们现在靠我们的方法本身，确实拥有防止任何迷误的最可靠的手段。我们在这里要谈的，将是那种首先直接制约对于我们的效用性的知觉的规定性；通过演绎，将会得知这种规定性是什么。至于那种又制约了这种规定性的规定性，则将在以后予以说明。

然而，为了在开始时立即知道我们所说的东西，并给我们注意的方向提供一个向导，我们在当前试图根据普通意识，猜想这种规定可能是什么。毋庸赘言，这绝不会证明任何东西，而只是给证明作准备。

首先，像我们在上文已经提到的，我不能希望得到或人为造成任何违反必然的思维规律的结果，因为我根本不能这么设想。我不能创造或毁灭物质，而只能分离或组合物质；关于这种情况的根据，将会在适当的地方得知。不过，即使在这种当然完全受我们控制的物质的分离和组合中，我们也必须遵守某种顺序；在绝大多数情况下，我们总是不能直接通过我们的意志活动实现我们的目的，而是必须利用各种不同的、专门适用的和不在我们的影响下预先确定的手段，以达到我们的目的。假定我们的终极目的是 = X。我们不是径直实现这个目的，而是必须先实现 A，把 A 作为达到 B 的唯一手段，然后实现 B，把 B 当作达到 C 的唯一手段，如此递进，以致我们通过一个由许多相互制约的中间目的构成的连续序列，最终达到我们的终极目的 = X。实际上，我们能够达到我们可望
(I,5,97) 达到的一切目的；不过，我们往往不能一蹴而就，而是只能遵循某种顺序。（例如有人说，人不能飞翔。为什么人不能飞翔呢？诚然，人不像自己健在时能直接行走那样，能直接飞翔。但是，人借助于气球却能升到空中，以某种程度的自由和合目的性在空中移动。那种人说的，是我们的时代还不能做到的事情，因为现在还没有发现这么做的手段。谁说人不能飞翔呢？我不会希望，一个像我们现在这样的时代将其自身视为人类的永恒不变的时代。）

所以，普通意识的说法在于，我们在实现我们的目的时必须遵守一种由许多手段组成的顺序。如果人们用先验哲学观点来看这

个说法，它的意思是什么呢？是指完全撇开我们之外存在的物，而只注目于自我之内固有的变化和现象吗？按照上文作出的暂时的研讨，当我在知觉时，我是在**感觉**；我知觉我之外的变化，意味着我的感觉的状态在我之内发生了变化。我想在我之外进行活动，意味着我想一个特定感觉被另一个特定感觉所代替，而这另一个特定感觉是我在我的目的概念中所要求的。我变成了原因，这意味着确实出现了所要求的感觉。因此，我通过手段奔向我的目的，也就无非意味着：在我由以进行意志活动的感觉与我的意志活动中所要求的感觉之间还出现其他许多感觉。说这种关系是必然的，这意味着：只有许多特定的中间感觉按其种类、数量和结果得到规定，出现于这种关系中，一个特定的、所要求的感觉才在另一个特定的感觉之后接踵而来。

但是，任何感觉都是我受的限制的表现。我有因果性，这总是意味着我扩张我的界限。所以我们主张，这种扩张只有在某种前进序列中才能进行，因为我们主张，我们的因果性是靠应用某些手段，在达到目的的过程里受到限制的。刚才描述的这种对我们的因果性的规定和限制，像通过我们的演绎看到的，正是我们在这里要谈的东西。演绎中的这个部分是在条件序列中的前进部分。我如果不认为我具有一种在我之外的现实因果性，就不能设定自己是自由的，这是我们最后证明的命题。但是，究竟在什么条件下我又可能认为我具有这种因果性，这则是我们现在要讨论的问题。 (I,5,98)

证　明

1）我的因果性是作为一个连续序列中的多样性东西被知觉

到的。

对我的因果性的知觉，如我们已经在上文提到的，作为知觉必然占有一个瞬刻。通过许多瞬刻的联合，形成一种时间的绵延或时间的充实。因此，连单个的瞬刻也必定会充实时间，因为通过许多这样的单个东西的联合，绝不可能形成任何不包含在单个东西里的东西。说瞬刻充实时间，这意味着什么呢？无非意味着：在瞬刻中，一种多样性东西能够加以区分，甚至能够无限地加以区分，如果我们想作出这种区分的话；但绝不意味着：它在实际上被区分开，因为只有它实际上不被区分开，才有一个瞬刻。瞬刻被设定为充实时间的，这意味着设定了上述区分的一般可能性。在对我们的效用性的知觉中出现的东西，是我们的活动与抵抗的综合。如根据以上所述得知的，我们的活动本身绝不是什么多样性东西，而是绝对的、纯粹的同一性；这种同一性本身只能用我们的活动与抵抗的关系加以表征。因此，需要区分的多样性东西必然是抵抗活动中的多样性东西。

这种多样性东西必然是一种相互分离的多样性东西，一种间断的多样性东西，因为只有在这个条件下，它才充实时间；它被设想为一个序列。这种多样性的结果在一个序列中的情况如何呢？它是依赖于理智力量本身的自由呢？还是被视为不受自由的影响也得到规定呢？举例说，这种多样性东西是 a，b，c，那么，是在自由的思维中会允许把它相反地设定为 b，c，a 或 c，b，a 呢？还是它必须恰好在这个结果 c 中被设定，以致不先设定 a，就根本不能设定 b 呢？立刻可以看出，出现的是后一种情况，因为自我的被知觉到的效用性或因果作用是某种现实东西，在对现实东西的表象中，理智力量完全在表象的内容方面受到束缚，而绝不是自由的。

总而言之，我们是概括地看这个问题的。我的效用性必然属于时间，因为它不被设想，就不可能是**我的**效用性，而我的一切思维都是在时间中进行的。但时间是一种由先后相继的瞬刻组成的确定的序列，在这种序列中，任何一个瞬刻都既受到前一个不由它 (I,5,99)
制约的瞬刻的制约，又制约着后一个不制约它的瞬刻。对我们的效用性的思维就是对一种现实东西的知觉，在这种知觉中没有任何东西依赖于思维者本身。所以，我的效用性被表象为一个序列，它的多样性东西是抵抗活动中的多样性东西，而抵抗活动的先后相继并不是由我的思维活动规定的，而是应该不依赖于我的思维活动得到规定的。

2）这种多样性东西的结果是不依赖于我的影响而得到规定的，所以它本身是一种对我的效用性的限定。

刚才已经证明，多样性东西的结果在我的效用性中不是由我的思维活动规定的；像立刻就会看到的，它同样不是由我的行动规定的，或者说，它本身同样不是我的效用性的产物。

抵抗不是我的行动，而是我的行动的对立面。我没有作出抵抗，所以也丝毫没有作出寓于抵抗、属于抵抗的东西。我所作出的是我的活动，在我的活动之内根本没有任何多样性东西，没有任何时间上的结果，而是只有纯粹的统一性。我想达到目的，我只想达到目的；不过我也想拥有达到目的的手段，因为如果没有手段，目的就无法达到。所以，这种关系本身是对我的效用性的限定。

我们现在可以就我们迄今研究的结果作出更清楚的解释。

1）关于所推演的序列的想法如下：首先必定有一个起点，在这个点里自我越出自己原初的受限制状态，先直接获得因果性。即使出于某种原因，不可能在很大程度上反过来加以分析，这个起点也会显得是**许多**起点。就必定存在一些起点而言，自我在它们之中直接靠自己意志而成为原因；哪怕是为了获得这种因果性，也绝不存在任何中间环节。如果自我要永远成为原因，就必须有这样一些最初的点。像在下文将会得知的，我们把这些综合起来的
(I,5,100) 点称为我们的环节或节肢分化的躯体，而这种躯体无非是这些由直观表现和实现的点。我们把这个由我们的因果性的最初环节组成的系统称为A级系统。

与**每一个**这样的点联结起来的是许多其他的点，在它们之中，自我能够借助于最初的点，以各种方式成为原因。我在这里说的是**许多点**与**每一个点**的联结；这是因为，如果从每一个点出发，只能以**一个**方式采取一个行动，那么，从每一个点出发，就都不可能自由地采取行动，并且绝不可能有另一个行动，而是只能有前一行动的继续。我们可以把这种系统称为B级系统。与B级系统的每一个环节联结起来的，又是C级系统的许多点；于是，我们可以用图解的方式，围绕一个固定的中心点绘出一个无限的圆形平面，在它的范围里可以设想每个点都能用无穷的点作出限定。

通过对我们的效用性的这个必然的看法，就给我们形成了一般的世界，尤其是形成了作为多样性东西的世界。物质的一切属性——当然不算那些来自直观形式的属性——无非是物质与我们的联系，尤其是与我们的效用性的联系，因为对我们来说，绝不存在另一种联系；或者，我们根据业已作出的暗示，从先验角度把这

个思想表述如下:物质的一切属性是我们的确定的有限性与我们的渴望的无限性的关系。

说客体 X 在空间里**离我很远**,idealiter[从观念方面]来看,就意味着:在我从空间上达到客体所经过的行程中,我要能设定客体,必须先把握和设定这些或那些对象;realiter[从实在方面]来看,那个说法则意味着:我要把 X 所占的空间与我自己所处的空间视为相同的,必须先把这样多或那样多的空间作为阻碍,穿过它们。

说客体 Y 是硬的,意味着我在某种**行动序列**里感觉到它的两个特定环节之间的一种特定抵抗;说客体 Y 是软的,意味着我在这种序列的同一个地方感觉到抵抗有了改变。感性世界里的物的一切属性就是如此。

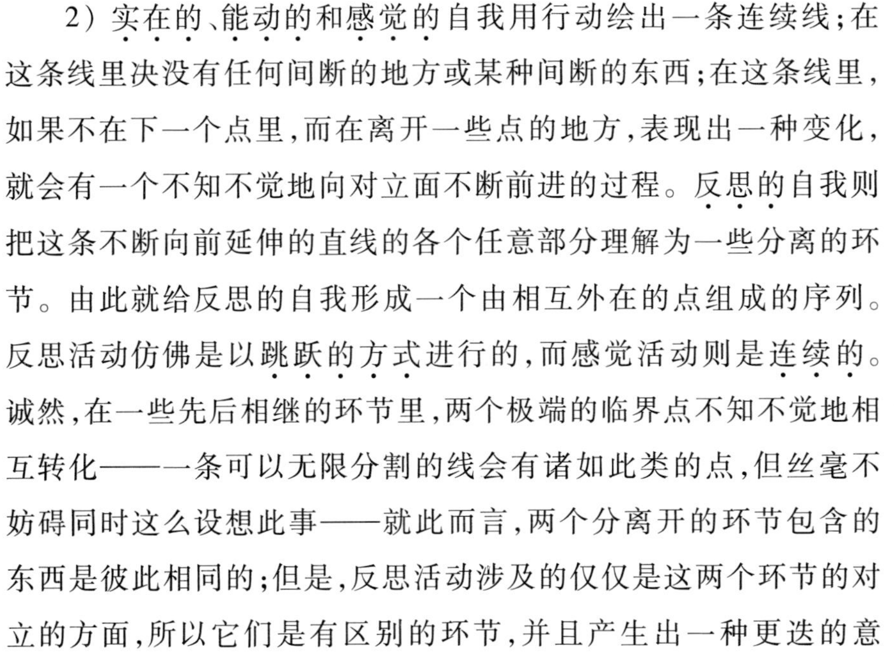

2) **实在的**、**能动的**和**感觉的**自我用行动绘出一条连续线;在这条线里决没有任何间断的地方或某种间断的东西;在这条线里,如果不在下一个点里,而在离开一些点的地方,表现出一种变化,就会有一个不知不觉地向对立面不断前进的过程。**反思的**自我则把这条不断向前延伸的直线的各个任意部分理解为一些分离的环节。由此就给反思的自我形成一个由相互外在的点组成的序列。反思活动仿佛是以**跳跃的方式**进行的,而感觉活动则是**连续的**。诚然,在一些先后相继的环节里,两个极端的临界点不知不觉地相 (I,5,101)
互转化——一条可以无限分割的线会有诸如此类的点,但丝毫不妨碍同时这么设想此事——就此而言,两个分离开的环节包含的东西是彼此相同的;但是,反思活动涉及的仅仅是这两个环节的对立的方面,所以它们是有区别的环节,并且产生出一种更迭的意

识。一切事物毕竟在某个方面依然是相同的，这就使意识的同一性成为可能。

3）从普通意识观点来看，为了达到一个确定的目的，这种用某些特定的手段对我们的效用性所作的限制必须由物的某个特定性状，由本来就这么存在的特定自然规律加以解释。但是，从一种纯粹哲学的先验观点来看，即从那种认为人把一切非我与自我分开，单纯思考自我的观点来看，大家则绝不会让自己满足于这种解释。从先验观点来看，把非我假定为撇开一切理性的自在之物是极其荒谬的。那么，这种限制究竟应该怎样在这个方面不按其**形式**，而按其内容加以解释呢？也就是说，既然我们现在通过我们的演绎回答了的恰恰是这个问题，所以要解释的不是为什么这样一种限制必须**根本**予以设定呢？而是为什么这种限制恰恰应该像它被设想的那样加以设想呢？为什么达到一个确定的目的，恰恰应该采取这样的手段，而不应该采用任何别的手段呢？既然在这里应该假定的既不是自在之物，也不是作为我们之外的自然界的规律的自然规律，那么，这种限制就只能这样加以理解：自我本身本来就是这么限制它自己的；具体地说，它不是靠自由和随意性限制它自己的，因为如果靠自由和随意性限制它自己，它就不**可能是**受到限制的；相反地，它是按照它自己的本质的固有规律，通过支配它自己的（有限）天性的自然规律限制它自己的。这种确定的理性存在者本来就被安排为这样：它必须恰好这么限定自己。而这种安排之所以不能再予以解释，是因为它必定构成我们原初受到的限定，我们通过我们的**行动**无法超越这种限定，因而通过我们的**认识**也无法超越这种限定。要求作出这样一种解释，会陷于自相

矛盾的境地。另一方面，理性存在者还有其他的规定，其根据是必须指出的。

把这些本身只出现**于时间中**的单个限制概括起来，设想为**一切时间之先**和**一切时间之外**的原始安排，就会设想到原始冲动本身的**各个绝对界限**。它是这样一种冲动，这种冲动本来就只指向 (I,5,102)
一个特定的东西，一种在这样的序列里得到规定的效用性，而不能指向任何其他的效用性；它绝对是这么存在的。这样，我们的全部世界，无论是内部的还是外部的，在内部世界只是现实世界的限度内，就都对我们是永远**预定**的。我已经说过，内部世界在什么限度内只是现实世界，即一种在我们之内的客观东西。单纯主观的东西，即自我规定，并不是预定的，所以我们能自由行动。

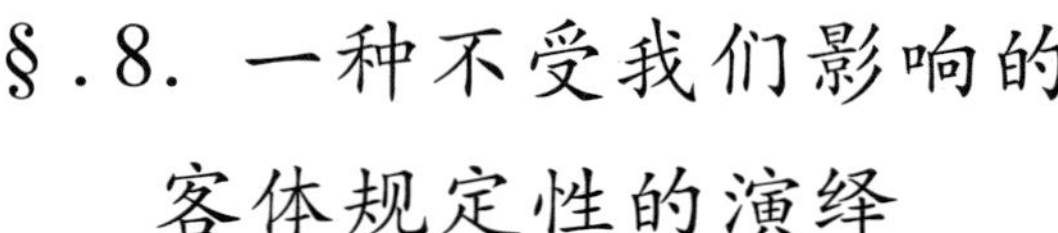

§.8. 一种不受我们影响的客体规定性的演绎

第 五 定 理

理性存在者不给效用性假定客体的某种效用性，就不能认为其自身有任何效用性。

绪　　言

在上文（§.4）中已经表明，对我们的自由的思维以对客体的思维为条件。不过，在那里这种客体是作为单纯的原始的质料加以推导的，而普通的经验告诉我们，我们绝不会找到一种单纯是质料而不已经在某个方面成形的客体。所以,对于我们的效用性的意识看来不仅以设定一般的客体为条件,而且也以设定特定的客体形式为条件。但是,我们唯独在这里依据的经验是普遍必然的吗?如果它是普遍必然的,它又是按照什么理性规律成为普遍必然的呢?对于这个问题的回答也许会对我们的体系具有某种影响。

任何质料都必然是靠特定的形式被知觉到的,这个普通的命题也许很容易得到证明。不过,我们现在不仅涉及这个问题,而且也特别涉及对于特定形式的认识,我们在有我们的效用性以前,必须认为我们的效用性的客体就有这种特定的形式,而这如果不加以深入研究,也许就不可能得到解释。甚至我们制定的这个定理中的各个词汇在这里也依然不可能得到解释,而是我们必须同样期待下列研究会对它们的意义有圆满的解说。

I

(I,5,103) **正题** 理性存在者如果不以其活动受到的限制为依据,就没有任何认识。

迄今所述的一切都包含着这个主张的证明,而这个主张也无非是迄今所作的研究的结果。我察觉我自己仅仅是自由的,并且只有真正知觉到一种特定的自动性,我才察觉我自己是自由的。我察觉客体仅仅是起限制作用的,然而它又是被我的自动性克服了的。没有对一种自动性的意识,就根本没有任何意识;但这种自动性不能成为意识的对象,而毕竟是受到限制的。

反题 但是,理性存在者本身如果不以一种认识为依据,不至少以一种对于包含在理性存在者本身的某物的认识为依据，就没有任何自动性。

某物是我的自动性的产物，这不是被知觉到的，也不可能被知觉到，而是完全被设定起来的；在设定自由的形式时，也就这样设定了某物。（大家可以参看 §.5.第 90 页。）但自由的这种形式在于，意志活动的实质规定性是基于一种由理智力量自由地制定的目的概念。在这里，我们可以不考虑这样的情况，即目的概念本身的可能性看来取决于对我们之外的客体及其不受我们影响而存在的形式的认识，因为这仅仅是普通意识的说法，我们还不知道它在何种程度上能得到证实；但为了知觉到我的意志活动的可能性，我们却总是可以假定对我的目的概念本身的认识。不过，只有我知觉到我自己是自由地从事意志活动的，效用性才是我作为理性存在者具有的效用性。

像我们看到的，没有被制约者，条件是不可能存在的；没有条件，被制约者也是不可能存在的。毫无疑问，这是一种循环解释，并且表明，我们通过以上所述，还没有把我们本应解释的那种对我们的自由的意识解释清楚。

（这个难题可以用下列设想轻而易举地得到解决：一切意识的最初的环节——我们谈的仅仅是这个环节，因为在意识的不断发展的过程中，借助于以前的经验，就可以毫无困难地设想自由的 (I,5,104)
选择和在作出意志决断以前的目的概念的制定——都在于目的概念的制定和对这种目的，即意志活动的知觉的绝对综合。因为目的概念并不会在以前被制定出来，而是在意志活动中，并且借助于意志活动，仅仅同时直接被设想为自由地制定出来的，以便能够察觉意志活动本是自由的。在这里只会出现这样一个问题:既然任何选择都不可能先于意志活动,那么,目的或意志活动的——两者在这里是完全相同的——规定性实际上是从何而来的呢?怎么能由哲学家解释呢?因为我们已经看到,自我本身能用一种被设想为以前制定的目的概念解释这种规定性。用这种方式,就能真正解决那个难题,并同时回答现在的问题。不过,作出系统陈述的规则和我们在这里期待的其他解说都使我们必须做更深入的论证,而我们之所以作出当前的说明,仅仅是为了预先表明我们研究的目标。)

II

按照综合方法的已知规则来说,上述反题应通过被制约者与条件的综合得到解决,使这两者能被设定为同一个东西;在我们当前的情况下,那就是使活动本身表现为所要寻求的认识,使认识本身表现为所要寻求的活动,并使一切意识都以某种在自身绝对把两个谓词统一起来的东西为出发点。我们可以设想现在所述的这种统一,这样,矛盾就确实得到了解决。

但这里有一个难题,即难以理解所要求的设想,难以在作如是观时设想某种清楚的东西。所以,按照综合陈述的规则来说,我们本来应该直接分析业已制定的那个综合概念,直到我们理解它为止;这是一种最难的方法,因为我们所制定的综合毕竟是出现在全部哲学中的最抽象的综合之一。

有一种比较容易的方法。既然我们这里涉及的是结果本身,而不是对于原初的、综合的理性方法——这已经在其他地方有充分描述，并且还按其最严格的要求（特别在我的《自然法权基础》里）得到应用——的认识，所以我们希望使用这种比较容易的方法。因为我们对于一切意识由以出发的那个最初的点，已经在其他地方知道得很多，以致我们能够很妥帖地从这些已知的特征开始我们的研究，检验这是否解决了当前的难题，同时也检验其中是否包含了上述综合。这种方法也不过是那种最难的方法的颠倒。 (I,5,105)

III

如果我们把自我设想为在原初是客观的，因而它被认为存在于一切意识以前，那么，我们像在刚开始时充分阐明的那样，只能用一种趋向或冲动描述它的规定性。自我的客观性状绝不是一种存在或持续存在，因为如果这样，它就会成为它的对立面，即物。它的本质是绝对的活动，并且只是活动；而这种活动从客观方面来看，就是冲动。

我们之所以说“如果把自我设想为根本客观的”，是因为在把它之内的主观东西分离开，并按照我们以前的描述（§.2）把这种主观东西设想为绝对的自由能力以后，它之内的客观东西在与自由的这种关系中就是支配自由的道德规律。

但自我绝对不单纯是客观的，因为它如果是客观的，就绝不可能是什么自我，而是一种物。所以，它原初的规定性不仅是一种存在的规定性，而且也是一种思维的规定性。思维一词就其最广泛的意义而言，是被当作理智力量的一切表现。但是，理智力量的单纯规定性如果不受其自由和自动性的一切影响，则叫做感受或感觉；感受概念即使在这里（大家可以参看§.3.）也是这么顺便予以界定和推导的。——物**是**某物，它的规定性即以此告终。自我绝不单纯**是**某物；它绝不是它所不知道的东西；它的存在与它的意识有直接的和必然的关系。这种单纯包含在存在和自我性里的规定，叫做感受。因此，如果自我在原初是靠一种作为其客观规定的冲动设定起来的，自我也就必然是靠对于这种冲动的感受设定起
(I,5,106) 来的。这样，我们就会得到一个必然的和直接的意识，我们可以把其余的意识组成的序列同它联结起来。所有其余的意识——反思、直观和理解——都以应用自由为前提，而自由的应用又以许多其他东西为前提。不过，我之所以是有**感受能力**的，则单纯是由于我**存在**。尤其是对冲动的这种感受——这是我们仅仅顺便提到的——叫做**渴望**，即对于需要的一种不确定的（未由任何客体概念确定的）感觉。

对于冲动的这种原始感受，恰恰是我们在上文中所述的综合环节。冲动是一种活动，它在自我中必然成为认识，而这种认识并不是关于作为冲动的活动的图像或其一个部分；这种认识是直接表现这种活动本身的。如果活动被设定起来了，对活动的认识也就被直接设定起来了；如果这种认识在其形式方面作为感受被设定起来了，活动本身就被设定起来了。在真正的表象里，客观东西总是应该依然在某个方面不依赖于表象本身而存在的，或者是作为现实的物，或者是作为理性规律；因为只有这样，客观东西才成为客观东西，并且只有这样，主观东西与客观东西的区分才是可能的。在感受里，主观东西与客观东西绝对结合到了一起；毫无疑问，感受不是没有感受活动的东西，而是感受活动本身，并且总是某种单纯主观的东西。

通过这种原始的感受，就从根本上解决了上述难题。我们绝不能承认任何没有认识的活动，因为对于每个活动都已经假定了一种自由地制定的目的概念。同样，我们也不能承认任何没有活动的认识，因为一切认识都是从那种对于我们在行动中受到的限制的知觉推导出来的。而现在某种东西表现为可以直接认识的，即表现为我们的原始冲动；最初的行动是这种冲动的满足，这种冲动在与最初的行动的关系中表现为自由地制定的目的概念。这么说也是完全正确的，因为自我本身必须被视为自我的冲动的绝对根据。

IV

在我有感受活动时，如我们已经说过的，我在任何方面都完全受到了束缚。我甚至没有在任何表象中存在的自由，也就是说，我 (I,5,107)
没有能撇开表象的对象的自由。并不是我自己**设定**我自己，而是我在客观上被设定为**受到驱动的**，在主观上被设定为**感觉**这种冲动的。但是，如果单纯是这种有意识地自由的和自动的东西被设定为自我——这种事情总是按照普通意识的观点发生的——那么，冲动的主体与客体就在这个限度内不属于自我，而是与自我对立的。反之，我的思维与我的行动则属于我，并且是自我本身。

从业已给定的方面把我的这两个属性区分开的根据在于：就我是自由的而言，我不是我的冲动的根据，也不是由这种冲动引起的感受的根据；我怎样感受或不感受，不取决于自由，反之，我怎样思维与行动，则应该仅仅取决于自由。前者不是自由的产物，自由丝毫也不掌握这种产物；后者则仅仅是自由的产物，如果没有自由，就根本没有这种产物。甚至冲动和对于冲动的感受也不会对自由有任何因果关系。如果不管冲动如何，我都能违背着冲动而规定我自己，或按照冲动而规定我自己，那么，我就毕竟总是规定我自己的东西本身，而冲动则绝不是这样的东西。

把这两个属性联系起来的根据在于：虽然属于我的东西的一个部分只有通过自由才是可能的，而另一部分则不依赖于自由，并且自由也不依赖于这个部分，但拥有这两个部分的实体却仅仅是同一个实体，并且被设定为同一个实体。有所感受的我与进行思维的我、受冲动的我与靠自由意志作出决断的我，其实是同一个我。

像我们刚才提到的那样，尽管我的最初的行动不是别的，而只能是对冲动的满足，并且目的概念是通过冲动给予这种行动的，但冲动也被设定为具有另一种规定的目的概念，而不是被设定为冲动；这就是说，从后一方面来看，冲动被设定为具有这样的性状，而不可能是别样，但从前一方面来看，冲动则被设定为本来也能以另一种方式呈现出来的冲动。我当然遵从冲动，但我认为我本来也能不遵从冲动。只有在这个条件下，我的力量的表现才变为一种**行动**；只有在这个条件下，自我意识与一般意识才是可能的。

我们已经在上文区分了自我的这个客观方面和另一个客观方面，就前一个客观方面说，原初在自我中就设定了一种特定的冲动，并从中推导出一种感受，而后一个客观方面则表现为道德规律。在这里我们还可以更清楚地阐明这个差别。首先，materialiter［在内容方面］，两者的差别在于，道德规律不是从冲动的客观规
(I,5,108) 定性推导出来的，而是仅仅从作为自我的冲动的一般冲动形式，即

从对于一切自我之外的东西的绝对自动性和独立性形式推导出来的，但在对冲动的感受中假定的却是一种特定的、实质的需要。其次，formaliter[在形式方面]，两者应该这样加以区分：道德规律绝对没有强制作用，绝不是被感受到的，也不是依赖于自由反思而存在的，而是通过对自由的反思，通过一切冲动的形式与自由的关系，才出现在我们这里；反之，对于实质的冲动的感受则有强制作用。最后，在关系方面，现在提到的冲动根本与自由无关，而是道德规律与自由有关，因为道德规律是支配自由的规律。

关于由我们的局限性构成的那个原始的、特定的系统，我们在上文已经制定了一个概念，按照这个概念，有局限性的东西的表现和我们之内的局限性的表现正是冲动和感受，所以，有一个由冲动和感受构成的原始的、特定的系统。按照以上所述，凡是不依赖于自由而得到确定和规定的东西，都叫做天然的东西。所以，那个由冲动和感受构成的系统应该被设想为天然东西。既然对天然东西的意识是强制我们的，并且包含着那个系统的实体同时也应该是一种自由思考、具有意志和被我们设定为我们自身的实体，那么，那个系统也就应该被设想为我们的天然东西。

甚至从某个方面来看，尽管我的理性和我的自由有绝对性，我也是天然东西，而我的这类天然东西就是冲动。

V

但是，我不仅把我自己设定为天然东西，而且在我的这种天然东西之外，也假定了另一种天然东西；一部分原因在于，我不得不把我的一般效用性与一种不依赖于我而存在的质料联系起来，另一部分原因在于，这种质料必须不依赖于我而至少拥有这样一种形式，这种形式使我不得不通过许多特定的中间环节，去达到我的目的。就这两者都应该是天然东西而言，它们必然被设想为**相同的**；但是，就一种天然东西应该是**我的**天然东西，另一种天然东西应该是在我之外的天然东西而言，它们则是相互**对立的**。由此可见，两者被设想为相互中介的。可以说，这就是一切具有同一特征而彼此对立的东西的普遍关系。换句话说，我的天然东西必须从本原方面得到解释，即从整个自然事物系统推导出来，并且通过这个系统得到论证。

关于这个在我的其他哲学论著中已经熟知的和有圆满解释的论断，我在这里只想说几句话。我们谈的是自我本身按照普通意
(I,5,109) 识观点作出的解释和推导，而不是先验哲学家的解释。先验哲学家根据理性本身的理想行动，解释在意识中出现的一切东西。普通意识观点则为了解释，而设定一些存在于需要加以解释的东西之外的对象。进一步说，自我虽然没有意识到自己的解释活动本身，但意识到了这种解释活动的产物。换句话说，昭然若揭的事情是：知觉是由在我之内的天然东西出发的，而绝不是由在我之外的天然东西出发的；在我之内的天然东西是起中介作用的东西，在我之外的天然东西是被中介的、依靠对前一种东西的认识间接认识到的东西，即为了解释前一种东西而设定的东西。相反地，实在东西构成的序列是由在我们之外的天然东西出发的；这种序列被认为决定我们的天然东西，包含了我们的天然东西之所以恰好如此的根据。

那么，我们的天然东西如何得到解释呢？或者，根据对于我们

之内的天然东西的假定,还能另外设想包含什么东西呢?或者,在什么条件下能认为我们有一种天然东西呢?我们从现在开始从事的就是这项研究。

我的天然东西是一种冲动。一种冲动本身怎样加以理解呢?也就是说,在像我们这种只能以严格推理的方式,通过中介进行思维的存在者中,对于冲动的思维怎样得到中介呢?

借助于一种相反的思维方式,我们就能很清楚地阐明这里谈的思维方式。我很容易按照自然机械过程的规律,理解因果序列中包含的东西。这种序列里的每个环节都是由在它之外的另一个环节传递它的活动的;这另一个环节把它的活动传递给在它之外的第三个环节。在这种序列中,一份力量完全被一环一环地传递下去,仿佛贯穿在整个序列里。我们从来都不知道这份力量从何而来,因为我们在这种序列的每个环节里都不得不继续向上追溯,但从来都达不到一个原始力量。我们借以设想序列中的每个环节的活动和受动的,正是这份贯穿在序列里的力量。但我们用这种思维方式是不能理解冲动的,因此,我们完全不能把冲动设想为这种序列中的环节。如果我们假定一个作用于冲动的基质的外来原因,那就也会产生一种作用于第三个环节的对外效用;或者说,如果这个原因对冲动的基质没有任何支配作用,那就不会产生出任何结果。由此可见,冲动是某种既非自外而来,亦非向外而去的东西,是基质的一种指向和作用于其自身的内在力量。自我规定才是能够借以设想冲动的概念。

所以,我的天然东西就其应该以冲动为内容而言,是被设想为自己规定自己的;因为只有这样,我们才能理解冲动。但按照普通 (I,5,110)

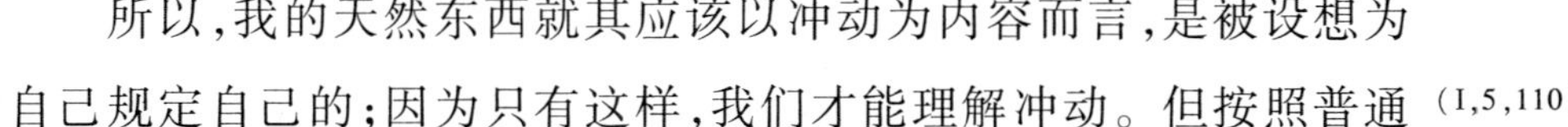

理智或知性的观点,冲动的整个存在完全是这种观点无法超越的意识事实。只有先验哲学家才超越了这种事实,以说明它的根据。

附　论

在前一种做法中,判断力是被康德称为统摄的判断力的能力,而在后一种做法中,判断力是被康德称为反思的判断力的能力[12]。两者的差别在于:支配自然机械过程的规律无非是支配各个反思的相继更替和相互规定的规律,(由此给我们产生了一种时间和在时间进程中的意识同一性,)这种规律被推广到了客体上。在这种思维中,知性完全机械地走自己固有的道路,自由的判断力所要做的工作,无非是单纯反思自己作为机械的知性实际上做的事情,以期意识到这种事情。这种情况是在不受自由活动的一切影响和不假思索的条件下,单纯通过认识能力的机械过程加以理解的;这种做法理当叫做统摄方法。但在第二种做法中,理解活动则完全不是按照这种机械过程进行的;在这种情况下,我们心中出现了一种反感与怀疑,因而对于它不这样进行,也出现了一种亟须作出的反思。不过,认为它虽然不这样进行,也毕竟必须加以理解(即体现于自我意识的统一性),就意味着思维的方式必须加以颠倒。(这与下列说法是一样的:认为在自我中虽然没有根据,也毕竟应该有根据,就意味着在非我中有根据。)反思的判断力的功能仅仅见之于统摄作用不可能存在的地方;反思的判断力自己给自己制定规律,即颠倒统摄规律的规律。

VI

(I,5,111)

天然东西——这在当前虽说只是**我的**天然东西，然而它在本质上毕竟是天然东西——**自己规定自己**。但天然东西的特点须通过与自由的对比予以说明，具体地说，是这样予以说明的：自由的一切存在必定产生于一种思维，天然东西的一切存在则必定产生于一种绝对存在。因此，天然东西本身并不像自由存在者那样，能**用一个概**念规定自己。天然东西自己规定自己，这意味着：它**注定了**要靠自己的本质规定自己；具体地说，它**注定了** formaliter［在形式方面］完全规定自己，而绝不能像自由存在者那样，从来都是不确定的；它注定了 materialiter［在内容方面］**恰好这样**规定自己，而不像自由存在者那样，在某个规定与其对立的规定之间进行选择。

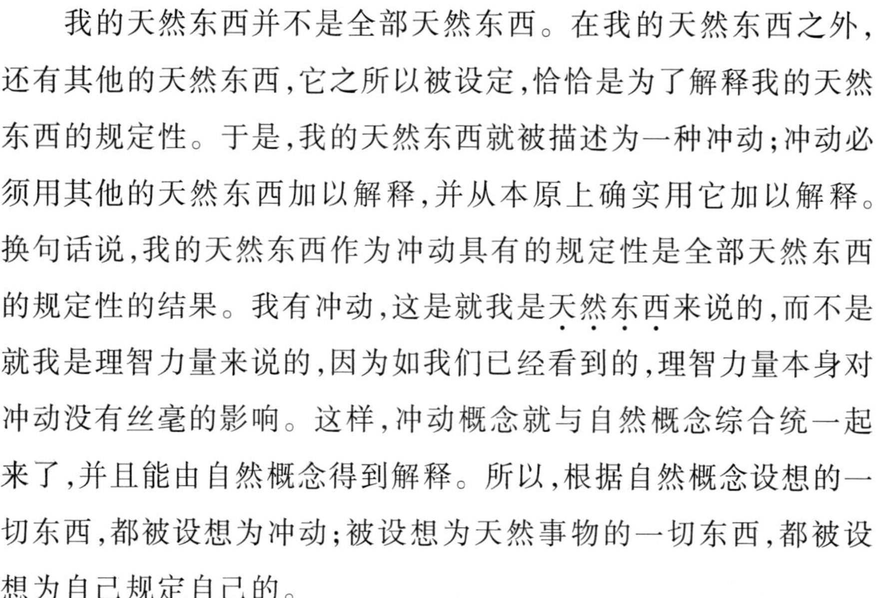

我的天然东西并不是全部天然东西。在我的天然东西之外，还有其他的天然东西，它之所以被设定，恰恰是为了解释我的天然东西的规定性。于是，我的天然东西就被描述为一种冲动；冲动必须用其他的天然东西加以解释，并从本原上确实用它加以解释。换句话说，我的天然东西作为冲动具有的规定性是全部天然东西的规定性的结果。我有冲动，这是就我是**天然东西**来说的，而不是就我是理智力量来说的，因为如我们已经看到的，理智力量本身对冲动没有丝毫的影响。这样，冲动概念就与自然概念综合统一起来了，并且能由自然概念得到解释。所以，根据自然概念设想的一切东西，都被设想为冲动；被设想为天然事物的一切东西，都被设想为自己规定自己的。

正如我必须把我的天然东西与其他的天然东西分离开一样，

我也能把在我之外的另一部分天然东西与其他的天然东西分离开,因为天然东西完全是多种多样的。当然,我们这里断定的仅仅是一种理想的分离。至于这种分离是否还会有一种不同于随意思维的自由的根据,也就是说,分离开的两部分天然东西是否会**真正**存在而不依赖于我们的思维,我们则暂且不想作出判断。

这么分离开的部分首先会通过它自己而成为它所是的东西,但它这样自己规定自己的根据却存在于整体中,而整体也无非是一切部分构成的封闭总体的相互作用。或者更明确地说,你在这里要撇开你的天然东西,因为就它迄今是被设定起来的而言,在它(I,5,112)当中出现了一个不同于其他天然东西的独特之处,即这样的必然性:恰好这么限定它,算作它的东西恰好这么多,既不更多一些,也不更少一些;并且你要单纯反思在你之外的天然东西。你要从这种天然东西分离出你希望得到的部分。你恰好把这一份天然东西视为分离开的部分,其根据仅仅在于你的自由反思。你可以把这个部分称为 X;在 X 中有冲动,并且是一种确定的冲动。但这种冲动恰好是一种确定的冲动,却取决于下列情况:在 X 之外,恰好还存在着很多天然东西,它们通过它们的现实存在,限定了 X 要包容一切东西的冲动;能给 X 留下的,恰好只是一份确定的实在性,而能给其他的部分留下的,也只是一种冲动。假如我们必定不会用一种冲动描绘一般天然东西的特点,那么,一切不是 X 的部分就会在 X 中仅仅被设定为否定性,而在当前的条件下则必须被设想为冲动,因为追求实在性的一般趋向已经充塞整体,存在于整体的每个部分。不过,由于每个部分都仅仅是一个部分,所以,每个部分都缺乏其他部分的一切实在性;对其他部分来说,每个部分只

留有一种冲动。这种冲动之所以仅仅是**冲动**,并且恰好是**一种确定的冲动**,其原因在于:在一个部分之外,还存在某种东西,并且恰好是某种确定的东西。

对我来说,当前恰好 X 是分离开的部分,之所以如此,仅仅是由于我凭思维的自由使它成为这样。没有任何东西妨碍我凭同样的自由从它又分离出另一个部分 = Y。在 Y 中也有冲动,它是由一切在 Y 之外存在的东西规定的,其中也包括那种在以前被我算作 X 的东西。没有任何东西妨碍我从 Y 又分离出第三个部分 = Z。这个部分对 Y 的关系,犹如 Y 对 X 的关系。扼要地说,在这种做法中,绝对既不存在任何最初的东西,也不存在任何最终的东西。我既能使每个部分又成为一个整体,也能使每个整体成为一个部分。

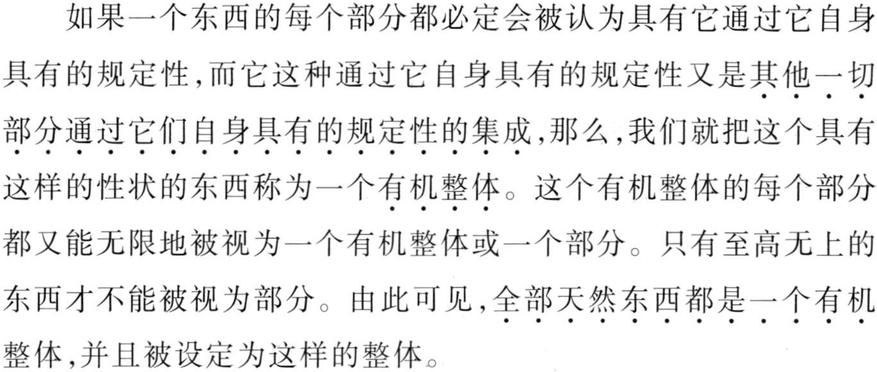

如果一个东西的每个部分都必定会被认为具有它通过它自身具有的规定性,而它这种通过它自身具有的规定性又是**其他一切部分通过它们自身具有的规定性的集成**,那么,我们就把这个具有这样的性状的东西称为一个**有机整体**。这个有机整体的每个部分都又能无限地被视为一个有机整体或一个部分。只有至高无上的东西才不能被视为部分。由此可见,**全部天然东西都是一个有机整体,并且被设定为这样的整体**。

我们还可以从另一个方面阐明这个重要概念。按照自然机械过程的概念,每个物都是通过另一个物而成为它所是的东西,并且将它的特定存在表现于第三个物。按照冲动的概念,每个物则是 (I,5,113)
通过它自身而成为它所是的东西,并且将它的特定存在表现于它自身。如果这时要设想的是一个**自由**存在者,那么,这个概念就其最严格的、没有丝毫改变的意义来说,的确不被看作是冲动概念,而被看作是绝对自由概念。自由是与自然机械过程直接对立的,无论如何不决定于这种过程。但是,如果这时所说的是一种天然冲动,那么,除了必须保留冲动的特点以外,还必须保留一般天然东西的特点,即机械过程的特点,因此,两者就得到了综合统一。这样,我们在作为单纯机械过程的自然(也就是因果性概念)与作为一切机械过程的直接对立物的自由(也就是实体性概念)之间就得到了一个中间环节。(而为了解释自由在自然中的因果性,我们也当然极其需要有这个环节。)

这种综合的概念并不是什么别的,而只能是刚才阐明的概念。某个东西 = A 虽然是通过它自身而成为它所是的东西的,但它通过它自身恰好成为这个东西,其根据则在其他东西(即一切可能的东西 = -A);而这种其他东西恰好是这样,并且 A 恰好这样得到规定,其根据又在 A 本身,因为甚至连 -A 也是反过来通过 A 而成为它所是的东西的。这样,必然性与独立性就统一起来了,我们得到的不再是简单的因果性线索,而是相互作用的封闭圆圈。

VII

按照以上作出的解释和证明,我必须把我的天然东西设定为一个封闭的整体,属于这个整体的部分既不多,也不少,而是恰好这么多。关于这个总体的概念,从普通意识的观点——我们在我们的全部研究中都使自我立足于这种观点——来看,绝对不像先验哲学家理所当然地解释的那样,能依据对这个概念的反思作出解释,相反地,这个概念本身是已经给定的。我的天然东西就是这样得到规定和加以确定的，并且这个总体本身就是天然东西。

我们首先要问，我怎样把自然中的某个东西——它本身毕竟只是整个自然的一个部分——理解为一个实在的、有机的整体？我按照什么规律把它设想为这样一个整体呢？这个问题当然应该提出来，因为我们迄今只是把整个自然作为一个实在的整体推导出来，而决没有推导出它的一个部分；并且我们至少把我们的天然东西——它毕竟只是整个自然的一个部分——本身设想为一个封 (I,5,114)
闭的整体，这也是事实。

我已经说过一个**实在的**整体是什么；这个规定是一个关键。我首先用它的对立面解释这个概念。正像我们刚才考察自然那样，我们可以把任意一个部分理解为一个整体，又把它作任意的分割；并把它的各个部分也理解为整体，如此递进，以至无穷；这样的做法完全取决于反思的自由。我得到了一个整体，但我的整体之所以恰好如此，仅仅是因为我本身使它成为这样；除了我的思维的自由，并不存在另一个规定整体的界限的根据。我得到的是一个理想的整体，一个统一的集体，而绝不是一个实在的整体，一个聚合的集体，一个合成的整体。如果我的整体变成后一类东西，那么，它的各个部分，而且恰恰是这些部分，就必定会在没有我的思维的影响下统一为一个整体。

实在性是由反思的强制力量规定的，因为它在关于理想东西的表象里反而是自由的。那种任意限定整体的自由必须予以扬弃；理智力量必须把既不多，也不少，而恰好这么多的部分算作这个整体的东西，如果在我们这里出现了一个实在的整体的话。像我们说的，把**我的**天然东西视为封闭整体的表象就应该这样。

究竟是通过什么思维规律,能给我们产生出这种规定界限的必然性呢？凡在不能单纯靠统摄规律加以理解的地方,就出现了反思的判断力的规律,并且后一种规律是前一种规律的单纯颠倒。这时的确可能有一种情况,即判断力一俟达到反思领域,甚至按照这种由统摄规律的单纯颠倒产生的规律也无法进行理解活动,于是,判断力必定会根据上述理由,也把这种规律又颠倒过来;因此,我们就会得到一种综合的反思规律,即反思与其自身的相互作用。(一般说来,必须有理解活动,但理解活动不能按照这种规律进行,而这必然意味着,它是按照一种相反的规律进行的。)自然的每个部分都是按照简单的反思概念,通过它自身和为了它自身,而成为它所是的东西。按照这种由颠倒和综合产生的概念来说,没有任何部分是通过它自身和为了它自身而成为它所是的东西的,但它的整体却确实是这样。由此可见,整体的每个部分都是由同

(I,5,115) 一个整体的其他部分规定的;每个封闭的整体都应加以考察,就像我们曾经考察宇宙那样。宇宙由各个部分组成的整体转变为一个由各个整体组成的整体,即一个由各个实在整体组成的系统。

我们现在要更进一步分析这个新概念,从而把我们当前的论证与我们以前的论证结合起来。按照最初制定的概念,每个被理解的东西都有一定量的实在性,并且对于其他被理解的东西有一种冲动。冲动与实在性相互作用,相互穷尽。任何被理解的东西都既没有一种追求它所拥有的实在性的冲动,也没有一种不由冲动去代替的匮乏。我们可以随便继续使用或不使用这种考察方式;它适合于我们所能遇到的一切东西,而一切东西都有完全相同的形式。

在这时，如果一个特定的东西＝X是给定的，它按照这种规律无法加以理解，它在这种情况下究竟应该有什么性状呢？我们可以考察X的任意一个部分，而这个部分叫做A。如果在A中冲动和实在性不能相互加以解释，如果冲动要达到一种在A中并不缺乏也不属于A的实在性，或者说，如果冲动不想达到一种在A中缺乏的并且属于A的实在性，那么，A就不可能由其自身得到解释和理解，而反思活动也会被进一步受到推动。理解活动可能不是封闭的，我也可能对任何东西都毫无理解，并且我们会很明显地看出，我本来不应该把部分A与X武断地分离开。并且，我们也可以考察X的其余部分＝B。如果B就其本身来说，在其冲动和实在性方面的情况与A的情况是一样的，但是我们会看到，在B中冲动要达到A缺乏的实在性，在A中冲动要达到B缺乏的实在性，那么，我首先就会从我对B的考察被引回到A，以探讨A是否真的缺乏我在B中发现的冲动所追求的实在性，并且A是否真的具有追求我发现在B中缺乏的实在性的冲动。我必须停下来，再次考察这个问题，也就是说，必须反思我的反思，并由此限定我的反思。这时，会有一种综合的反思，并且因为必然性起着支配作用，所以也会有一种综合的反思**规律**。其次，如果不为此设想B，我也就不可能理解A；反之亦然。因此，**我必须**用综合方法把两者统一在一个概念里，这时X就会成为一个**实在的**整体，而不单纯会成为一个理想的整体了。

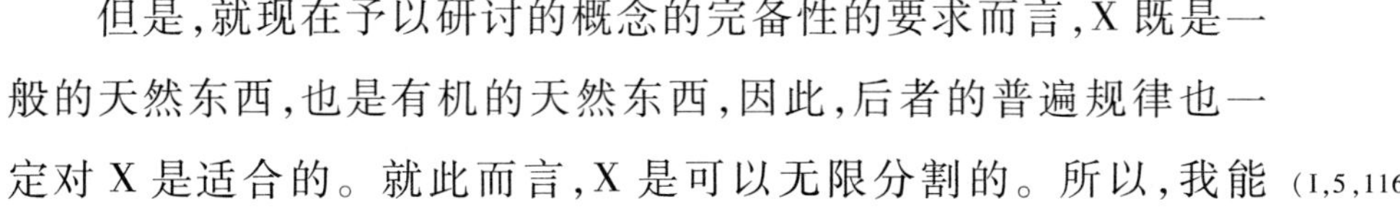

但是，就现在予以研讨的概念的完备性的要求而言，X既是一般的天然东西，也是有机的天然东西，因此，后者的普遍规律也一定对X是适合的。就此而言，X是可以无限分割的。所以，我能 (I,5,116)

把 A 分为 b、c 和 d，又把 b 分为 e、f 和 g，并这样无限地分割下去。每个部分作为一般的天然东西，都具有冲动和实在性，因而具有独立性；但在每个部分中，它的实在性与它的冲动的关系并不能用它本身加以解释，因为否则，它就不会是实在整体 X 的任何部分。任何一个部分在 X 的其他一切部分没有得到理解以前，都不能被解释清楚。每个部分都力求满足其他一切部分的需要，其他一切部分也反过来力求满足这个部分的需要。仅仅能用上述方式得到理解的东西，在我们还没有给它找到一个合适的名称以前，暂且可以叫做实在有机整体。

我自己至少是这样一个天然整体。至于在我之外是否还有许多这样的天然整体，在当前不必作出判定。作出这种判定，取决于我是否能不假定在我之外的其他整体，而把我自己理解为这样一个天然整体。在这里我们只谈一个问题，那就是这样一种实在整体如何用天然东西加以解释，这种解释赋予天然东西的是哪些新的属性。

正像我们要求某物用**天然东西**加以解释一样，我们要求它根据自然必然性的规律，而不是根据道德必然性的规律得到解释。所以，单纯肯定这样一种可解释性，也就肯定了两种情况：它必然有天然东西，它的存在是由于一个绝对属于天然东西的属性，即把自己组织为实在整体的属性；理性存在者必须被设想为这样的天然东西，而绝对不能被设想为任何别的东西。

（所以，大家切不可把坏的理性的论据当作自己逃向一个作为世界创造者或世界建筑师的理智力量的庇护所，因为否则，在前一种情况下就根本无法设想一个理智力量会创造出物质，在后一种情况下也无法理解理性怎么能对自然有影响，而我们在本书的这一编里则必须说明这个问题。于是，如果一个理智力量可以随自己的意愿，不断地进行综合和结合，那么，就会由此产生一种聚合、组合，而绝不会再产生一种以自然中的内在力量本身为前提的融合。同样，大家也不要打算用一些机械规律解释有机组织。机械规律的内容是物质的永恒不断的碰撞和挤压，吸引和排斥，而不再是任何东西。这种规律是自然固有的一种规律，理性存在者为 (I,5,117)
了能够解释自己，必须在自然概念中设想这种规律，但这种规律本身不能进一步得到解释。进一步解释它，好像就是要把它从机械过程推导出来。显而易见，只有依据普通意识或科学的观点，这种规律才是一种不必进一步解释的和绝对的规律；依据先验的观点或知识学的观点，它却是确实可以解释的，因为整个自然就是依据这种观点得到解释的，并且是从自我推导出来的。）

问题仅仅在于，这可能是一种什么样的规律？在这里必须假定自然的哪种特定进程？按照在上文制定的规律，每个东西作为天然东西，都是通过它自己和为了它自己而成为它所是的东西的；没有任何一个东西对于别的东西来说是某个东西，也没有任何别的东西对于那个东西来说是某个东西。统一的东西绝不是任何别的东西。这是实体性的原则；自然机械过程的原则是因果性的原则。按照当前的规律，绝不存在实体性原则所适用的任何可能的元素。为了能表达我的意思，我说到**元素**，但我是在**理想**的意义上，而不是在**实在**的意义上理解这个词汇的，这并不是因为好像有一些本身不可分割的元素，而是因为要考察某个东西，就必须不再分割。我说，没有任何一个元素是自足的，是为了自身和通过自身而具有独立性。一个元素需要有另一个元素，另一个元素也需要这个元素。每个追求外部东西的冲动都包含着元素。按照普遍的自然规律，如果事情是如此，那么，这样得到规定的冲动就布满了整个自然。所以，这种自然规律可以这样加以表达：自然的每个部分都力求把它的存在和它的活动与另一个特定部分的存在和活动统一起来，如果我们设想空间中的各个部分，那么，它们也力求在空间中与它融合到一起。这种冲动叫做积极意义上的和消极意义上的**造形冲动**，即主动造形与接受造形的冲动；它必然包含于自然中，而不是一种外来的附加，好像没有它，自然也能存在下去。不过，大家不必设想它的驻地在这个或那个地方，在这个或那个部分；换句话说，如果没有什么变动，大家也不必设想它本身真的是一个分离开的部分。它绝不是什么实体，而是一种偶性，并且是一切部分的偶性。

这样，由于我们把自我的有机组织设定为一种自然规律的结果，我们就得到了一项巨大的收获，那就是我们至少发现这种以有机组织为目的的冲动遍布于整个自然；因为关于这种冲动在我们之外迄今是否也有因果性，我们在这里还不能作出任何判定。

但是，在我之内——这是我们得到的第二项收获——这种冲
(I,5,118) 动却有因果性。自然的某些部分已经把它们的存在和它们的活动统一起来，以创造出一种存在和一种活动。从这方面来看，大家可以把我们迄今称为实在自然整体的东西最恰当不过地称为**组织起来的自然产物**。

这样的产物是存在的，因为按照以上所述，我本身就是这样的产物。关于在空间中会提供实在多样性的物质性，我们在此尚未

谈到,虽然它很容易被推演出来。但至少在我之内的理想的多样性东西却已经协调为一个统一体,而这种协调就是自然的造形力量的产物。

由此可见,当前所作的探讨的结果如下:既然我存在,我就必须认为自然有因果性,因为我只能把我自己设定为因果性的产物。这样就证明了所要证明的东西,虽然我们的分析还很不完备。

§.9. 从上节得出的结论

I

我察觉我自己是一种组织起来的自然产物。但在这样一种产物里,每个部分的本质都在于一种保持其他特定部分与它自身的统一的冲动;这种冲动如果被赋予整体,就叫做自我保持或自我保存的冲动。这是因为,既然整体的本质无非是某些部分与它自身的统一,那么,自我保持也无非是这种统一的保持。为了更明确地认识这一点,大家不妨作如下的考虑:每个可能的部分都力求把其他特定部分与它自身统一起来,而这种努力决没有什么因果性,除非各个相互支持的部分已经统一起来,因为只有在这个条件下,才存在一个组织起来的整体。这时,整体无非是各个部分的组合。因此,在整体里绝对不会包含任何不同于包含在部分里的东西;这里有一种把某些特定部分吸收到整体自身的努力。在应该存在一个臻于完善的整体的限度内,这种努力必定具有因果性。这种努力与这种因果性是相互制约的,那个整体的本质就在于它们的相

(I,5,119) 互作用,因为这是一个整体,并且对整体的理解已经完成。就此而言,在与其他天然东西的关系中,上文制定的概念又适用于这种理解。整体保持自己,是指整体保持它的努力与它的因果性的那种相互作用。如果两方中的一方被扬弃了,那么,所有的东西就都被扬弃了。一个不再能组织自己的自然产物也不再是一个组织起来的自然产物,因为组织起来的自然产物的特点在于不断地进行造形活动。

自我保持的冲动并不像有人通常觉得可以假定的那样,是一种只追求一般的单纯存在的冲动,而是一种追求特定的存在的冲动,即一种事物成为并且继续成为它所是的东西的冲动。单纯的存在是一个抽象概念,并不是什么具体的东西。一种追求单纯的存在的冲动在整个自然中是不存在的。理性存在者绝不想为存在而存在,而是想为了成为这个或那个存在者而存在的。同样,无理性的自然产物也不致力于一般的单纯存在,而是致力于恰好成为它所是的东西。例如,苹果树致力于成为并且继续成为一棵苹果树,梨树致力于成为并且继续成为一棵梨树。在无理性的存在物里既有冲动,也有效果。因此,苹果树不能结出梨来,梨树也不能结出苹果来。改变这些自然产物的存在方式就是阻碍它们的整个有机组织,而迟早会导致它们的灭亡。

我的情况也是如此。在我之内有一种冲动,它产生于自然,涉及各个自然对象,以求把它们与我的本质统一起来;不过,这并不像经过消化摄取食物与饮料那样,恰好把它们摄入我的本质中,而是使它们完全与我的天然需要联系起来,让它们跟我有某种关系;关于这个问题,我们将来会作出详细的说明。这种冲动是上述意义上的自我保存的冲动，即把我作为特定自然产物加以保存的冲动。那些自然对象作为手段与这个目的的联系是在没有任何起中介作用的认识——考虑与估计——的情况下**绝对**和**直接**出现的。我的这种冲动指向的东西之所以属于我的保存活动的范围，是**因为**它指向那种东西；而它之所以指向那种属于我的保存活动范围的东西，是**因为**那种东西属于我的保存活动的范围。这种联系并不是靠自由活动出现的，而是靠自然的造形规律出现的。

在这里我们要作一个重要的说明，它的结论涉及的范围很广，对它的忽视已经一般给哲学，尤其是给伦理学造成了很大的损失。我的冲动指向客体 X。刺激、诱力是来自 X 吗？是控制我的天然东西，并这样规定我的冲动吗？绝对不是。冲动仅仅来自我的天然东西。我的天然东西已经预先规定了应该为我存在的东西，甚 (1,5,120)
至在它确实为我存在并对我有影响以前，我的努力和渴望也包容了它；即使它不可能存在，我的努力和渴望也会包容它；当然，如果没有它，我的努力和渴望就不会满足。但是，按照自然在其自身的完善过程来说，**它是存在的**，并且**必定**是存在的；之所以如此，是因为自然本身是一个组织起来的、实在的整体。我并不是因为我有食物才饥饿，而是因为我饥饿，某种东西才变为我的食物。一切组织起来的自然产物也不外如此。植物并不是由于当前有一些属于它的实体的营养物质，才受到刺激，去摄取它们；不管它们在当前是否确实存在，它的内在组织都恰好需要它们；不过，假如在自然中它们根本不存在，它在自然中也就不可能存在。这里普遍存在的是和谐一致或相互作用，而不是单纯的机械过程，因为机械过程产生不出任何冲动。既然我是自我，我的努力和渴望甚至也不是

靠动物式的需求，出自客体，而是出自我自己。如果有人在这里忽视这个说明，他就在研讨道德规律时不可能理解我们在一个重要段落中提到的这种和谐。

II

我的这种冲动也是我的反思对象；如上所述，这的确是必然的。既然我完全在反思，我就必须知觉这种冲动，把它设定为我的冲动。关于这种必然性，依靠我们当前所持的观点是无法说明其根据的；不过，我们已经从先验观点出发，说明了这个根据。我之所以说“既然**我在反思**”，是因为反思本身绝不是什么自然产物，它也不可能是自然产物。反思本身从形式方面说，是靠绝对自发性出现的；只有反思的客体和注目于这种客体的必然性才是天然东西的结果。

通过这种对冲动的反思，首先出现了一种**渴望**，即人们并不亲身了解的需求感。我们对此没有认识，这是我们的缺陷。这个结果是反思的最初结果，它使自我不同于所有其他自然产物。其他自然产物中的冲动，不是以得到满足——如果具备得到满足的条件——为结果，便是以得不到任何满足为结果。大家不会真的主
(I,5,121) 张，各种植物在气候干燥时有一种由于缺乏湿度而引起的渴望；它们不是沐浴甘霖，便是枯萎凋谢，决没有从它们的自然冲动产生的第三种结果。

III

我作为理智力量和凭理智行动的存在者，因而作为意识主体，

是绝对自由的，并且只依赖于我的自我规定。这就是我的特点。因此，只要我的天然东西在上述意义上必然被算作我的东西，也就是说，只要它是意识的直接客体，它也就必定只依赖于自我规定。

但又在什么限度内它被算作我这个意识主体的东西呢？我的天然东西相互作用的产物是冲动。首先，这种相互作用不是我作为理智力量的效用性；我完全不能直接意识到这种相互作用。甚至冲动本身也不是我的产物，而是像我们已经说过的，是自然的产物；换句话说，冲动是给定的，绝对不以我为转移。但冲动会达于意识，它在这个领域里造成的结果会处于我的控制之下；或者更确切地说，它在这个领域里完全没有造成结果，而是我依靠它，或者造成结果，或者不造成结果。理性存在者向独立性的过渡即在于此，必然与自由之间的明确界限即在于此。

在植物和动物中的冲动的满足，如果具备了得到满足的条件，就必然会完成。人则根本不受自然冲动的驱使。消化过程的进行、食物向营养液汁的转化和血液的循环，并不处于我们的控制之下；这是在我们之内的天然东西所做的那些在上文指明的事情。它们之所以不处于我们（理智力量）的控制之下，是因为它们没有直接达于意识。医学生理学家关于这些功能所知道的东西，是通过逻辑推理得知的。反之，对于我们的饥渴的满足则处于我们的控制之下，因为追求食物与饮料的冲动是达于意识的。谁会主张自己是依据自己在消化食物时依据的那种机械必然性吃喝东西呢？

简单地说，感觉到或不感觉到一个特定的冲动，并不处于我的控制之下；但是，满足或不满足这个冲动，则处于我的控制之下。

(I,5,122)

IV

我反思我的渴望,从而上升到明确的意识,而这种意识过去仅仅是一种模糊的感觉。但是,如果不根据普遍有效的反思规律把我的渴望规定为一种渴望,也就是说,如果不把它与另一种可能的渴望区别开,我就无法反思它。不过,也只能通过它的客体,把它与另一种渴望区别开。所以,我这时通过这第二种反思,也意识到我的渴望的对象,而关于这种对象有无实在性,在这里还完全没有谈到。它仅仅被设定为一个努力追求的东西。但一个由自己的对象规定的渴望,就叫做欲求。

欲求的多样性如果被完全统一于一个概念,并被视为一种基于自我的能力,就叫做欲求能力。假如还有另一种欲求,它的多样性同样能被我们统一于一种欲求能力,那么,按照康德的看法,当前演绎的欲求能力也许有理由被称为低级欲求能力[13]。

低级欲求能力本身的形式,即这种能力作为一种有意识的冲动,在自由的反思活动中有其根据;一种冲动之全然存在,冲动或欲求之恰好指向这样一个客体,则在天然东西中有其根据,不过,像我们在上文已经提到的,不是在外部天然东西或各个客体组成的天然东西中,而是在我自己的天然东西中有其根据;因此,这是一种内在的根据。所以,在欲求里就已经表现出自由,因为在欲求与渴望之间有一种自由反思。大家确实能够压抑各种不正常的欲求,办法在于:对它们不进行反思,对它们置若罔闻,而从事某种别的事情,尤其是脑力劳动,简言之,像神学界的道德家们很中肯地说的,不沉湎于它们。

V

我的欲求以一些天然东西为对象，其目的在于，或者把它们直接与我统一起来（如食物或饮料），或者使它们与我有某种关系（如新鲜的空气、开阔的景色和温暖的气候等等）。

首先，如从理论哲学的前提中已经知道的，一些天然东西是在空间中为我存在的。因此，要与它们统一起来或有一定关系的东 (I,5,123)
西，也必须同样存在于空间里，因为空间上的东西与那种并不同样在空间中存在的东西是没有任何统一和关系的，否则，或者是空间上的东西不会依然存在于空间中，而这是荒谬的，或者是空间上的东西不会有什么关系，而这是与前提背道而驰的。但在空间中存在的、充实空间的东西就是物质。所以，我作为天然东西也是物质，而且按照以上所述，是组织起来的物质，它构成一个特定的整体，即**我的躯体**。

其次，无论是把天然东西与我统一起来，还是使它与我有一种关系，这都应该处于我的意志管辖的范围内。这种统一或这种关系涉及我的组织起来的躯体的各个部分，而我的躯体是实现我的意志的直接工具。因此，这些部分必须服从我的意志的支配，并且既然在这里谈的是空间中的关系，那么，这些部分作为部分而言，即它们与我的躯体这个整体有关系而言，必须是能够运动的，而且我的躯体本身在其与自然这个整体的关系中，也必须是能够运动的。由于这种运动应该依赖于一个自由地制定的、可以变得不确定的概念，所以必定有各式各样的运动。我把躯体的这样一种组织或机制称为环节或**肢体的接合**。如果我应该是自由的，我的躯体必定是由环节或肢体接合而成的。(关于这个问题,大家可以参看拙著《自然法权基础》第一编[14]。)

说　明

我们从各种观点出发,都能在我们周围妥帖地看到我们的研究是否取得了某种明确的结论,而在这里我们谈的是其中的一种观点。

在我们之内有一种追求天然东西的冲动,其目的是使这种东西与我们的天性具有一种特定的关系。这是一种在自身之外没有任何目的而以满足自己为宗旨的冲动,它可以单纯以此为满足。这种为满足而满足,叫做单纯的**享受**。

对我们来说,重要的是确信自然冲动的这种绝对性。每个组织起来的自然产物都以**它自身为目的**,也就是说,它完全是为了塑造形态而塑造形态,完全是为了这么塑造形态而**这么**塑造形态。因此,我们不仅要说,无理性的自然产物并不亲自**思考**它自身之外的任何目的——这是极其容易理解的,因为它根本不进行思考——,而且我们也要说,如果不在逻辑上前后不一致和在解释上
(I,5,124) 完全不正确,一位观察它的有理智的人就不能把任何外在目的附加给它。在自然中只存在内在的合目的性,而绝不存在**相对**合目的性。相对的合目的性是通过自由存在者在自然客体中能够设定并局部实现的随意目的,才产生出来的。就理性存在者而言,只要它是单纯的天然东西,只要它单纯为满足自己而满足自己,它的情况也完全如此;一个满足它的特定对象之所以存在,仅仅是因为它的天性要求的恰好是这样的对象。既然它会意识到它的渴望,那

么，它也必然会意识到这种渴望的满足；这种满足提供了乐趣，而这种乐趣就是它的终极目的。自然人并不是抱着维护与增强其体质的打算进食的，相反地，他之所以要进食，是因为饥饿折磨他，而食物则对他是美味可口的。在这里我们要作如下的说明。绝大多数分析感觉的人，尤其是门德尔松[15]，曾经用那种改善我们的身体状况的感觉来解释乐趣。如果这里谈的是单纯的感官快乐，而且身体的状况仅仅被视为有机组织的状况，那么，这种解释是完全正确的。一位叫做耶路撒冷的年轻人[16]对此提出了异议。他认为，即使我们的身体状况明显恶化，即使我们直接感觉到这种恶化，也会感到乐趣，例如，嗜酒者在刚开始陶醉时的那种乐趣*。有人会用所有这类例证说明，那种恶化仅仅涉及肢体接合的情况，但有机组织的状况对当前来说却总是变得更加良好，各个部分的运作与相互作用变得更加完善，机体与自然环境的交流也变得更加畅通。但是，按照已经作出的证明，一切感官快乐都涉及有机组织。肢体的接合**本身**，作为**实现自由的工具**，并不真正是自然的产物，而是自由实践的产物。关于这种乐趣给有机组织造成的**后果**，我们并
没有讨论，因为未来的事情是无法直接感觉到的。在这一点上，人 (I,5,125)
完全是植物。如果植物能反思，它在生长时就会感觉到自己是茁壮的。但它也能徒长，从而引起它的灭亡，而这并不会妨碍它感觉到自己茁壮生长。

我们是否完全屈服于这种追求单纯享受的冲动，是受我们的自由的控制的。对冲动的任何满足，只要是有意识地完成的，就必

* 参看他那本由莱辛编辑出版的《哲学论文集》，第 61 页。

然是靠自由完成的。躯体具有一种可以依靠自由,通过冲动发挥作用的机制。

只要人以单纯享受为目的,他就依赖于一种**给定的东西**,即他的现成存在的冲动对象。所以,他不是自足的,他的目的的达到还依赖于天然东西。但是,只要人进行反思,从而成为意识主体——按照以上所述,他**必然**对自然冲动进行反思——他就会成为自我,并在他之内表现出一种理性趋势,即**绝对依靠自己**,把自己规定为意识主体,规定为最高意义上的理智力量。

这里有一个重要问题:我的冲动是天然东西,我的趋势是纯粹精神,难道有两种不同的冲动吗?否。从先验观点来看,两者是同一种构成我的本质的原始冲动,只不过这种原始冲动是从两个不同的方面加以观察的。这是因为,我是主客统一体,我的真正的存在就在于两者的同一性和不可分离性。如果我把我自己视为一种完全由感性直观和逻辑思维的规律规定的**客体**,那么,这种实际上是我的唯一冲动的东西就对我变成了自然冲动,因为我在这个方面是天然东西。如果我把我自己视为**主体**,那么,我的唯一冲动就对我变成了纯粹的精神冲动或独立性的规律。自我的一切现象都
(I,5,126) 仅仅是基于这两种冲动的相互作用,它实际上只是**同一种冲动与其自身**的相互作用。这样就同时回答了下列问题:这种完全对立的东西作为两种冲动,怎么能出现在一种应该绝对统一的存在者中。两者其实也是统一的,而全部自我性就是基于两者表现为不同的东西。在两者之间划分界限就是反思。

能反思者依靠对反思的直观,高于被反思者;前者君临于后者之上,统摄后者。因此,能反思者、意识主体的冲动理应叫做**高级**

冲动,而由这种冲动规定的欲求能力就叫做高级欲求能力。

只有被反思者才是天然东西,能反思者则是与它对立的,因而不是什么天然东西,而是君临于一切自然东西之上。高级冲动作为纯粹精神存在者的冲动,指向为活动而活动的绝对自我规定,因而是与一切单纯消极地沉溺于天然东西的享受相反的。

但两者只构成同一个自我,所以两种冲动在意识范围里必须统一起来。事实将会表明,在这种统一中,必定在高级冲动方面扬弃了活动的纯粹性(通过客体的非确定性),在低级冲动方面扬弃了被当作目的的享受,于是,作为统一的结果出现了客观的活动,它的终极目的是绝对自由,是对于一切自然事物的独立性。这是一个无限的、绝对达不到的目的,因此,我们的课题只能是说明:为了逐渐接近这个终极目的,必须如何行动。只着眼于高级欲求能力,就会单纯得到道德形而上学,它是形式的和空洞的。只有把高级欲求能力与低级欲求能力综合统一起来,才得到一门伦理学,它必定是实在的。

§.10. 关于自由与高级欲求能力

I

我的天然东西本身的最终产物是冲动。我反思自己,即反思我的这个给定的天然东西,而它作为我的反思的直接客体只能是冲动。这里的重要问题在于我们完全规定这种反思。在这种情况下,我们必须考察这种反思的形式,这种反思的内容或对象以及两 (I,5,127)

者的相互结合。

首先，这种反思或它的形式的出现是绝对的；它绝不是自然的产物，它之所以出现，完全是因为它出现，因为我是自我。说到它的客体，我们并不需要提到我们的自然冲动是这种客体，而是仅仅需要提问我们的天然东西在何种限度内是它的直接客体。即使是对于这个问题，我们在上文中也已经顺便给出了这样一个答案：是在我不得不把某物视为属于我这个能反思者的限度内。这种反思和它的客体的联系在于，两者必定是同一个东西。由于另一个自我对我是不存在的，所以，我作为自然存在者对我本身也同时就是能反思者。这个自然存在者是实体，反思是这个实体的偶性，是自然存在者的自由的表现。在所述的反思中，我们就是这么设定的。关于这种联系的根据，普通意识的观点是绝不提问的。人们会用这种观点解释说，我本来就是这样一种具有给定的天然东西和对它的意识的存在者。但是，在这种情况下依然不可理解，甚至从普通意识的观点来看也必定不可理解，在性质完全不同，彼此独立不倚的东西之间的这样一种联系怎么竟然是可能的。就像我的天然东西应该是得到规定的那样，自然从自己方面也这样限制和规定某种东西，这是可以理解的；理智力量从自己方面构成并且以某种方式规定表象，这也同样是可以理解的；但是，自然和理智力量怎么能在它们彼此独立不倚的行动中符合一致，并且达到同样的结果，这却是不可理解的，因为既不存在理智力量赋予自然以规律的情况，也不存在自然赋予理智力量以规律的情况。对于前一种情况的肯定会建立起一种唯心主义，对于后一种情况的肯定则会建立起一种唯物主义。预定和谐的假设就像通常被设想的那样，是

否认这两种情况的，但就是按照它的看法，这个问题也仍然一如既往，没有得到回答。而我们已经从先验观点出发，回答了这个问题。绝不存在自在的或孤立的自然或天然东西；我的天然东西和为了解释我的天然东西而设定的一切其他天然东西都不过是一种发现我自己的特殊方式。我在理智世界里才受到限制，这种对我的原始冲动的限制当然限定了我对我自己的反思，并且反过来说，我对我自己的反思也限定了我的原始冲动；两种限定都是**为了我**，对于我的自我，绝对不可能谈得上有一种不是为了我的限定作用。按照先验观点，我们得到的绝不是一种两重的、彼此独立不倚的东西，而是一种绝对单一的东西，并且在不存在任何有差别的东西的地方，的确不可能谈得上有一种和谐，也不可能追问和谐的根据。(I,5,128)

然而，我们现在是立足于普通的观点，并且还在依照着这种观点继续走下去。通过上述反思，自我摆脱了一切要在自我之外存在的东西，把自己置于自我自身的支配之下，并且把自己树立为绝对独立的。因为能反思者是独立的，仅以自身为转移：而被反思者与能反思者是同一个东西。这并不像有人在乍看起来时会认为的那样，单纯意味着自我从这个反思的观点开始观照自己，但也只是拥有观照活动而已。倒不如说，这是要肯定，如果没有理智力量本身的能动规定作用，从这个反思的观点出发就不可能在自我中产生任何东西。能反思者与被反思者是统一的，并且展现出一个唯一的、不可分离的人的形象。被反思者把实在的力量注入这个形象，能反思者把意识注入这个形象。如果不使用概念，不依据概念，这个形象从现在开始就不能做任何事情。

以概念为根据的实在性，被我们称为自由的产物。如果不以自我本身关于实在性的概念为依据，就不能从上述观点出发，认为自我有什么实在性。因此，从这个观点出发，自我是自由的，由自我造成的一切东西也是这种自由的产物。

这是一个重要的观点，因为立即澄清自由学说是我们当前的打算。自然序列中的每个环节都是预先确定的，它的存在符合于机械性的规律或有机性的规律。如果人们完全知道事物的性质和事物遵循的规律，人们就能永远预言事物将会怎样表现出来。但是，从自我已经成为自我，并且确实仍然不失为自我的那个时刻起，在自我中将要出现的东西就不是预先确定的，而是绝对无法确定的。绝对不存在任何这样一种规律，按照这种规律就可以完成和预见自由的自我规定，因为这样的自我规定取决于理智力量的规定作用，而理智力量本身是绝对自由的，是真正的、纯粹的活动。自然事物的序列是连续的，其中的每个环节都完全起着它所能起的作用。自由规定的序列则是由飞跃组成的，仿佛是以不规则的颤动方式进行的。假如你们设想这种序列中的一个环节是确定的，并且称它为A，那么，从A出发就会有许多的可能性，但并不是所有的东西都是可能的，而是仅仅出现了其中的一个特定部分＝X。在自然事物的序列中，一切东西都是在严格的链条中联贯起来的；在自由规定的序列中，联贯性则在每个环节中都有中断。在
(1,5,129) 前一种序列中，每个环节都可以得到解释；在后一种序列中，任何一个环节则都无法得到解释，因为每个环节都是根本的和绝对的环节。在前一种序列中通行的是因果性的规律，在后一种序列中通行的则是实体性的规律，这就是说，每个自由的决断都是实体性的，都像它原来那样，是绝对自主的。

超出上述反思，我就能不再受到自然必然性的推动，因为超出这种反思，我就不再是自然必然性链条的一个环节。这个链条的最终环节是冲动，但也不过是一种在精神存在者中本身不具有任何因果性的**冲动**，因此，自由甚至于可以从自然哲学出发加以理解。自然的因果性有其界限；超越了这个界限，即使还应该有因果性，也必然是有另一种力量的因果性。随着冲动产生的结果，并不是由自然造成的，因为自然的作用仅仅以冲动的产生为限。这种结果虽然是我用一种来自自然的力量造成的，但这种力量却不再是**自然的**力量，而是**我的**力量，因为支配它的是超越一切自然的东西的原则，是概念。我们拟将这方面的自由称为**形式的**自由。我靠这种自由做的事情，就是我单纯靠意识做的事情。因此，虽然有人可能会毫无例外地遵循自然冲动，然而从形式自由的意义上说，如果他单纯靠意识，而不靠机械作用去行动，他也仍然可以说是自由的，因为他的行动的最终根据可以说不是自然冲动，而是他对自然冲动的意识。我并不知道，有人好像已经精心研究过关于这方面的自由的概念，但这种自由毕竟是一切自由的根源。也许正是由于这个原因，才产生了许多错误和对于这种自由学说的不可理解性的抱怨。

附　　论

没有一个反对自由主张的人会否认，他意识到了他不能为之指出任何外在根据的情况。目光敏锐的人们说，我们也决没有意识到这些情况有任何外在根据，而是仅仅意识到我们没有意识到这些根据，（就像我们即将谈到的对于自由的直接意识那样。）这些人进一步作出推论说，从我们没有意识到这些根据的事实并不能得出那些情况没有什么起因的结论。（在这里，那些情况首先变成了超验的。说我们根本没有能力设定某物，对我们来说的确
(1,5,130) 意味着这个某物**是**不存在的。但是，关于一种没有意识的存在可能意味着什么，先验哲学不仅毫无概念，而且能清楚地说明，这样的某物是毫无意义的。）不过，这些人继续说，既然一切东西都有其起因，那么，我们的自由想像的决断也有其起因，尽管我们没有意识到这种起因。在这里，他们显然**假定**了自我属于自然规律的序列，而且他们假装自己能**证明**这一点。他们的证明是一个可以理解的循环论证。虽然自由的捍卫者在自己方面也不过能假定一种自我性，在这种自我性的概念中当然包含着自由不服从自然规律的意思，但他却在一方面比他的反对者们拥有决定性的优势，那就是他能真正制定一种哲学，在另一方面他拥有他的反对者们所不了解的直观能力。他的反对者们只是一些能够进行严密的逻辑思维的人，而完全缺乏直观的能力。大家不必批评他们，而是应该在自己可能做到的时候开导他们。

II

根据以上所述的一切，我**是**自由的，但我没有把自己设定为自由的；我对于在我之外的一种理智力量是自由的，但对于我自己不是自由的。而只有在我这么设定自己的时候，**我**才是某物。

首先，要把我设定为自由的，需要什么条件呢？在我意识到我从不确定性到确定性的过渡时，我把自己设定为自由的。在我拥有行动能力的限度内，我察觉自己是不确定的。在对于这种情况

的反思中，想像力在两个对立的规定之间的内在摆动表现出了这种不确定性。在这种情况下，便开始了对我的自由的知觉。我这时规定我自己，而反思也同时一起得到规定。我规定我自己；这个进行规定的自我是哪个自我呢？毫无疑问，是一个从能反思者与被反思者的统一中产生的自我。同一个自我在同一个未分割的活动和同一个外观中也同时是得到规定的自我。在自由的意识中，客体与主体是完全同一的。（目的）概念直接变为行动，行动直接变为（认识）概念（对于我的自由的认识概念）。（大家可以参看第92页及以下。）如果有人否认自由会是意识的客体，他是完全正确的。自由当然不是在不要有意识者的作用下自行发展的某物，好像有意识者在这种情况下也只有观照活动。自由不是客体，而是有意识者的主客统一体。从这个意义上说，人们自动脱离犹豫状 (I,5,131)
态，树立起确定的目标，当然会通过这种行动直接意识到自己的自由；之所以如此，是因为人们树立起了这种目标，尤其是在这种目标虽然与我们的一切偏好背道而驰，但仍然为了职责被选定的时候。但是，要达到这种意识，却需要坚强的意志和真挚的直观。有一些人，他们实际上并没有真正的意志，而总是让自己受盲目偏好的推动；正因为如此，他们也没有真正的意识，因为他们从来都没有自动地创造、规定和调整自己的表象，而是单纯长期做梦，为模糊的观念联想过程所左右。我们在谈到对于自由的意识的时候，并不是在谈这类人。

由此可见，对于我的不确定性的意识是意识到我那种靠自由活动进行的自我规定的条件。但不确定性不仅是无规定性（=0），而且是一种在许多可能的规定（=负数）之间的犹豫不决的摆

动,因为如果不是这样,这些规定就不可能被设定,而会是子虚乌有。迄今为止,都让人无法看出,自由应该如何指向许多可能的规定,应该如何被设定为指向这些规定。除了自然冲动,自由的应用就没有任何其他客体。如果出现了自然冲动,那就没有任何根据说明它为什么不应该通过自由加以遵循,但是确有根据说明它会加以遵循。或者,如果有人想说,也许有许多冲动会突然发挥作用——但按照当前的观点,我们也没有什么根据作这种假定——那么,较强的冲动就会起决定作用;由此可见,任何不确定性又都是不可能的。(冲动不会成为意志规定的原因;按照以上所述,冲动绝对没有能力这么做。但是,自由始终会恰恰成为自然冲动在有因果性时能够引起的那种东西的原因,自由将完全为自然冲动效劳,并延续自然的因果性。)自由存在者处于这样一种状态中,这种状态虽然作为**原始状态**不能成为现实,但作为**派生的状态**却能成为现实,就此而言,人们认为自由存在者有**一种偏好**,它因为预先不存在任何反思和任何不确定性,而有理由被称为**盲目**偏好;这是自由存在者本身既没有意识到,也不可能意识到的偏好。

但是,只有我意识到我是自我,即意识到我是自由独立的,我才是自我。这种对我的自由的意识制约着自我性。(这就使我们
(I,5,132) 将要演绎的东西成为普遍有效的;因为事实表明,理性存在者如果没有对这种自由的全部意识,因而没有自己存在的条件,就是完全不可能的,而且既然对道德原则的意识属于这种条件,那么,理性存在者如果没有这种意识,也是完全不可能的;由此可见,这种意识绝对不是某种偶然的东西和外加的补充,而是在本质上属于理性的。当然有可能,对自由与道德原则的意识有时在很大程度也

许会变得模糊不清，人也会沦为机器；关于造成这种结果的原因，我们在下文中将会指出，而在这里我们只肯定一点：任何人若没有任何道德感，就绝对不可能存在。）

既然在自我中包含的一切东西都是用一种冲动加以解释的，那么，就必定有一种要意识到这种自由的冲动（它必定存在于自我的原始冲动中）；因此，也必定有一种要达到这种意识的条件的冲动，而这样一种意识的条件就是不确定性。如果自我仅仅遵循自然冲动，不确定性则是不可能的。因此，这里应该有一种完全不涉及并且违背自然冲动而规定自己的冲动；行动的内容根本不能取自自然冲动，而是只能取自行动本身。既然我们要涉及对自由的意识，这样一种冲动就应该是为自由而争自由的冲动。

我把这种不同于上述自由的自由称为实质的自由。形式的自由仅仅在于，出现新的形式原则，新的力量，结果序列中的内容则丝毫没有改变。虽然这时行动的已不再是自然，而是自由存在者；但自由存在者造成的结果与自然可能造成的结果恰好一模一样，如果自然也还能行动的话。实质的自由则在于，不仅出现了新的力量，而且就行动的内容来说，也出现了崭新的行动序列。从这时起，不仅理智力量造成的结果，而且这个行动系列造成的结果也与自然可能造成的结果完全不同。

我们必须严格推演和详尽描述我们指出的这种冲动，并表明它可能怎样表现出来。

III

首先，我们要推演这种冲动。在以前已经证明，如果没有这样一种冲动，对自我性的自我意识就是不可能的，因为如果那样，对于制约这种自我意识的不确定性的意识就是不可能的。这曾经是这样一种冲动的间接证明。但是，如果不是为了可靠，而是为了应
(1,5,133) 该由此得出的结论，则必须用自我概念本身，作出直接的证明，即起源方面的证明。

我已经说过，自我通过对它自身作为自然存在者所进行的绝对自由的反思，而完全支配了它自身。我在这里只需要更明确地阐述这个命题，并完成需要作出的证明。

首先，那种绝对自由的反思作为第一种反思是一种完全在自我中有其根据的行动。我说的是**行动**。但是，被反思的和当然被认为属于自我的自然冲动却在与那种活动的关系中是一种受动，是某种给定的、在没有自由活动的作用下存在的东西。人们首先应该考虑到，为了解释对于作为行动的第一种反思的意识，就必须设定对于从事第一种反思的能反思者的一种新反思，并且人们应该考虑这第二种反思。既然我们撇开了被反思者、自然冲动，那么，第二种反思就只包含着在第一种反思中出现的纯粹绝对活动；唯独这种纯粹绝对活动才是真正的自我。冲动作为某种外来的东西被设定为纯粹绝对活动的对立面；冲动虽然属于自我，但并不**是**自我。纯粹绝对活动才是自我。我们刚才单纯为了能表达自己的意思，不得不把两种反思分开，大家可不要像我们做的那样，首先把这两种反思设想为实际上相互分开的。其实，两种反思是同一种行动。自我通过内在的自我直观，直接意识到自己的绝对活动；没有内在的自我直观，自我就根本无法让人理解。其次，人们应该注意，通过第二种反思（我不得不继续把两种反思分开），那个没

有这种反思就只能是特定反思活动的东西变成了**一般的活动**，因为这时确实撇开了反思的客体（通过客体，反思才变成反思）。单纯**理想的**活动即对给定的东西的反思，单纯**实在的**活动即对应该被给定的某物的绝对规定，这两者之间的区分是在后来作出的。

我想更扼要地、因而也许更明确地把这层意思表达出来。从反思出现了一种新的力量，它靠它自己延续了自然的趋势。这是我们在以前就看到的。现在这种新的力量则应该是**为我**出现的，我应该按当前的要求意识到它，把它当作一种特殊的力量。而这只有在下列条件下才是可能的：我设想它脱离了冲动的支配，也就是说，我假定它能不遵循冲动，而对抗冲动。这种对抗仅仅被设定为一种能力，并且在我们像必然要做的那样，把它视为自我中固有的和本质的东西时，它也被设定为一种**冲动**。正因为如此（这也从另一方面增强了证明的力量），通过这种相反的冲动，自然的影 (I,5,134)
响作用也就变成了单纯的**冲动**，因为如果不是这样，它就会是因果作用。

因为这种自我的冲动仅仅是作为纯粹的冲动包含在自我中的，所以我们想把它称为**纯粹**冲动，而另一种冲动则应保留其原有的名称，即称为自然冲动。

我们只需要考察两种冲动的相互关系，就可以看到，这两者是怎样表现出来的，尤其是我们这里着重讨论的纯粹冲动是怎样表现出来的。首先，自然冲动**作为恰好如此**得到规定的冲动，对自我是**偶然的**。从先验观点来看，它是我们受到限制的结果。我们一般都受到限制，这确实是必然的，因为如果不是这样，任何意识都会是不可能的。但是，我们**恰好这样**受到限制，这却是偶然的。与此相反，纯粹冲动在自我中是本质的东西；它是在自我性**本身**建立起来的。正因为如此，它存在于一切理性存在者中，由它产生的东西对一切理性存在者都是有效的。其次，纯粹冲动是一种高级冲动，它按照我的纯粹本质，把我提高到自然之上，并且向这个时间上的经验存在者提出了这样的要求：我也把我自己提高到自然之上。因为自然有因果性，是一种也与我有关的力量；自然在我之内创造了一种冲动，它指向单纯形式的自由，表现为偏好。但按照高级冲动来说，这种力量对我没有任何**支配作用**，也不应该有任何支配作用；我应该完全不依赖于自然的推动而规定我自己。这不仅使我与自然分离开，而且也把我提高到了自然之上。我不仅不是自然序列中的环节，而且还能独立自主地干预自然序列。由于我发现自然力量在我之下，这种力量就成为某种不受我尊重的东西。因为我所尊重的东西，是我为了与它保持平衡，必须对它使用我的全部能力的东西；而我所不尊重的东西，则是不需要对它使用这种能力的东西。对待自然就是如此；这是一种决断，并且我是君临于自然之上的。如果我自暴自弃，变成我不能尊重的东西的一个组成部分，那么，从更高的观点来看，我就不能尊重我自己。所以，在与那种使我陷入自然因果性序列的偏好的关系中，高级冲动表现为这样一种冲动，这种冲动给我提供尊重感，要求我尊重自己，并且给我规定了一种高于一切自然事物的尊严；这种冲动绝不以享
(1,5,135) 受——无论是什么样的享受——为目的，而以贬低一切享受为目的；这种冲动藐视享受本身，仅仅以维护我的尊严为宗旨，而我的尊严就在于绝对的独立不倚和自力更生。

§.11. 对于兴趣概念的初步研讨

我们现在要从事一项重要而艰巨的研究。与我们通常的习惯相反,在这里除了做系统的整理以外,对于我们希望用以阐明这项研究的一个概念作出初步的研讨,几乎变成了必须做的工作。

某些事情对我们完全无所谓,另一些事情则使我们发生兴趣,这是客观存在的事实。可以假定,刚才对这件事实所作的表述对每个人都会是能够理解的。乍看起来,对我无所谓的事情与我的冲动决没有任何关系,但严格地说,这是不可能的,所以那种事情也不过是与我的冲动有一种间接的、未被我察觉的关系。与此相反,使我感兴趣的事情则与我的冲动必然有一种直接的关系,因为兴趣是被直接感觉到的,而绝不能由任何理性根据创造出来。逻辑证明不可能使人对某物感到高兴或感到苦恼。间接的兴趣(对于作为适用于特定目的的手段的某种东西的兴趣)是以直接的兴趣为基础的。

说某种东西与我的冲动有直接的关系,是什么意思呢?冲动本身不过是感觉的对象;因此,与冲动的直接关系也不过是被感觉到的。由此可见,说对于某种东西的兴趣或关切是直接的,就意味着先于和不依赖于一切推论,而感觉到这种东西与冲动的和谐或不和谐。

但是,我只感觉到我自己;所以,这种和谐或不和谐必定存在于我之内,并且不是任何别的东西,而只能是我自己与我自己的和谐或不和谐。

还可以从另一方面来看这件事实。一切兴趣都是以对于我自己的兴趣或关切为中介的,也不过是对于我自己的这种兴趣或关切的变化形态。一切使我感兴趣的东西,都与我本身有关系。在任何享受中我都感到愉悦,在任何难受中我都感到痛苦。这种对我自己的关切究竟是从什么地方产生的呢?只能产生于冲动,因为一切兴趣或关切仅仅由此而来,或具体地说,是以下列方式产生的:我的根本冲动作为纯粹的存在物与经验的存在物,使我自己的这两种极其不同的组成部分合而为一,是追求原始的、在纯粹理念中得到规定的自我与现实的自我的一致性的冲动。这种原始冲动,即纯粹冲动与自然冲动的结合,是一种确定的冲动,直接以某些东西为目的;如果我的现实状态与这种要求相符合,则出现愉悦,如果我的现实状态与原始冲动相矛盾,则出现不愉悦,两者无非是对于我的现实状态与原始冲动要求的东西的和谐或不和谐的直接感觉。

(I,5,136)

作为低级欲求能力的出发点的冲动,真正说来,无非是塑造我们的天性的冲动。这种冲动指向独立自主的存在者,因为这种存在者必须把这种冲动与自己综合统一起来,将其自身设定为受驱动的。这种冲动通过渴望表现出来。渴望存在于什么地方呢?不是存在于自然中,而是存在于意识的主体中,因为渴望是被反思到的。渴望指向的东西无非是自然冲动中存在的东西,是外部世界与我的躯体的物质关系。假定这种渴望会得到满足,对于它是由自由活动,还是由偶然性得到满足的,我们允许悬而不决,那么,毫无疑问,这种满足会被知觉到。为什么我们不单纯满足于冷静的认识判断,说“我的躯体像我们所谈的植物那样成长与发育”,而是满足于另一类判断，说“我们感到愉悦”呢？

原因在于，我的根本冲动直接以后一类判断为目的，而且也得出了这样的判断。使我的根本冲动得到满足并且产生愉悦的东西，是现实东西与根本冲动的要求的和谐。

纯粹冲动的情况则完全不是这样。它是一种为活动而活动的冲动，由于自我在内部直观自己的绝对能力，才出现了这种冲动。所以，在这里没有像在上述情况下那样，单纯发生对于冲动的感觉，而是发生了一种直观。纯粹的冲动不是作为一种影响出现的；自我并不受到驱动，而是自己驱动自己，并在其自身的这种驱动中直观自己。只有在这个限度内，才谈得上有一种冲动。（大家应该回想起我们在本书第47页和第47页以下所谈的东西。）这里所述的冲动的目的，在于察觉行动的自我是独立自主的和自己由自己规定的。我们不能说，这种冲动就像从自然冲动产生的那样，是一种渴望，因为它的目的并不是某种可望从自然恩惠得到的、不依赖于我们自身的东西。它是一种绝对的要求。我可以说，它是强烈地出现在意识里的，因为它不是以单纯的感觉，而是以直观为基础。

(I,5,137)

我们可以设想自我处于行动状态。显而易见，自我是依靠它自身，而不依赖于自然冲动及其要求规定它自己的，因为它 formaliter［在形式方面］是自由的。在这种情况下，或者出现了一种本该按照高级冲动的要求出现的规定，于是，冲动的主体与现实的行动者双方是和谐的，并且产生了——恰好发生了本该发生的事情——赞同感；或者出现了相反的规定，于是产生了带有藐视态度的不赞同感。在这里无法让人谈到尊重。我们必须尊重我们的更高的天性及其要求；在经验自我方面，只要我们一定不藐视自己，也就足够了。经验自我从来都不具有积极的尊重感，因为它从来都不能使自己基于高级冲动的要求。

在这里我们还要谈一个问题。感觉产生于一种限制或规定性，但在这里，无论是在要求方面，还是在要求的满足方面，都只有行动。在这种情况下怎么能出现一种感觉呢？双方的和谐并不是行动；和谐本身出现于没有我们积极参与的条件下，是一种确定的状态，并且是被感觉到的。由此也可以看出，大家切勿这样理解我们的意思，好像我们会肯定对于一种直观的感觉，其实，这是绝对荒谬的。直观与一种冲动的要求有和谐关系，两者的这种和谐是被感觉到的。（这个说明同样重要。假如事情不是如此，也就不可能有任何审美感，它同样是对于一种直观的感觉，并且处于我们这里所述的两种感觉的中间。）

这种赞同或不赞同现在会是冷静的、单纯的认识判断呢？还是必然与兴趣结合起来呢？显然是后者；因为对于经验自我的绝对独立性以及经验自我与这种独立性的符合的要求，本身就是**原始冲动**。如果经验自我符合于其绝对独立性，冲动就得到了满足；如果经验自我不符合于其绝对独立性，冲动就依然没有得到满足。因此，那种赞同必然与愉悦结合起来，而那种不赞同则必然与不愉悦结合起来。我们是否一定藐视自己，对于我们不可能是无所谓
(I,5,138) 的。但这种愉悦却与享受没有丝毫关系。

就我是**自我**，即我是自由的而言，现实与自然冲动的符合，并不取决于我自己。所以，从这种符合产生的愉悦是一种把我与我自身分离、使我对我自身异化的愉悦，我在其中忘却了我自己。这

是一种无意得到的愉悦，它的最后一个标志最清楚地表现了它的特点。相反的感觉，即难受或痛苦，也恰好同样如此。但在与纯粹冲动的关系中，现在的这种愉悦及其根据不是某种外来的东西，而是某种取决于我的自由的东西，我可以按照规则期待这种东西，却不能期待那种外来的东西。所以，这种愉悦并未使我出乎我自身之外，而是使我返回我自身之内。它是满足感；它从来都不是提供给追求感官快乐的人们的；它不大肆声张，而是发诸内心；它同时也提供了新的勇气和新的力量。与此相反的感觉是懊恼、内疚；（它从来都不是提供给追求感官痛苦的人们的；）它带有对自己的藐视；之所以如此，恰恰是因为它取决于我们的自由。如果不是向我们又不断提出规律对我们的要求，如果不是这种要求出于我们自身，因而又至少为了我们的高尚品格而给我们增添了勇气与尊重感，如果不是懊恼本身为我们毕竟还能左右它的感觉所削弱，我们那种必定要藐视自己的感觉就会令人不堪忍受。

我们在这里所述的感觉能力——它也可以被恰如其分地称为高级感觉能力——就叫做良心。实际上存在的是良心的平静或良心的不安、良心的责备或良心的安宁，但绝不存在一种良心的愉悦。良心这种名称是选得很好的，它仿佛表示了对于意识赖以存在的必要条件的直接意识，表示了对于我们的更高天性和绝对自由的意识。

§.12. 一门适用伦理学的原则 (I,5,139)

自然冲动单纯为了物质而指向某种物质的东西，即为了享受而指向享受;纯粹冲动则指向行动者本身对于自然冲动的绝对独立性,即为了自由而指向自由。如果纯粹冲动有因果性,那么,这也只能暂且被设想为这样:按照纯粹冲动,并不是单纯出现了自然冲动要求的东西,因此,能够从纯粹冲动出现的,除了内在行动、自我规定以外,仅仅是无所作为和玩忽职守,而绝不是什么积极的行动。

所有单纯 formaliter[从形式方面]研讨伦理学的人们,假如能推勘到底,则像那些教导我们要把自己融合于上帝(像在下文中将会看到的,给这个命题奠定基础的当然是某种真正的和崇高的东西)的神秘主义者一样,只能达到一个结果,那就是自我的不断否定自己,自我的完全毁灭与消失。

但是,如果我们详细考察刚才推出的结论,并想对它作出规定,我们就会看到它悄然化为乌有。指向意识主体的上述纯粹冲动的要求在于,我应当能在一种反思中把自己设定为自由的。因此,我当然应该把我的自由设定为某种积极的东西,即现实行动的根据,而绝不应该设定为无所作为和玩忽职守的根据。由此可见,我作为反思者将必须把意志的某种规定与作为规定者的我联系起来,并把这种意志仅仅从自我规定推导出来。所以,这种加以联系的意志是某种在我们之内可以知觉的客观东西。而所有客观的东西都仅仅是作为感性的自然存在物属于我们的,通过单纯的客观化,我们自己被置于这个领域。或者,我把这个一般得到充分的认识和足够的证明的命题,从与当前情况的特定关系方面陈述如下:一切现实的意志都必然指向一种行动,而我的一切行动都是涉及客体的行动。但在客体世界中,我仅仅是靠自然力量行动的,这种力量仅仅通过自然冲动给予了我，也不过是在我之内的自然冲动；这是自然对其自身的因果性，自然不再作为僵死的和无意识的自然专门控制这种因果性，而是我通过自由的反思，使这种因果性受到**我**（理智力量）**的**控制。因此，一切可能的意志的最直接的客体 (I,5,140) 都必然是某种经验的东西，是我的感性力量的某种规定，它是由自然冲动赋予我的；由此可见，这种客体是自然冲动要求的某种东西，因为自然冲动仅仅是靠其要求而赋予我的。所以，任何可能的目的概念都以满足自然冲动为宗旨。（一切现实的意志都是经验的。纯粹的意志绝不是什么现实的意志，而是一种单纯的理念，是出自理智世界的绝对东西，它只能被设想为解释经验事物的根据。）

按照以上所述的一切，将几乎不可能这样理解我们的想法，好像我们主张自然冲动本身创造了意志。**我**有意志，自然则没有意志；但就内容而言，假如自然会有意志，那么，我能希求的就不可能是任何别的东西，而只是自然也会希求的东西。

这虽然没有扬弃追求绝对的、实质的自由的**冲动**，但完全扬弃了这种冲动的**因果性**。这时剩下的东西实际上只是**形式的**自由。我虽然发现自己受到驱动，去做某种仅仅在我之内有其实质根据的事情，但我确实从来都没有，也绝不可能做某种不为自然冲动所要求的事情，因为自然冲动穷尽了我的全部可能的行动。

但在这时却不可废除纯粹冲动的因果性，因为只有我设定这种因果性，我才能把我设定为自我。

我们陷入了一种矛盾境地，它很引人注目，因为上述两个命题把矛盾的东西确立为**自我意识的条件**了。

怎样解决这个矛盾呢？按照综合的规律说，只能用这样的方式：行动的内容必须同时在同一个行动中符合于纯粹冲动和自然冲动；两者必须是统一的。两者正像在原始冲动中是统一的一样，在现实的行动中也是统一的。

对此只能作这样的理解：行动的目的、概念在于达到完全摆脱自然；但行动符合于并且永远符合于自然冲动，却不是我们的自由制定的行动概念的结果，而是我们的限制作用的结果。解释我们行动的内容的唯一根据，在于结束我们对自然的依赖性，尽管所要求的独立性从来都没有出现过。纯粹冲动指向绝对独立性，如果行动同样指向绝对独立性，即处于一个必定会使自我独立不倚的连续序列中，行动就是符合于纯粹冲动的。但按照已经作出的证明来说，只要自我不失为自我，自我就在这时绝不可能变得独立不倚。由此可见，理性存在者的终极目的必然是在无限中，是一个虽然无法达到，但理性存在者应当凭其精神本性不断接近的目的。

(I,5,141)

（我在这里必须考虑一种反对意见。如果它不是由头脑健全、对先验哲学有所了解的人们提出来的，我当然不会认为它是可能成立的。这些人们问道，我们怎么能接近一个无限的目标呢？与无限相比，任何有限的数量不是都消失不见，变为虚无了吗？抱有这种疑问的人们以为，我谈的是作为自在之物的无限。其实，我是为我自己接近无限的，而我从来都不能把握无限。所以，在我眼前总是有一个确定的目标，我无疑能接近它，即使在达到这个目标以后，根据我的全部本质与认识由此达到的完善程度，我的目标也被推移到远方；因此，在这幅无所不包的画面上我从来都不能达到无限的东西。我的目标在无限中，因为我的依赖性是一种无限的依赖性。但我从来都不能把握这种无限的依赖性，而只能把握它的一定范围，在这个范围内我无疑能使自己成为自由的。)

必定存在着这样一种序列，在这种序列的延续中我能设想自己是被包含在逐渐接近绝对独立性的过程里的，因为只有在这个条件下，才可能有纯粹冲动的因果性。这种序列从人的天性给人安排的那个最初的地方开始，就必然注定了要向无限的东西超越；当然，这是在理念里。由此可见，在任何可能的情况中，纯粹冲动在所有这些条件下要求的东西都是已经确定的。我们可以把这种序列称为完成有限理性存在者的道德使命的过程。尽管这种序列本身现在尚未被认识，但刚才已经证明，这种序列必然会出现。所以，我们能够很稳妥地立足于这块基地。因此，我们必须将下列命题确定为伦理学的原则："纵然你的使命究竟是什么"这个问题尚有待于回答，你也总是要完成你的使命。如果有人把这个命题说成"你要全部完成你的使命"，这就同样意味着，达到上述终极目的的过程是无穷无尽的，因为我们的全部使命绝不可能在任何时间中完成。(神秘主义者的错误的产生，是由于他们把无限的、在任何时间中都达不到的东西想像为在时间中能够达到的。个人的 (I,5,142)
全然堕于或融于绝对纯粹的理性形式或上帝，诚然是有限理性的终极目标，不过在任何时间中都是不可能的。)

个人在时间中具体地完成其任何一次使命的可能性，当然都是以自然本身为基础，是在自然中给定的。自然冲动与我们制定的原则的关系在于：在每个时刻，某种事情都符合于我们的道德使命，这种事情同时也是自然冲动(只要它是自然而然的，没有用破产的幻想粉饰起来)所要求的；但是，绝对不能得出结论说，自然

冲动要求的一切东西都符合于我们的道德使命。单独来看，自然冲动的序列是＝A、B、C等等，个人的道德使命也许从B只取了一个部分，并使之成为现实；先行的东西不同于单纯通过自然就会存在的东西，因此，甚至随B而来的自然冲动也将不同；但道德使命也许以这种形态从随B而来的自然冲动只取了一个部分，如此类推，以至无穷。但在任何可能的使命中，两种冲动都要部分地会合起来；只有这样，道德原则在其实际执行的过程中才是可能的。

更明确地分析两种冲动的相互关系，是符合于我们的研究目的的。首先，高级冲动表现为当前所述的伦理冲动，而绝不表现为纯粹冲动，也就是说，不表现为指向绝对独立性的冲动，而表现为指向特定行动的冲动；然而，当冲动被提高为明确的意识，所要求的行动被详细研讨时，则从特定的行动可以看出，所要求的行动是包含在我们所述的序列里的。因为刚才已经表明，冲动作为纯粹的冲动，作为指向单纯否定的冲动，根本不可能达到意识。我们反正意识不到这种否定，因为它什么都不是。这是连经验也证明了的事实；我们觉得自己被迫做这件或那件事情，而责备自己没有做成某种事情。这有助于纠正错误，体谅那些既否认对绝对命令的意识（这将在下文谈到），也否认对纯粹冲动的意识的人们。彻底

(I,5,143) 的先验哲学也不主张有这样的意识。纯粹冲动是某种处于一切意识之外的东西，是解释意识之内的某种东西的单纯先验根据。

如我们已经看到的，伦理冲动是一种混合冲动，它从自然冲动获得它所指向的内容，也就是说，与它综合统一起来并且融为一体的自然冲动指向它也至少部分地同样指向的同一个行动。但它仅仅从纯粹冲动获得形式。它像纯粹冲动那样是绝对的，并且要求

做某种事情，而绝对没有任何在它自身之外的目的。无论它是什么样的，它都绝对不以某种享受为目的。（它所要求做的一切事情的终极目的是完全的独立性。但这种完全的独立性的目的又是什么呢？是享受呢，还是某物呢？全然不是。它以它自身为目的。它之所以应被当作目的，全然是因为它理应如此，因为我是自我。大家在达到这个目的的路途上感到的内在满足，是某种偶然的东西。冲动并不产生于内在满足，倒不如说，是内在满足产生于冲动。）

伦理冲动要求受到尊重；对它的听从或不听从引起了赞同或不赞同、自我满足感或最令人痛苦的自卑感。它是积极的，诉诸一种确定的行动。它是普遍的，涉及一切可能的自由行动，并且按照在上文中严格划定的界限，涉及自然冲动的一切得到意识的表现。它是独立自主的，在任何时候都自己给自己制定目的，以绝对因果性为宗旨，并且与自然冲动处于相互作用状态，因为它从自然冲动得到的也不过是内容本身，而绝不是需要追踪的目的，并且它从自己方面赋予自然冲动以形式。最后，它颁布绝对命令。它所要求的东西都是作为必然的东西被要求的。

§.13. 伦理学的划分

伦理冲动要求为自由而自由。谁没有看出自由一词在这个命题中有两种不同的意义呢？在前一个自由中说的是应该被创造出来的客观状态，也就是绝对终极目的，是对我们之外的一切事物的完全独立性；在后一个自由中说的是行动本身，而不是什么真正的

(I,5,144) 存在，简言之，说的是纯粹主观的东西。我为了成为自由的，我必须自由地行动。

但是，甚至对于后边出现的自由概念，也应该再作划分。关于自由行动，我们可以提出这样的问题：它要成为自由的，必须怎样完成呢？按照自由的形式和内容来说，必须完成什么事情呢？

关于自由的内容，我们迄今研究过的是行动必定处于这样一种序列中，通过这种序列的无限延续，自我会成为绝对独立的。现在我们想考察的是自由的方式或形式。

我应该自由行动；这就意味着，我作为设定起来的自我，作为理智力量，应该规定我自己。因此，我应该依据对于我的绝对自我规定的意识，深思熟虑地行动。只有这样，我作为理智力量才会自由行动；否则，我就会盲目行动，好像我是受随机东西的驱动的。

我作为理智力量应该按一定的方式行动，也就是说，我应该意识到我恰好这样行动的根据。这种根据一定不是别的，因为它只能是我们所述的序列包含着这种行动的根据，换句话说——因为这里谈的只是哲学的观点，而绝不是普通意识的观点——只能是这种行动成为职责的根据。由此可见，我应该单纯按照关于我的职责的概念去行动，仅仅让自己由那种认为某事是职责的想法来规定，而绝对不由任何其他想法来规定。

关于这个问题，我们还想说几句话。假如上述命题不是自相矛盾的，并且某种合乎道德而纯属冲动的东西是可能存在的，那么，伦理冲动就不应作为单纯的盲目冲动对我有规定作用。我们在这里又得到了在上边已经说过的东西，不过这种东西进一步得到了规定。我们在上边已经指出，追求独立性的冲动指向理智力量本身;理智力量作为理智力量应该是独立自主的;不过,只有它用概念而绝对不用任何冲动规定自己,它才是独立自主的。由此可见,冲动的目的在于既拥有因果性又不拥有因果性;仅仅由于它要求理智力量应该是自由的,因而不拥有因果性,它才拥有因果性。如果它是冲动,它就仅仅是自然冲动;但它作为伦理冲动不能是这样,因为让自己接受盲目冲动是与道德性矛盾的,是不合乎伦理原则的。(例如,同感、同情和仁爱的冲动。在适当的时候将会表明,这些冲动虽然是伦理冲动的表现,然而是与自然冲动混合起来的,就像伦理冲动总是混合冲动那样。凡是靠这些冲动行动的 (I,5,145) 人,他的行动虽然合法,却绝对不合乎道德,而是在这个限度内违背了道德。)

在这里才出现了绝对命令;作为绝对命令存在的,应该是概念,而绝不是冲动。因为冲动并不是绝对命令,而是冲动促使我们给自己构成绝对命令,促使我们说某种事情绝对应该完成。绝对命令是我们自己的产物;而它之所以是我们的产物,是因为我们是能制定概念的存在者或理智力量。

按形式来说,这就使理性存在者在意志规定中完全摆脱了一切不属于理性存在者本身的东西。内容并不规定理性存在者;它据以规定自己的,并不是关于某种纯属内容的东西的概念,而是关于绝对命令的单纯形式的和在它自身制定的概念。这样,我们就又在现实中得到了理性存在者,就像我们原初把它树立为绝对独立自主的那样,而一切原初的东西都又必定会在现实中显现出来,只不过带有许多附加的东西和其他的规定。只有出于职责的行动才是纯粹理性存在者的这样一种显现,任何其他的行动则有一种与理智力量本身异样的、作出规定的根据。（所以康德在《道德形而上学基础》中说，只是由于道德素质，理性存在者才显示为某种自在东西，即某种独立不倚的东西，它绝不是通过任何与其自身之外的东西的相互作用持续存在的，而是单纯自为地持续存在的。[17]）职责的不可言说的崇高性质即由此而来，因为职责把一切在我们之外的东西都置于我们之下，而这类东西与我们的使命相比，也可以消失不见，化为虚无。

(1,5,146) 由此可见，我们可以从伦理原则的形式得出两个结论：

1）我完全应该经过深思熟虑，有意识地去行动，而不应该按照单纯的冲动，盲目地去行动；既然我在行动，我尤其应该依靠职责意识去行动；如果我的行动不以这种概念为依据，我就绝不应该行动。所以，绝不存在什么无所谓的行动；既然一切行动实际上都只是理性存在者的行动，道德规律就都涉及它们；即使不 materialiter［在内容方面］是如此，也十分肯定地 formaliter［在形式方面］是如此。我们应该探讨，职责概念是否涉及它们；要给这种探讨提供根据，职责概念就千真万确地涉及它们。立即可以证明，职责概念甚至 materialiter［在内容方面］也必定涉及它们，因为我绝不应该遵循感性冲动本身；但按照以上所述，我在每个行动中都服从于感性冲动，因此，在每个行动中都必须附加上伦理冲动；否则，按照道德规律来说，就不可能完成任何行动，而这是违背前提的。

2）我绝不应该违背着我的信念去行动。这是完全倒行逆施、居心叵测的做法。我们将在下面看到，在人之内怎么会有这样一类东西，这类东西竟然把这种看来根本不可能的倒行逆施的做法弄成可能的，并且至少使它失去令人可怕的成分，而这种成分对于每个纯洁无瑕的人的理智来说，本来是它在它真正地表现出来时具有的。

这两个结论如果被概括为一个命题，则可以被表述为：你要永远按照对于你的职责的最佳信念去行动，或者说，你要按照你的良心去行动。这就是我们行为的道德性的形式条件，有人也把它特别称为我们行为的道德性。在我们的狭义伦理学第一章里，我们将详细谈到道德性的这些形式条件；然后在第二章里，我们将制定我们行为的道德性的实质条件，或者说，将制定关于我们行为的合法性的学说。

(I,5,147)

第三编　伦理原则的系统应用或狭义伦理学

第一章　论我们行为的道德性的形式条件

§.14. 意志专论

我们立刻就会着手用综合的、系统的方法，制定我们行为的道德性的形式条件。但是，既然形式的道德性，尤其是所谓的道德性，也叫做善良意志，并且我本人想这样描述它的特性，那么，我就应该预先说明我的意志概念。

虽然属于这个研讨范围的一切内容已经用其他的名称得到了阐述，然而现在也依然有必要用意志这个名称明确地谈一种事实，以便把我的阐述与迄今习以为常的阐述结合起来。

意志活动是一种从不确定性到确定性的绝对自由的过渡，它是有意识的。这种行为在上文中已经得到充分的描述。在研究中，我们可以把客观的东西——从不确定性到确定性过渡的自我——与主观的东西——在这种过渡中直观自身的自我——在研讨中相互分离开，但在意志活动中它们则是结合起来的。冲动、渴望与欲求并不是意志。在冲动中有一种癖好或偏爱；在渴望中还有对爱好的客体的意识，但没有能动自我的任何确定性，而是有不确定性；在欲求中想着的，是它的对象会降临到它那里，它甚至连手脚都不愿动。通过意志活动，才出现能动自我的确定性。

如果有人注目于那种完全有意识的过渡的能力，如果他为理论理性的规律所迫，联想这样一种要表现出来的能力，他就得到了 (I,5,148)
关于作为一种能力的一般意志的概念。这是一个抽象的概念，而绝不是任何需要知觉的现实东西，例如，不像有些人所说的那样，是一种事实。如果有人得到一种现实的、可以察觉的过渡，他就具有了一种意志活动。但在这时意志活动并未完成，而且如果那里没有确定性，它也就根本不是什么意志活动。如果在那里有确定性，它则叫做一种意志，就像在习惯用语中说的，“这是我的意志”；或者说，它叫做一种意志过程。在日常生活中，人们并没有在作为一种能力的一般意志与作为一种能力的特定表现的意志——特定意志——之间作这种区分，因为在那里没有必要作这种区分，而且在本来极其有必要作这种区分的哲学领域里，人们也没有作过这种区分。

意志就其内容方面的意义而言，是自由的。自我在它有希求的限度内，从许多可能的客体中选择了一个客体，从而作为理智力量给它自己提供了它的意志活动的客体；并且它把理智力量直观与理解的不确定性提高为一种同样被思考和被理解的确定性。这与那种认为客体能由自然冲动给予的看法并不矛盾。由自然冲动给予的客体是渴望和欲求的客体，而绝不是意志和实现意志的明确决断的客体。从这方面看，意志本身是绝对存在的。扼要地说，意志是绝对自由的，不自由的意志则是子虚乌有。只要人有希求，他就是自由的；如果他不自由，他就没有希求，而是受驱动的。——自然绝不创造任何意志；如我们在上文已经看到的，严格地说，自然连任何渴望也无法创造出来，因为甚至渴望也以一种反思为前提。不过在这种反思中，自我并未意识到它自己是能反思者，因此它本身必定会假定在它之内存在的渴望是自然产物，虽然在它之外的观察者和从先验观点出发的我们会察觉事情恰好相反。

如果意志从不确定性进展到确定性——在上文中已经严格证明，这是对自由的意识的条件，并且由于有这种意识，也是自我作为一个这样的自我的条件，所以也就证明了一种意志是存在的，并且这种意志像我们描述的那样，是很确定的——如果我说事情是如此，那么，正如赖因霍尔德很正确地描述的，意志就总是一种选择的能力[18]。绝不存在什么没有随意性的意志。如果有人注意刚才挑明的特征，即意志必定在许多同样可能的行为中恰好作出一

(1,5,149) 种选择，他就会称随意性为意志。

（有些哲学家发现，那种认为在自由活动中有作出相反的决断 A 和 - A 的同样可能性的主张是一个矛盾；另一些哲学家则殚精竭虑，要揭露那种被冒充为这个矛盾的证明的循环论证。但我们打算研究的是，在后一类哲学家没有发觉这种情况时，前一类哲学家假定的是什么。

我们设定一种自然力量 = X。既然它是自然力量，它就必然

是机械地发挥作用的，也就是说，它总是创造出它凭其本性能在这类条件下创造的一切东西。如果这样一种力量是＝A，那么，它的表现必然是＝A；并且，不假定那个A，而假定某个－A，这会是矛盾的。

这个规律难道适用于意志吗？首先，特别重要的问题——我们在上文中再三提到这个问题，并不是没有原因——在于：凡是在出现意志的地方，凡是在毕竟出现自我的地方，自然力量就完全告罄了。**通过自然力量，既不可能有A，也不可能有－A；通过自然力量，根本不可能有任何东西**。因为自然力量的最终产物是冲动，而冲动是没有因果性的。由此可见，并不是对于自然力量，而是对于这种与自然力量绝对相反的意志，A和－A才是同样可能的。其次，我们如果主张意志是自由的，则必定主张：意志是一种系列的第一个开端环节，因而并不取决于任何其他环节，所以，自然界不能像我根据自然界本身证明的那样，是规定这个环节的根据；由此可见，意志的规定没有任何**在**其自身**之外**的根据。我们也进而主
张：意志并不像机械力量那样，产生它所能产生的一切结果，而是 (I,5,150)
具有一种自己把自己**限定于**特定结果的能力；由此可见，假如整个领域是A＋－A，意志则有力量不要任何在它自身之外存在的根据，而把自己规定为这个领域的前一部分或后一部分。我们的反对者们本该深究我们的这个前提。可是他们没有这么做，而是假定意志存在于一种由自然力量组成的系列中，甚至于只是一种自然力量，这恰恰是我们在他们面前要否定的说法。只有在他们的这个前提下，他们的推论才是正确的。于是，他们就假定意志不是我们所说的那个环节，由此证明意志并不是自由的。但是，假如他

们希望说得正确，他们本来就不应该说意志自由的主张是自相矛盾的，而仅仅应该说这个主张是与**他们**那个认为意志不自由的主张相矛盾的，这当然是我们在他们面前一定会不声不响地承认的说法。

真正的矛盾比他们自己想像的更难理解。设想一种不同于自然机械作用序列的序列，是与他们的全部个体性的思维能力相矛盾的；他们在思维力量方面还完全没有把自己提到更高的表现水平上来，他们的绝对前提即由此而来；就他们个人而言，他们本身当然无法超越这个前提。一切事物都是机械地进行的，这就是他们的绝对原理；他们之所以坚持这个原理，是因为在他们的明确无误的意识中出现的，当然只是机械作用，而绝不是任何其他东西。所有的宿命论的情况都是这样。即使有人把我们作出道德决断的根据推移到理智世界里，那种情况也不会改观。所以，我们的意志规定的根据是包含在某种虽非感性，却又像有形力量那样规定我们的东西中的，它**产生的结果**就是我们的意志决断。但某种这样的东西究竟是怎样与感性世界区分开的呢？按照康德的看法，感性世界是可以应用各个范畴的世界[19]，但在这里因果性范畴却被应用于某种理智东西，于是，同一种东西就不再是理智世界的环
(I,5,151) 节，而下降到感性领域里了。）

在这种情况下，这种需要承认有必然性的意志选择得到了进一步的规定，表明它是一种在满足自私的冲动（自然冲动）与满足不自私的冲动（伦理冲动）之间进行的选择。现在我们就来检验这个进一步的规定。自由不仅是有内容的，而且也是有形式的；按照在上文中从自由的根据推导出的差别来说，事情就是如此。我

能意识到——虽然按照上文的论证，不是在原初就意识到，而是在自我意识发展起来，经验已经有了积累之后意识到——的，既有前者，同样也有后者。如果我只意识到形式的自由，那么，我作为理智力量就首先获得了一种推迟满足自然冲动的能力；因为在这个延缓期间自然冲动会继续以各种各样的方式表现自己，所以，我也同时获得了**另一种**能力，即在自然冲动这时向我呈现的各种不同的外观中反思这种冲动，**在对它的许多可能的满足中进行选择**。我选择了对一种需要的满足。我是以充分的意志自由作出选择的，因为我是以自我规定的意识作出选择的；但我决没有牺牲对于道德生活的享受，我不过是牺牲了对于另一种乐趣的享受。

但是，有人可能说，“你毕竟屈从于在你之内存在的强烈冲动”。即使这个说法完全是真的，我也可以回答说，倘若我没有控制自己，拖延作出决断的时间，自由地反思我的全部冲动，这种冲动就不会存在，也不会得到意识。因此，即使在这样的前提下，我也以自我规定，制约了我的意志的客体，并且我的意志也依然 materialiter[在内容方面]是自由的。况且当那个说法显得完全是真的时，我已经说过，这可不是完全真的。只有先积累起一定数量的经验，我才能凭想像力设想一种在当前我的天性丝毫都不需要的享受，而对当前实际上存在的各种冲动的一切满足都是紧随着这种享受而来的。从前在我之内肯定有过这样的冲动，因为我有过一种在当前我单凭想像力再现出来的真正享受。于是，单纯的想 (I,5,152)
像对于我就是以自由的产物为客体的冲动，而我在这种情况下也就在最广泛的意义上给自己提供了我的意志本身的客体。在这种情况下，我同样没有牺牲对于德性的另一种真正享受，而是牺牲了

对于单纯想像的乐趣的另一种真正享受。(这在单纯外表高雅的人们当中,即在刚走上文明道路的人们当中,是司空见惯的事情。例如,体力衰竭的纵欲者、贪图财物的吝啬人和追求名望的虚荣人都是奔向单纯想像的享受,而放弃真正的享受的。)

只有这样,一种无非是对自然冲动的许多满足进行理智选择的明智性才是可能的;但按照上述意志概念,在最大的适用范围里,这种明智性会是完全不可能的,而只有道德或不道德才会是可能的。

§.15. 系统制定我们行为的道德性的形式条件

I

像我们已经看到的,道德的形式规律是这么说的:你要绝对按照你对于你的职责的信念去行动。我们会考虑这个规律的形式和内容,或者在这里可以更明确地说,会考虑条件与有条件的东西。就前者而言,像我们已经同样看到的,这个规律在于:你要力求确信那种在任何时候都是你的职责的事情;就后者而言,这个规律在于:你要做你现在依据信念能够视为职责的事情,而你之所以要做这种事情,仅仅是因为你已经确信它是职责。

II

但是,如果这时我的信念不正确——有人会这么说——那我就没有完成我的职责，而是做了一件与职责背道而驰的事情。我在这时究竟怎样才能心安理得呢？显然，只有我既未曾认为我的信念可能不正确，也未曾认为我可能在无限的生存中把我的信念当作不正确的，我才能心安理得。所以，我不仅在我的行为中要坚持关于我当前的信念的概念，而且在关于我的整个可能的信念的概念中也要坚持这个信念，也就是说，在我当前所能设想的整个信 (I,5,153)
念体系中也要坚持这个信念。这样一种比较与检验就是一项**职责**，因为我**应该**确信我自己。如果对我来说，我的行为是否合乎职责，不是无所谓的，而是我的生活中极其重要的事情，那么，我的信念会是正确的还是错误的，对我来说也不可能是无所谓的。由此可见，在特定情况下我的信念的正确性是由这一信念与所有可以思议的信念的协调一致给我保证的；研究这种协调一致是否存在，甚至也是一项职责。

III

但是，我的信念的整个体系本身只能用我当前确信我的信念的方式提供给我。正如我在评判各个具体情况时会犯错误一样，我在评判我的全部评论和确信我的全部信念时也同样会犯错误。

照此说来，我的道德性，因而我的绝对独立性与良心的宁静，总是依赖于偶然情况。假如我考虑到这一切——考虑到这一切也是一种职责——那么，我或者必须靠那种与良心背道而驰的运气去行动，或者完全不能行动，而在不存在任何评判我的职责信念的正确性的绝对标准时，必须使我的全部生活悬而未决，处于拥护与反对之间的永远反复摇摆当中。

（这是一个重要的说明，就我所知，还没有在任何地方得到足够的考虑；通过研讨这个说明，我们会把一种坚实的联系引入我们的理论，并获得一种容易从道德性的形式条件过渡到道德性的实质条件的途径。）

IV

如果合乎职责的行为是完全可能的，那就必定有一个评判我的职责信念的正确性的绝对标准。用这个标准来衡量，某种信念一定是绝对正确的，而我们为了职责，也必须依靠这种信念。我们首先应该说明的，是这里进行推论的方式。如果合乎职责的行为是完全可能的，那就必定有这样一个标准；按照道德规律，现在这

(I,5,154) 样一种行为是完全可能的，因此，这样一个标准是存在的。我们按照这种推论方式，从道德规律的存在与必然因果性得出了认识能力中的某种东西。所以我们主张道德规律对理论理性的这样一种关系，即像康德所说的，道德规律对于理论理性占有的一种**优先地位**[20]。绝对真的是这样一种东西，没有这种东西就完全不可能有任何职责；把这种东西视为真的，也是一种职责。

为了不使这个原理遭到粗暴误解，我们在此应说明下列情况：道德规律当然需要有一种特定的信念 = A，并认可这种信念。但是，既然道德规律不是什么认识能力，那么，就它的本质而言，它是无法由它自身制定这种信念的，相反地，它在期待着由认识能力、反思判断力察觉和规定这种信念，在这种情况下它才认可了那种信念，把坚持那种信念当作一项职责。与此相反的主张会导致一种关于信念的只讲内容的职责，即导致这样一种理论，按照这种理

论,道德规律会直接包含某些理论命题,它们不必进一步加以检验,也不管是否在理论上能让人确信,似乎就一定会被认为是真的。从一方面来看,这样一种主张是完全自相矛盾的,因为实践能力绝不是什么理论能力;从另一方面来看,这样一种主张也会给招摇过市的江湖骗术,给种种压制和束缚良知的行径,大开方便之 (I,5,155)
门。各种理论能力都在不断地沿着自己的道路行进,直至遇到能获得赞同的东西为止;不过,各种理论能力在自身并不包含评判这种东西的正确性的标准,而是这个标准包含在实践能力里,实践能力才是人所具有的首要的和最高的东西,是人的真正本质。我们当前的主张,仅仅就其在上文已经得出的进一步的规定而言,是这样的:道德规律是单纯形式的,必须到其他地方获取其内容。但**认为**某物是道德规律的内容,这种看法的根据则只能存在于道德规律本身。

不过在这里出现了一个更大的难题:我们怎样表述和从何认识道德规律对于职责的理论判断的确认呢?道德规律就它与经验的人相关而言,有它的范围中的一个确定的**出发点**,即一个确定的限制,在这个限制中,个人首先自己察觉自己,所以出现了个人;他有一个虽然绝不能达到、但又确定的**目标**,即绝对从一切限制下解放出来;他也有一个由他引导我们的、完全确定的**途径**,即自然的秩序。因此,对于每个特定的人来说,在他的任何处境中也只有某种确定的行为是合乎职责的,并且我们可以说,道德规律在其应用于时间中的存在者时,就要求有这种确定的行为。我们可以用 X 表示这种确定的行为或放弃这种确定的行为。

像刚才提到的,实践能力这时绝不是什么理论能力。所以,实践能力本身并不能给出这个 X，而是这个 X 应该通过——在这里自由地进行反思的——判断力去寻找。但是，既然这里有一种冲动，要完全行动起来，更具体地说，要用行为实现这个确定的 X，那么，这种冲动就对判断力有规定作用；虽然这种规定作用不是 materialiter[内容方面的]，就是说，这种冲动给判断力提供的是自己无法做的某种行为，但这种规定作用毕竟是 formaliter[形式方面的]，就是说，判断力要寻找某种行为。因此，伦理冲动在这里就表现为追求特定认识的冲动。假定判断力发现了这个看起来依赖于运气的 X，那么，追求认识的冲动与认识就会结合在一起，也就是说，原初的自我与现实的自我处于和谐的关系中，并且像在这种情况下总会看到的那样，根据上述证明，还出现了一种感受。

问题仅仅在于，这会是一种什么感受？它的不同于其他感受的特点是什么？一切审美感受与这里所述的感受的相同之处在于，两者产生于对一种追求特定表象的冲动的满足；但前者与后者的相反之处在于，给前者奠定基础的冲动并不绝对要**求**自己得到
(1,5,156) 满足，而仅仅是把这种满足作为自然的恩宠加以**期待**，反之，这里所说的追求认识的冲动则是绝对要求自己得到满足的伦理冲动。因此，在伦理冲动中并不像在审美冲动中那样，会产生出一种出乎意料地使我们感到惊讶的**愉悦**，而是只会产生出一种对于过去期待的东西的**冷静赞同**，假如理性不自暴自弃，这种东西就必定会被找到。在行为中我们把这样得到赞同的东西称为**正当的**，在认识中我们把它称为**真实的**。

所以，应该有一种对于真理性和真实性的**感受**，作为我们所寻找的那种评判我们的职责信念的正确性的绝对标准。我们要更详

细地描述这种重要的感受。只要判断力依然在从事于寻找的活动，自由的想像力就在对立的东西之间摆动，并且因为寻找的活动是依照冲动进行的，而冲动尚未得到满足，所以也存在着一种怀疑感，这种感受又与焦虑结合在一起，因为这里所述的事情比任何其他事情都重要。（例如，我知道我在怀疑。我究竟从何知道这个呢？的确不是从我所作出的判断的客观性质得知的。怀疑是某种主观的东西；它正像它的对立面——确实性一样，是单纯让人感受的。）一俟判断力察觉所要求的东西，对于和谐一致的感受就会揭示出它是所要求的东西。想像力像在一切实在性里那样，从这时起受到了约束与强制；我只能以这种方式看这件事情，像在任何感受里那样，这里是有强制的。这就在认识中给出了直接的确实性，内心的平静与满足是与这种确实性结合起来的。

（康德在《单纯理性界限内的宗教》第四篇第二章 §.4. 里说得非常好：意识到我想从事的行为正当，是无条件的职责[21]。但这样一种意识是可能的吗？我是从何认识到它的呢？康德觉得，这可以诉诸每一个人的感受。当然，这也只能诉诸每一个人的感受，然而先验哲学负有一项责任，即论证对于确实性的这样一种感受是可能的，而这也是我们刚才做过的工作。不过，康德举出了一个解释他关于这个问题的想法的事例，而这个事例也极其宜于解释我们在这里提出的想法。康德说，一位宗教裁判所法官要把一个 (I,5,157)
在他看来是异端的人判处死刑，他绝不会完全确信自己在这件事情上做得无不有理[22]。如果他扪心自问，“你确实相信，在一位能洞察人心的一切秘密的人在场时，你愿拿一切对你有价值的和神圣的东西作赌注，保证这些宗教原理有真理性吗？”那么，这会使

最勇敢的布道者都不寒而栗。或者，像康德在另一处说的，谁要站出来断言，“凡是不相信我告诉你的这一切东西的人，都该永远被罚入地狱，受到诅咒”，谁就必须敢于使自己确实处于这种境地：“如果这一切东西不是真实的，我本人则愿永远被罚入地狱，受到诅咒。”但我们可以预料，绝大多数人对于冒着这种危险去做那样的事情会有许多顾虑；并且绝大多数人也会由此看出，那些作出上述论断的人们本身并不很坚定地相信他们想强加于别人的信条。我们可以用这种类推的方法说，谁完全确信自己的事业，谁就必定会基于这种确信本身，敢冒永远被罚入地狱，受到诅咒的风险，如果他不想这么做，那他就暴露了他的信念不坚定。

但如果这时要进一步提问，想永远被罚入地狱，受到诅咒，这会是什么意思，那么，除了一个人**永远放弃其改恶从善**的意思以外，我们就不可能由此得出任何其他可以理解的意思。而这是极恶，是任何人都不可能当真设想的恶，对于这种恶的当真设想会毁灭任何人。居心叵测的不法之徒总是违背着他们自己的良心，有意搪塞别人，说他们仅仅是在这一次或这段时间还想这么做，到适当的时候则想改恶从善。所以我们可以肯定，谁要是或者明确地打算在将来某个时候才改变他的行为方式，或者认为起码在将来某个时候这么做才是可能的，他现在的良心就不纯正。反之，谁对自己的事业确信无疑，谁就敢冒着风险这么做：他绝不**能**改变他的事业和他据以确定他的事业的各项原则，而使他的自由在此时此刻丧失殆尽；他要抱着这个决心，永远得到确认。这就是评判真正
(1,5,158) 信念的唯一的、可靠的标准。

这个标准的证明如下：这样一种信念是与原始自我和谐统一

的。但原始自我君临于一切时间之上，君临于时间里的一切变化之上；因此，在这种统一中经验自我也要同样使自己君临于一切时间更迭之上，把自己设定为绝对不变的。坚定的信念的不可动摇性即由此而来。）

从以上所述得出的结论是：对于我是怀疑还是确信，我并不是用这样一种论证解释的，这种论证的正确性需要一种新的证明，而这种证明又需要一种新的证明，如此类推，以至无限；相反地，我是用直接的感受解释的。只有这样，作为精神状态的主观确实性才能加以解释。但对这种确实性的感受，就像它在一种从自我出发的哲学中不可能以另一种方式出现那样，总是我们的意识与我们的原始自我的一种直接符合。这种感受绝不是错觉，因为像我们已经看到的，它仅仅在于我们的经验自我与纯粹自我的完全符合，而纯粹自我是我们的唯一的、真实的存在，是一切可能的存在和一切可能的真理。

只有我是一种道德存在者，那种确实性对我才是可能的，因为评判一切理论真理的标准不再是一种理论东西——理论认识能力不能自己评判自己，不能自己确认自己——相反地，它是一种实践东西，职责必须依靠这种东西。具体地说，评判一切理论真理的标准是这样一种普遍的东西，这种东西不仅对于直接认识我们的职责是有效的，而且对于一切可能的认识也都是完全有效的，因为任何对我们的职责没有起码的间接联系的认识实际上也是不存在的。

V

如我们已经看到的，评判我们信念的正确性的标准是一种内在的标准。一种外在的、客观的标准是不存在的，也不可能存在这样一种标准，因为自我恰恰在其被视为道德存在者的地方，应该完全独立自主，而不依赖于任何在其自身之外的东西。这并不妨碍我们说明上述标准确认的各种信念究竟是什么样的，而且这就是我们在这里要研究的最后一个问题。

只有依据实践冲动，各个客体对我们才完全存在，这是一条众所周知的、业已多次充分证明的原理。我们在这里只想考察下列情况：我的冲动受到了限制，依据这种限制，我设定了一个客体。在这个时候，如果不明确地描述客体所限制的冲动的特征，我显然不能设定客体和描述客体的特征，因为一个特定的客体除了是一
176 (I,5,159) 个限制特定冲动的东西，就根本不是任何其他东西，也不能被描述为任何其他东西。我由此获得了物的各个给定的属性，因为我使我自己和物都处于彼此平静的状态。但在这个时候我也可以反思自由；于是，客体造成的那种限制就变成了某种能按照规则，以一定的秩序加以扩张的东西，而且通过我的界限的这样一种扩张，连客体也会得到改变。我设定了客体形态变化的能力，并在这种情况下规定了**客体的合目的性**和**对任何目的的适用性**，而这种合目的性和适用性都是我们可以借助客体提出的。

在这里首先应该看到，对合目的性的规定只是对物的内在的、静止的性状的规定，而不可能是任何其他的规定；它只不过是从另一种观点作出来的。无论是在这一种情况下，还是在另一种情况

下，客体都是借助于自己所要限制的冲动而得到规定的；不过，在这一种情况下注意的不是冲动可能摆脱客体的限制，在另一种情况下注意的则是冲动可能摆脱客体的限制。在这一种情况下冲动是沉眠蛰居、静止不动的，在另一种情况下冲动则受到激励，活跃起来。此外，大家不可忽视，我是从客体与全部自由的关系中，而恰恰不是从客体与我的自由的关系中推导出合目的性概念的。不必恰恰在这里明确设想我或另一种自由存在物能阐明客体可能有这种目的，某种东西都会被设想为合乎目的的。当然，这种设想隐约地为合目的性的一切假设奠定了基础。

这时，我仅仅**部分地**意识到我所具有的冲动——我在这里说的是一般的冲动。在这种情况下，我仅仅部分地理解了物的合目的性；我不认识物的真正目的，而只认识它的一种随意的目的，人们就是为了这种目的也会特别使用物的。我的全部冲动都以绝对的独立性或自主性为鹄的；在我没有把我的全部冲动理解为这样的冲动以前，我没有完整地规定过我自己，也没有完整地规定过那个与我自己相反的物，无论就它的性状而言，还是就它的目的而言，都是如此。如果它的目的按上述方式得到了完整的规定，那么，我就拥有了它的一切目的的范围，或者说，拥有了它的终极目的。所以，我们能够依赖的一切完备的认识必然是对于客体的终极目的的认识；一种信念在未包含有对于物的终极目的的洞见以前，是得不到良心的认可的，并且这些对于物的终极目的的认识同时也是指导道德行为的认识。因此，道德规律的目标在于，对于每个物都按其终极目的加以看待。我们由此找到了一条科学地制定 (I,5,160)
道德规律的内容的捷径。

其次,我们还必须注意,我们刚才制定的是一个完备的认识整体,一个完整的综合。这是因为,伦理冲动和理论知识处于相互作用之中,而一切道德生活都受两者的这种相互作用的制约。伦理冲动就它出现于意识而言,要求一个虽然对它来说无法达到,但已经得到规定的概念 = X,并且在这个限度内 formaliter[在形式方面]规定着认识能力;这就是说,它推动反思的判断力去寻找那个概念。但是,如果伦理冲动被看作原始冲动,那么,就概念 X 而言,认识能力也 materialiter[在内容方面]是由伦理冲动规定的;因为像我们刚才已经看到的那样,X 是通过对客体的完备规定,借助于整个原始冲动产生的。因此,一切认识在客观上作为系统来看,预先就有彻底而周全的规定,并且是由伦理冲动规定的。(由此可见,首先,理性存在者在它的全部可能的认识的内容与形式方面都是绝对由它自身规定的,而绝对不是由任何在它之外的东西规定的。在这里我们又更加明确地得到了我们在过去依据自我性原理主张的东西,并且是通过起源方面的演绎得到的。其次,在自我中包含的那种规定它的全部认识的东西是它的实践东西,因为像必然会看到的那样,这是它所包含的最高的东西。我的一切认识的唯一的、坚实的和最终的基础是我的职责。这种职责就是可理解的"自在"东西,这种东西通过感性表象的规律把自己转变为一个感性世界。)

另一方面,认识给伦理冲动提供客体,从而在意识中反过来作用于伦理冲动。所以,伦理冲动是借助于认识而复归于其自身的;上述相互作用实际上是伦理冲动与其自身的相互作用。如我们在上文详细说明的,在对确实性的感受中,理性存在者构成的一切东西的会合都表现于所述的相互作用。

我们要把这一切作个概括说明。我们行为的道德性的形式条件,尤其是我们行为的所谓道德性,都在于人们全然是为了良心而决定去做良心所要求的事情的。但是,良心是对我们的特定职责 (I,5,161)
的直接意识。这只能用推导良心的方式去理解。也就是说,对于一个确定的东西本身的意识绝不是直接的,而是它通过思维活动才被察觉的,(对于我们的职责的意识在内容方面并不是直接的。)但是,如果这种确定的东西是首先给出的,那么,认识到这种东西是我们的职责的那种意识则是直接的。对于职责的意识 formaliter[在形式方面]是直接的。意识中的那种形式的东西是单纯的感受。

(康德在我们援引过的地方说,良心是一种本身属于职责的意识[23]。这是一句正确的、崇高的箴言。这句箴言有两个方面的内容:首先,按照上述证明,给自己获得那种意识全然是一项职责;每个人都应该绝对相信什么是自己的职责,并且在任何情况下每个人都能这么做。这仿佛是一切道德的建构规律,是自己立法的规律。其次,这种情况下的意识无非是职责意识。意识的内容是职责,因为职责意识就是意识的这种内容。也就是说,良心或上述感受能力并不提供意识的内容,这种内容是唯独由判断力提供的,而良心绝不是什么判断力。但良心提供自明性,这种自明性仅仅出现于职责意识中。)

附　　论

1. 通过刚才作出的演绎,永远扬弃和消除了绝大多数道德体系现在依然抱有的那种**认为良心会犯错误**的托词。良心从来都没有犯过错误，也不可能犯错误；因为良心是对我们的纯粹原始自我的直接意识，没有任何其他意识超越了这种意识；这种意识是不能用任何其他意识检验和纠正的；这种意识本身就是评判一切信念的法官，而绝不承认有任何高于自己的法官。这种意识作出终审
(I,5,162) 判决，是不可上诉的。想超越这种意识，就意味着想超越自己，想自相分裂。一切只讲内容的道德体系，即那些还要在职责本身以外寻找职责目的的道德体系，都超越了这种意识，陷入了一切独断论的根本错误，因为一切独断论都是要在自我之外，寻找在自我中存在的和为自我存在的一切东西的最终根据。诸如此类的道德体系只有使用前后矛盾的方法才是可能的，因为对于首尾一致、推勘到底的独断论来说，是不存在任何道德的，而只存在一个自然规律系统。——其次，判断力对于良心是否说过什么，也不可能出错。在判断力对这个问题完全没有把握以前，究竟是什么东西逼着人去行动呢？**人**如果不亲自决定去行动，是不会有任何行动的。因此，如果他不确信他的良心的箴言而去行动，他的行动就是违背良心的。他的罪责昭然若揭，他不能把他的罪责推给任何在他之外的事物。对于任何罪过都绝不可宽恕；罪过**就是**罪过，并且永远是罪过。

我认为有必要尽可能让人牢牢记住这一点，因为这无论对于道德，还是对于道德科学，都有其重要意义。凡是说那种与此相反的话的人，都会在他自己的心中——错误只能出在心中，而绝不能出在理智中——寻找倒行逆施的根据；但令人惊讶的是，这种人竟敢在自己和别人面前公然承认他的这种行径。

2. 为了不给**感受**这个词汇留下遭到危险的误解的漏洞，我还想让人牢牢记住：理论命题不是被感受到的，也是不能被感受到的；不过确实性和可靠的信念如果能与那种按照理论规律产生的对于理论命题的思维结合起来，则是被感受到的。人们不应该在单纯思维时就设想这里毕竟也会有良心；这会产生一种前后矛盾的思维，它已经有一个良心要达到的预定目标。思维是不依赖于良心，严格地沿着它自己的道路不断进行的。相反的态度则是**怯懦**。抱有这种态度的人必然很少真正相信自己的良心。感受提供的所谓客观的教益是想像力的一些杂乱无章的产物，它们经不起理论理性的检验；与它们结合在一起的感受是对于我们的想像力的自由自动性的感受。这是对我们自己的感受，但不是在我们的原始整体中，而是仅仅属于我们自己的一个部分。对于用感受的方式产生的命题，应该认识到它与思维规律是背道而驰的，思维规律决不可能存在于任何由良心确认的信念中；对于伴随这种命题的感受，应该认识到它虽然不乏强烈性、崇高性和真挚性，但确实缺乏**可靠性**。任何一个空想家都不会冒着危险，敢于永远坚持自己的信念，而使自己不可能改变自己的看法；任何人都不会冒着这 (1,5,163)
种危险，敢于按照自己的感受去行动。

3. 对确实性的感受产生于判断力活动与伦理冲动的会合；由此可见，这种感受的可能性的唯一条件在于，主体本身确实作出了判断。所以，绝对不存在那种由别人的判断得出的确实性与信念；良心绝对不能让权威引导。应该说，我自己感受某种既不属于我自己，也不是由我做成的东西，是一个明显的、公开的矛盾。

由此可见，谁靠权威去行动，谁的行动就必然违背良心，因为按照刚才作出的证明,他毫无确信可言。这是一个很重要的命题,完全严格地制定这个命题,极其符合于我们的需要。

诚然,有人能引导人们的研究工作,能给他们提供他们需要进行的评判的前提,人们暂时依靠权威,可以接受这些前提。这在或大或小的程度上就是一切人的历史;一切人都是通过教育,获得了从人类祖先一直到他们的时代已经一致达成的看法,这种看法后来就变成了普遍的人类信仰,作为他们作出自己的判断的前提;这些前提大多不必进一步加以检验,他们就都能接受下来。只有真正的哲学家,不进行检验,就绝不承认任何东西;真正的哲学家所从事的反思,是从绝对怀疑一切出发的。

但是,在付诸行动以前,每个人都受到良心的约束,要从那些依靠忠诚和信仰假定的前提出发,亲自作出判断,完全亲自得出直接决定自己的行动的最后结论。他的良心如果确认了从那些前提得出的结论,那么,即使不确认那些前提在理论上的有效性,也会由此间接地确认它们在实践上的有效性;这是因为,附加到它们当中的道德成分只有在结果中才显示出来,并得到良心的确认,因而即使理论成分完全错误,这种道德成分也会是正确的。如果他的良心不赞成那些前提,那么,那些前提就遭到了毁灭,并且放弃它们也是一项绝对的职责。对实践不产生任何后果的东西是一种可以允许的信仰,人们可以让它平安无事地待在它宜于待的地方。诚然,对于整个人类来说,没有任何知识是无关宏旨的,凡是真实不爽、理当确信的东西都必然与实践有关;但是,对于处境受到限制的各个具体的人来说,大部分理论在他们的全部生涯中都可能始终是无关宏旨的。

人必须为了良心而亲自作出判断，凭他自己的感受坚持这种判断，否则，他的行为就是不道德的和违背职责的。所以，道德命 (I,5,164)
令的约束力绝对没有任何外在的根据，绝对没有任何外在的标准。没有任何道德命令或道德箴言在它可能被冒充为神圣的命令或箴言时，是具有无条件的约束力的，因为它总是存在于这个或那个地方，为这个或那个人所提出；只有在它被我们自己的良心确认的条件下，只有基于它由此得到确认的根据，它才是神圣的命令或箴言；不要不亲自进行研究就承认它，而是要首先凭自己的良心检验它，这是一项绝对的职责，不进行这种检验是绝对违背良心的。对于这个绝对的、毫无例外地有效的理性箴言，根本不可能提出任何异议；对于一切托词、例外及其变种都应该直截了当地拒绝。不能允许说，“我察觉这个和那个东西是真实的，因此，在同一个地点出现的某种别的东西也会是真实的”。这个和那个东西之所以真实，是因为它们被察觉是真实的，而不是因为它们出现在同一个地点；冒着第三种东西毕竟可能虚假的危险，敢于根据地点说第三种东西也真实，这是一种违背职责的、漫不经心的态度。一切不是出自信仰，不是出自靠我们自己的良知作出的确认的行为，都绝对是罪恶。

§.16. 论恶在有限理性存在者中的起因

这项研究一方面必须回答若干通常介绍和回答得完全不正确的问题，因而本身并非没有趣味；另一方面，这项研究也能借助于对比的方法，就上节所述的内容作许多阐述。

I

一切完全属于理性存在者的东西,在每个理性个体中都必然是完整无缺的,否则,这样的个体就不可能是有理性的。有人未能
(I,5,165) 充分提出,理性存在者不是用一些种类不同的部件随意拼凑起来的,而是一个整体;如果有人取消了这个整体的一个必要组成部分,那他就完全取消了这个整体。我们这里谈的是那种被视为原始存在者的理性存在者。在这种情况下,时间上的经验存在者应该按照道德规律,成为原始自我的精确复制。时间上的存在者是意识的主体,只有它通过它自己的自动性的自由活动,被自觉地设定起来,在它之内才出现某种意识。但易于理解的是,这种设定、这种对于原初给我们构成的东西的反思,是整个受到限定的,因而必然属于一个绵延不绝的时间序列;由此可见,当一切原初在我们之内存在的和为我们存在的东西未被提到明确的意识的高度时,时间会延续下去。描述自我在时间上的这种反思的进展过程,就意味着勾画经验理性存在者的历史。不过应该在这里说明,一切东西都表现为**偶然**出现的,因为一切东西都取决于自由,而绝不取决于机械的自然规律。

II

如果人完全拥有意识,并且确实是理性存在者,他就必定会明确地意识到任何一个某物。在最初的时候,出于我们在上文已经指明的原因,他意识到了自然冲动,并且按照自己的要求行动起来,他的行动虽然有形式意义上的自由,但没有对于他的这种自由

的意识。虽然对于一种在他之外的理智力量,他是自由的,但是对于他自己,当他仅仅对他自己能够是某种东西时,他在这个立脚点上不过是动物而已。

可以预料,他将会在这种状态下反思他自己；于是,他使自己超越于他自己之上,并且踏上一个更高的发展阶段。这种反思并不是按照一条规律出现的,而是通过绝对自由出现的,所以我们仅仅称它为某种可以预料到的事情。它之所以出现,是因为它出现。它之所以应该出现,是因为经验自我应该符合于纯粹自我；但是,它并不**一定**出现。(人所生活的社会能给人提供从事这种反思的机缘,但要造成这种反思,社会是绝对办不到的。)

如我们在上文已经叙述过的,通过这种反思,个体就摆脱了自然冲动,并且不依赖于自然冲动,把自己视为一种自由的理智力量,从而给自己获得了拓展自我规定的能力；与这种能力一起,个 (I,5,166)
体也获得了在**许多**满足自然冲动的方式之间作出选择的能力,而这多种选择正是通过反思与多谋善断产生的。

我们不妨对选择的这些可能性略加思考。自由的存在者仅仅是依据和使用概念规定它自己的。所以,关于选择的概念,关于在选择中需要选定的东西的概念,必定给它的选择奠定了基础。假定需要在 A、B 与 C 当中进行选择。如果它选择了此中的一个,例如 C,那么试问,它能毫无根据——显然,即没有在概念中可以理解的根据——就选出这个 C 吗？全然不能；因为如果这样,选择就会不是靠自由的活动作出的,而是靠盲目的机遇作出的。自由的行动是按照概念进行的。在 C 中必定绝对包含有某个使 C 变得出类拔萃的东西。我们可以称这个某物为 X。

但另一个问题是:何以恰好决定选择 X,而不决定选择任何可能的 -X? 这在任何其他地方都是没有根据的,其根据只能在于理性存在者业已拥有的一个普遍规则。这里必定有合理推论的一个大前提,它看来是这样的:具有如此这般的性质的东西(=X)与所有其他的东西相比,必须加以优先选择;现在 C 具有如此的性质,因此,必须优选 C。这个大前提包含着一个规则,而这样一个规则就是康德极其荣幸地用**道德准则**这个名称所指的东西[24]。(在理论方面的合理推论里应该有大前提;但理论并不是人的至高无上的东西,每个可能的大前提都还有一个比自己更高的命题。经验的人的至高无上的东西,即他的准则,才是他的行动的规则。)

我们想稍微讨论一下这个准则概念。首先从形式方面来说,准则之为准则,恰恰是由于我自己的自由活动。假如准则不是靠自由而存在的,一切其他的自由就会被取消,因为一切其他的东西也都是从自由出发,按照固定的规则必然出现的。这就是康德的论证[25]。其次,我会特别相信,从外部给予自我以某种东西,是绝对自相矛盾的。对于从外部来到自我中的一切东西,自我从来都
(I,5,167) 不可能直接意识到。但准则却是最直接的意识的对象。

由此可见,假如有一种坏的准则,那它就只能用人本身的自由来解释。人不能把自己的自由活动造成的罪责推卸给自己之外的任何事物。此外,原则不是准则;既然除了道德规律以外,实际上并不存在什么行动的原则,所以,道德规律也不是准则,因为道德规律不依赖于**经验主体的自由**。只有我作为经验主体,凭我的自由把某种东西定为我的行动规则,这种东西才成为准则。

那么，从我们在这里让人信赖的反思观点来看，他的准则能是什么呢？既然在意识中还会出现的冲动只能是自然冲动，而自然冲动只以享受为目的，并以乐趣为动力，那么，这种准则也就只能是这样的：必须选择那种在深度与广度方面可望有最大乐趣的事物；简单地说，这是自己享受幸福的准则。我们当然可以依靠那种让人同样感到的冲动，也在别人的幸福中寻找自己的幸福，但这毕竟总是对那种让人同样感到的冲动的满足和由此产生的乐趣，所以，在这里自己享受幸福依然是行动的最终目标。人在这个发展阶段上变成了一种有理智的动物。

我已经**证明**，从当前的反思观点来看，准则必然是什么。所以我假定，这样的准则是由一条理论规律规定的，并且可以照这条规律加以推导；但在不久以前我也说过，准则是由经验主体的绝对自动性规定的。这两个论断如何能彼此并存呢？我只在这里提出这个问题，尽管对这个问题的回答是对我们当前的全部研究都适用的。**如果**人依然停留在这种反思观点上，其结果则只能是他得到当前的这种自己享受幸福的准则；他在这种条件下绝不可能拥有 (I,5,168)
什么更好的准则。因此，从这种假定的反思观点就可以在理论上推导出当前的准则。但是，他依然停留在这种反思观点上，这却完全不是必然的，而是取决于他的自由。他**本来**完全应该一跃而上升到一个更高的反思观点上，并且他**本来也能**做到这一点。他没有这么做，这是他的过失；所以，由此产生的不适用的准则也同样是他的过失。由此可见，个体将应停留在哪种反思观点上，在此以前是无法加以言说的，因为更高的反思观点绝不是从任何理论规律得出来的。由此可见，如果有人作出判断说，人在处于这种境地

的时候，即在具有低级的思维方式与品格的时候，绝对不可能有任何其他行为方式，而只能采取他以前的行为方式，那是完全正确的。但是，如果有人靠他的这类判断，想永远停留在那种境地里，并且还想主张，除了他具有的品格，他也不可能塑造任何其他的品格，这却可以说是不正确的。如果他当前的品格丝毫都不适用，他就完全应该塑造另一种品格，而且他也能这么做，因为这完全取决于他的自由。

这里有某种费解的情况；它不可能是别的，因为我们在把自由学说应用于经验主体时，站到了一切可理解性的界限上。这就是说，只要我还没有站到更高的反思观点上，这种观点对我就根本不存在；所以，在我确实做到我本当做的事情以前，我对这种事情不可能有任何概念。虽然如此，但仍然要肯定我绝对应该做这种事情；这就是说，在涉及熟悉这种更高的反思观点的另一位评判者时，我应该做这件事情，并且如果我有朝一日熟悉这种观点，我也应该在涉及我本人时做这件事情。这时，我将不宽恕我无能为力，而是抱怨我没有在很早以前就做这件事情。我应该在涉及我的原始品格时做这件事情，但这种品格本身只是一个理念。

这种情况也根本不可能是别的，因为自由的活动之所以绝对存在，是由于它存在，并且它是那种绝不能与任何其他东西加以结合，并由此得到解释的绝对第一位的东西。仅仅由于没有考虑到这种情况，才产生了很多人在达到这种更高的反思观点时遇到的一些困难。**理解**意味着把一种思维与另一种思维结合起来，意味着借助后一种思维去设想前一种思维。凡在可能有这样一种中介的地方，就不存在自由，而只存在机械作用。因此，要理解一种自由的活动是绝对自相矛盾的。恰恰在很多人据说能理解这种活动的时候，这种活动却不会是自由的活动。

这样，我们这里所要求的一切特殊的反思都是一个崭新的系列的一些绝对出发点，关于这些出发点，我们无法说出它们来自何方，因为它们根本不是从某个地方来的。这样，我们就在目前很清 (I,5,169)
楚地阐明了康德所说的一个事实：恶根在人身上是与生俱来的，然而又在自由中有其起因[26]。诚然，可以预见和理解，人会在一个时期或在其整个一生都停留于低级反思观点，因为绝对没有任何东西能**促使**他上升到高级反思观点，并且经验也至少证实这种状况是普遍的；就此而言，恶在人身上是天生的。但是，人永远停留于低级反思观点，却不是必然的，因为也没有任何东西会把他**滞留**在这种观点上，人同样有可能立即把他自己提高到最高的反思观点，如果他没有这么做，其原因则在于他没有运用自己的自由，好像他同样在他当前的状况下没有意识到他的过错；就此而言，人身上的恶在自由中有其起因。

我们演绎的这种坏的准则当然是对规律的无视，不过还不是对它的歪曲和敌视。可以期待和预料，只要人自己做主，他就会经过或长或短的时间以后，靠自己的力量使自己上升到更高的反思观点。如果像许多所谓的哲学家做的那样，用诡辩的方法把这种不适用的准则颂扬为根本的原则，我们预期的这种事情则会变得极其难办。我在这里所指的，并不是那些在德国人当中捍卫幸福原则与完善原则的人们；他们在表述方面犯有的错误和遭到的误解都比较多，但一般说来，他们的本意大都比他们的言词更加纯洁无瑕和无可指责。倒不如说，我在这里所指的，主要是那些以前在外国受到爱戴的唯物论与无神论伦理学家，诸如爱尔维修等人；他们说过：人的一切所做所为都是出于自私，在人的天性中根本没有另一种动机；这就是人的天职；人不可能是别的，也不应该是别的；谁想改恶从善，谁就是不承认自己天性的界限的傻瓜或幻想家[27]。(I,5,170) 在那种给人堵死通向信仰之路——这当然是看得出来的事情——的人看来，这样的立论就把一切追求某种高尚的东西的努力都变得索然无味和毫无可能了。

甚至没有这样一种假哲学，这种思维方式也会在很大程度上得到通常的习惯和经验的确认。经验在一切时代都想确认这种思维方式，肯定我们周围的绝大多数人还远未变得更好。由此产生了一种成见，认为那些在其能完全加以观察的外在行为方面看起来变得更好的人们，也可能在内心深处并未改变意向，只不过他们的头脑变得更加聪明，他们对世事的了解变得更加广博而已。此外，我们还应该说明——这是一个同样重要的说明——有人认为，从普通的或在人看来最平凡的生活实践中得出人的道德准则，用**实际发生的**事情评判**应该**发生的事情，这是人的**自然而然的**做法，也就是说，是人在没有自动性的行动的时候依然要采取的做法。其理由是：我们通过最广义的教育，即通过整个社会对我们的影响，才被培养得有可能运用我们的自由；如果我们并没有使自己超过我们由此获得的培养，我们的自由的运用在当前也就应该以致力于这种培养工作为止境；假如社会能变得更好，我们也就能变得更好，而这并不需要我们自己作出贡献。但是，这并没有取消我们自己作出贡献的可能性，只不过应该开始上升到一个更高的观点。

III

如果人依然能自己做主，既不受他那个时代的范例的束缚，也不受一种有害的哲学的束缚，那便可以预料，他将会意识到在他心中不断延续的和生机盎然的那种追求绝对独立性的冲动。他在这时把自己提高到了一个迥然不同的自由境界；因为在刚才所述的那种坏的准则的范围内，他虽然 formaliter［在形式方面］是自由的，但 materialiter［在内容方面］却完全依赖于自然客体。除了自然客体提供的享受，他就没有任何目的。

我已经说过，人只要自己做主，就会把自己提高到更高的境 (I,5,171)
界。每个人都看到，从我们绝对看不到追求独立性的冲动的那种漫不经心、粗枝大叶的态度过渡到我们对这种冲动的反思，决没有任何连续不断的进程，因此，这种反思应该是通过一种特殊的自动性活动突然出现的；个人应该依靠我们提出的意见，进一步接近这个真理，而绝不应该与这个真理相矛盾。当我们想就此作出综合考察时，这个事实也仅仅是在这里被视为取决于自然规律，而不能被视为别的。但永远真实的情况是，尽管有种种作恶的事例和种种错误的哲学说教，人毕竟还是应该超越这类事例与说教，而且也能够这么做；如果他不这么做，这就总是他自己的过失，因为所有这些外在的情形对他毫无因果决定作用；**它们**并不能在他之内，通过他起作用，相反地，正是他自己靠自己的动力决定自己。另一种永远真实的情况是，尽管有种种阻碍，有些人实际上还是超越了它们。他们是**如何**超越它们的，用因果决定作用永远无法解释，也就是说，只能用自由加以解释。我们可以用出类拔萃的理智能力作类比，把这称为道德天才。像某位著作家说的，这不是敏感性，而是独立性[28]。谁想把自己培养为有道德的，谁就必须把自己培养为有独立性的。

如果这种追求独立性的冲动此时已经用一种不可理解的方式得到了意识，但不是靠反思的意识有目的地得到反思的，因而是盲目的冲动，那么，这种冲动就必然表现为某种偶然的东西，表现为某种不是出于我们之内的更高根据而随机存在的东西。可以预见，由于这种现象，个人的品格就将进一步以其他方式得到规定，而我们当前要研究的正是品格的这种规定性。

在这种品格的研究中具有决定作用的辨别特征在于，冲动只表现为盲目的冲动，而不表现为规律，也不表现为服从规律；于是，(I,5,172) 因为品格已经由上述自私准则所规定，所以，冲动就表现为偶然的和对我们的本性没有重要性的，也就是表现为某种恰恰不会必然存在的东西。我们必须从这些特征作出推论。并非必然有人会达到这种观点，同样，也并非必然有人永远会停留在这种观点上；但是，如果有人停留在这种观点上，他的品格就必然是以某种特定的方式形成的。

首先，在这个发展阶段上，就我们的行为必须用这个阶段来解释而言，我们根本不是按照一种准则，而是按照一种单纯的冲动行动的。所以就产生了一种行为方式，它是行动者本人未加解释和无法解释的，并且表现为自相矛盾的东西；同样，捍卫最初那种完全感性的思维方式的人们也以这种行为方式中自相矛盾的东西为证，把真正的道德与这种行为方式混淆起来，并把两者一起宣布为荒谬的。单拿这个特征，就足以对他们的无耻行径作出判决。最初提出的那个自私准则依然作为准则在这种情况下居于支配地位，凡是在抱着目的意识行动的地方，都是按照这个准则行动的；一种受盲目的冲动驱使的行为只能构成不遵守规则的例外；由此毕竟造成了一个结果，那就是有人在事后想说明自己的行为的动机时，试图从那种准则把它推导出来，虚构出它与那种准则的联系，因此在一定程度上害了他自己。

从意志的内容来说，由此产生了一种**不受限制和无视规律而主宰我们之外的一切事物**的准则，它虽然不是明确地设想出来的，但包含有观察者从更高的观点作出解释的唯一根据。人本来没有意图——他没有任何意图，而是被盲目地策动起来的——但他在行动起来时，好像他又是有意图的，那就是要使一切在他之外的事物都服从于他的意志的绝对统辖；除了因为他想这么做以外，这绝对不是出于任何其他可能的原因。可以直接看出，这样一种行为方式必定是出自那种盲目的与无视规律的追求绝对独立性的冲动。这种准则如果与真正的道德准则加以比较，还往往会受到推崇。这是因为，真正的道德准则虽然也想达到自由与独立性，但只想循序渐进地按照某些规则达到它们，因此绝不希求任何无条件的和无视规律的因果性，而是希求一种服从某些限制的因果性，但 (I,5,173)
我们这里所说的冲动则要求无条件的和无限制的因果性。

这种思维方式的很明显、很常见的表现如下：抱着这种思维方式的人虽然想拥有善良意志，希望所有在我们之外的其他人让一切事情都取决于我们的善良意志，但绝对不想倾听关于职责、本分和规律的任何陈述。他们想宽宏大量，体贴别人，只是不想做得公正。他们对别人怀有善意，只是不尊重和重视别人的权利。简言之，我们的经验意志又仅仅依赖于我们的意志，因而是绝对的经验意志，它必定是我们之外的全部无理性而自由的人的规律。

每个人都必然会看到，这些品格特征是不能用单纯追求享受的冲动解释的。试图作出任何这样的解释都是牵强的；并且，只要确实希望我们之外的其他人都幸福，只要不单纯虚构这种不适用的目的，以期将单纯追求享受的欲望隐藏到一个依然不适用的目的背后，那么，任何这样的解释就都完不成自己要完成的任务。就形式而言，正像按真正的道德思维方式所说的那样，我们的意志的客体根本不是由一种可能的享受规定的，而是绝对由意志规定的。

其次，冲动必然保持着它的特点，即它要求受到尊重的特点。或者，这种思维方式的贯彻绝不以牺牲享受为代价，这或者是因为人们并没有什么欲求，或者是因为客观环境也并不强求我们作出什么牺牲。于是，人们头脑清醒地赞同的就不是他们自己的举止，因为他们对于自己的举止作为服从规则的行为并未进行思考，相反地，他们头脑清醒地赞同的是自然的进程或我们周围的人们的行为方式。他们认为能够要求的——因为这正是追求独立性的冲动的特点——是一切事物都屈服于我们的意志，即一切事物都按我们的思维方式出现，在这件事情上，除了完全正确和完全正常的东西以外，就再没有任何东西。与这种达到预定目的的活动结合起来的，绝不是什么真正的喜悦与欢乐，因为我们绝不向自然期待任何恩惠，而只要求自然尽其本分。另一方面，如果我们不享有我们欲求的东西，则恰恰不会出现忧郁沮丧的痛苦感受，而是会发生肝火旺盛的恼怒情绪；因为我们是由追求独立性的倾向驱动起来的，我们坚决要求得到我们希求的东西。我们抱怨上帝和自然损害与拒绝正义的事业,尤其抱怨人们忘恩负义与不知好歹。

或者,这样一种思维方式的贯彻是以作出牺牲为代价的。很可能,人们是极其克制地贯彻这种思维方式的,因为那种追求独立性的冲动高于单纯追求享受的冲动。既然冲动保存了它那种以受 (I,5,174)
到尊重为目的的特点,那么,在这种情况下出现的就是对它自身的**重要性的评价**。这需要作如下说明。首先,这种评价并不是高度评价我们以绝对自动性进行的自由活动,而是高度评价我们的品格,把它视为淡泊宁静的和在我们身上已经给定的品格。对于察觉我们善良和高尚得几乎无法令自己想像,我们感到喜悦。事情必然如此,这可以从下列情况看出:我们是按照盲目的冲动行动的,所以,并没有真正依靠自由意志与深思熟虑;我们在行动以前没有考虑过我们的行为,而是在它完成的时候才察觉它是既定的事情;我们也是在事后才察觉它能据以完成的规则;所以,它现在是并且永远是一种既定的事情,而不是一种由我们自己造成的结果,并且它既然应该是某种善举,所以也是一种天生的善。这个特点无论在日常生活中,还是哲学论证中,都屡见不鲜。例如,那种认为人的天性本来就善的主张,像其捍卫者不假借任何其他托词而径直讲的那样,是基于经验,并且更确切地说,是基于刚才所述的那种经验。(当然,这种主张是完全错误的。人的天性原初既不是善的,也不是恶的。人的天性是通过自由,才成为善的或恶的。)

其次,我们对自己的这种评价并不像道德上的自我评价那样,是一种冷静的赞同,而是与那种每每产生于始未料及的事情的**喜悦**结合在一起的;这是对我们自己的喜悦,它是因为察觉我们很善

良而出现的。事情必然如此,这应该根据下列情况来理解:我们按照盲目的冲动行动了起来,而决没有要求我们自己作出任何牺牲。我们有意识地让我们自己与我们人类中的一切其他人都处于共同的标准上,这种标准就是自私的准则;我设想,人们都是这样,并且他们也大多不要求他们自己作出牺牲。但是,我们却察觉我们已经在很大程度上高出人类的这个普通标准,作出了极其特殊的贡献;我们并没有像我们遵照道德规律会察觉我们自己那样,察觉我们自己绝对应当存在,而是察觉我们自己无与伦比地优于我们本来需要的存在。对我们来说,只存在伟大、高尚与可嘉的行为,只存在 opera supererogativa[无法估量的劳作]。可以用一句话来描述这种思维方式的特点:上帝、自然和其他的人们为我们所做的一切事情都是它们或他们的绝对职责,它们或他们绝不能做超出这

(I,5,175) 个职责范围的事情,总是充当毫无用处的奴仆,而我们为它们或他们所做的一切事情则是恩惠和善举。无论我们怎么行动,我们都绝不可能做错。我们为我们的享受而牺牲一切,这是完全正常的,无非是行使我们那遂人心愿而确有根据的权利。哪怕我们稍微放弃我们的这项权利,我们作出的贡献都是多余的。

几乎没有什么人会否认,这种思维方式归本溯源,确实是不合乎理性的;凡是了解其他人,并且能洞察他们的内心深处的人,也同样不会否认,这种思维方式当然经常是在昏头昏脑、不求甚解的情况下出现的,而且还是在那些被认为很诚实正直和讲究道德的人们当中出现的。我们在这里想考虑的,并不是一些特定的个人,而是整个的人类。几乎全部人类发展史都不是别的,而只是对于我们的主张的明证,并且也只有以当前的这种思维方式为前提,才

可以理解全部人类发展史。对民族的躯体和良知的奴役，掠夺战争和宗教战争，以及所有历来使人类备受侮辱的恶行，究竟该怎样加以解释呢？是什么东西把压迫人的人策动起来，不辞辛劳和冒着危险，去追逐他的目标呢？是他希望这会扩大他的感官享受的物资来源吗？绝对不是。“我想做的事必将完成，我所说的话必将永存”——这就是把他发动起来的唯一原则。

我们在上文中已经指出，这种思维方式不以享受为目的。伴随它的自负恰恰是基于牺牲的意识，而人们以为自己本来可以完全避免这类牺牲。当然，对于牺牲的满足事后也提供了另一种非感性的享受，即对于人们亲自表示的爱戴的享受，但这种享受却不是我们预期的目的，不是我们行为的动力。那种虽然设想得不明确，但隐约地指导我们的行为的目的，在于我们的无视规律的随意性要支配一切事物。我们为**这种**目的牺牲了自己的享受，并在事后对我们的无私精神感到得意。

如果把人看作自然存在者，那么，这种思维方式就有一个超过了以前所述的感性思维方式的优点，因为在以前所述的那种思维方式中，一切事物都是按照它们所提供的感性享受加以评价的。从这个观点来看，当前所述的思维方式实在令人钦佩，而那种一事当前，便要计算自己在这里将会获得什么的人则应受到鄙视。当前所述的思维方式毕竟不主张，并且永远不主张依赖于我们之外的一切事物，而主张自己依靠自己，我们可以将它称为**英雄的**思维方式，而且它也是在我们历史上常见的英雄思维方式。但是，如果我们从道德方面考察它，它却没有丝毫的价值，因为它不是产生于道德。它甚至比前一种单纯感性的思维方式更加危险。当大家习 (I,5,176)

惯于把合乎职责的行为视为可嘉与高尚的时候，通过英雄思维方式，确实没有形成伦理原则（因为伦理原则在这种思维方式中根本不存在），但根据伦理原则对实利行为作出的评判却遭到了歪曲与玷污。异端与罪人虽然不比自视公正的伪君子有更大的价值[29]，因为这两类人都没有丝毫的价值；但是，前一类人要比后一类人容易改恶从善。

IV

人要做的事情无非是把那种追求绝对独立性的冲动提到明确的意识的高度，而那种冲动作为盲目的冲动却积极地创造了一种很不合乎道德的品格。就像我们已经在上文指出的，这种冲动通过这种单纯的反思，也在人的意识中转变成了绝对能发号施令的规律。正如任何反思都限制被反思的东西一样，这种单纯的反思也限制盲目的冲动，并且由于有这种限制，就从追求绝对因果性的盲目冲动中形成了有条件的因果性的规律。人知道自己完全该做某事。

如果这种认识必须转变为行动，那么，这就需要人给自己制定出一个准则，即在任何情况下都是因为职责要求做什么事情，而永远做职责要求做的这种事情。职责要求做什么事情，是已经包含在道德准则概念中的内容；道德准则是最高的和绝对的规则，它绝不承认任何比它更高的规则。

绝对不可能有的和自相矛盾的情况是：有人对于自己的职责抱有明确意识，但在付诸行动的时刻却十分自觉地决定不履行自己的职责；他起来反对规律，拒绝服从规律，而给自己制定出另一个准则,即不要因为什么事情是自己的职责,就做这种属于自己职责的事情。据说这样一个准则是魔鬼的准则;但魔鬼概念是自相矛盾的,因而自己废除了自己。我们将这证明如下:人已经明确意识到自己的职责,这意味着,人作为理智力量绝对要求自己做某种事情;人十分自觉地决定违背着自己的职责去行动,这意味着,他要求自己在同一个未分割的时刻不做那一种事情。在这种情况下,据说在同一个时刻,通过同一种能力,人有两种相互矛盾的要求;但这种前提是自己毁灭自己的,是最明显、最公开的矛盾。(I,5,177)

但很可能,人们**掩盖了**自己对于职责的要求的明确意识;这是因为,只有通过绝对自动性的活动,才产生出那种意识,只有通过这种自由活动的贯彻,才依然有那种意识,如果人们不再进行反思活动,那种意识就消失了。(这里的情况与我们在先验哲学的许多概念中遇到的情况是一样的。一俟人们把自己降低到这些概念的可能性所唯一依据的更高观点之下,这些概念就消失得无影无踪了。)因此,这里的事情是这样的:如果不断地反思规律的要求,如果它对我们依然历历在目,那就不可能不按照它去行动,也不可能对抗它;如果它对我们消失了,那就不可能按照它去行动。所以,在这两种情况下必然性都居于支配地位,我们在这里仿佛陷入了一种理智宿命论,只不过在程度上这种宿命论比通常见到的宿命论较低。这是因为,在通常见到的宿命论里,不要任何自由活动的协助而存在的道德规律在人之内有时候创造了对于这种规律本身的意识和符合于这种规律的行动,有时候却不拥有创造这样的意识与这样的行动的力量,而在缺少这种力量时对一种低级的行动起着决定作用。这种常见的宿命论体系已经为一种同样重要的

观点所抛弃，按照这种观点，道德规律根本不是某种不要我们的任何协助而存在的东西，而是只有通过我们自己才被制定出来。但在当前的理智宿命论体系里，要么是对于道德规律的意识持续存在着，于是必然促成道德行为，要么是对于道德规律的意识消失不见了，于是不可能有道德行为。一俟大家注意到，这种意识是持续存在下去，还是变得模糊不清，都视我们的自由而定，那么，宿命论的外貌就立刻消失了。这种情况与上述各种不同的反思观点的情况是一样的。

此外，我们应该看到，这种决定了人们要么明确地保持着那种意识，要么让它变得模糊不清的自由活动，也是绝对第一位的、因而不可解释的活动。因为它不是按照一种准则发生的，因而不是依靠对于我所做的事情的意识和我做这件事情的自由发生的，以致我在我之内把规律的要求变得模糊不清了。可以说，这就是在上文中已被证明为自相矛盾的那种反抗规律的行为。它之所以绝对会发生，是因为它绝对无须一个更高的根据就会发生。或者，还可以从另一方面指出，职责意识的消失就是进行**抽象**，**撇开**职责。
(1,5,178) 只有两种很不相同的抽象。或者，我依据明确的意识，按照一种规则进行抽象；或者，抽象在我这里是自发地、自动地进行的，甚至在我本来不拟进行抽象的地方，是通过那种产生一切形式哲学的**模糊**思维进行的。我们在这里谈的职责意识的消失，是后一种抽象，是一种与职责背道而驰的模糊思维，因为对职责的明确意识本身就是一项职责。另一方面，通过绝对创始的活动出现了一个事实，那就是我明确地保持了职责意识。关于这个事实，现在只能说这么多。我们的更高的天性构成了我们生活的必然开端，由于对这种天性漫不经心和粗枝大叶,我们就养成这么一种漫不经心的习惯,并且在一条习以为常的轨道上一直走下去了,而不管由此会引起什么议论;我们不可能通过自由使我们超越这种状态。同样,我们也将在另一方面养成一种着力思考规律和悉心注意规律的习惯,而不管由此会产生一种必然性。必须永远继续身体力行和专心致志,继续照管我们自己;没有任何一个人不继续努力,就能对自己的道德观念立刻确信无疑。没有任何一个人的善心是得到确认的,甚至就我所见,也没有任何一个有限存在者的善心是得到确认的。

对于道德规律的明确意识消失了。可以设想这有两种情况。或者,这种意识完全对我们消失了,并且直到付诸行动,都没有留下任何履行职责的想法。在这种情况下,我们不是按照自私自利的准则去行动,便是按照那种到处都要使我们的无视规律的意志居于统治地位的盲目冲动去行动。这两个特点是我们在上文已经叙述过的。

或者,我们依然有对于职责的一般意识,不过它是模糊的。首先,这里的重要问题在于,我们毕竟应该认识到一种确定的意识怎么会转变为模糊的和动摇的意识。我们的一切意识都开始于不确定性,因为我们的一切意识都开始于想像力,而想像力是一种摆动的和动摇于对立面之间的能力。只有通过理智,由这种动摇造成的、依然没有清晰轮廓的产物才被确定和固定下来。不过,甚至在这个产物已经被规定以后,也很容易出现一种结果,那就是人们又让清晰的界限溜走,而只用想像力抓住客体。这种结果在我构成一个普通概念时,是在随意的抽象中有意识地出现的;这时,我撇开具体的规定,由此上升到我关于普遍的东西的概念。不过,概念在这种情况下当然得到了规定;它的确定性恰恰在于,它在如此这般的程度上是不确定的。这种结果在我们精神分散和漫不经心时,则是无意识地出现的。绝对很少有人明确地和严密地把握了各个对象。这些对象只不过像在梦境中那样,在他们眼前飘浮过
(1,5,179) 去,而且蒙着一层迷雾。他们的理智竟然完全没有发挥作用么?确实没有;此外,也不可能产生丝毫的意识。只不过确定性立刻又从他们那里溜走了,而且经过理智领域的通道是能急驰而过的。甚至在理智的不确定性方面,这样产生的概念也是不确定的或模糊的。理智在程度不等的不确定性之间来回摆动,而不要判断力的作用。我们预先假定的职责概念的情况当前在这里就是这样;我们没有牢牢地把握住这个概念,所以它就自动地变得模糊不清了。

职责概念就像在确定的情况下加以思考的那样,包含着三种确定的东西,它们可能丧失它们的确定性。首先,在任何确定的情况下,在一切可能的职责中都有某种确定的行为,而在一切可能的职责之外的任何其他行为则是违背职责的。只有**这种**行为的概念,才是由上述确实性的感受与确信伴随的。当职责概念的形式依然存在时,行为的这种确定性则从我们这里溜走了。我们抓住某种不同的事情,当作我们的职责。我们也许是为了我们的认识的职责而想做这种事情;但在我们同样真诚地从事活动时,这种事情却完全没有依据我们的认识,而必然是由某种爱好所要求和决定的,因为我们已经丧失了良心这个真正的向导。我们对于那种属于我们的职责的事情产生了迷误,而且像大家通常说的那样,是

出于问心有愧的动机去行动的。而这种错误现在是，并且永远是我们的过失。假如我们坚持了我们过去已有的对于职责的认识（这仅仅取决于我们的自由），我们则本来不会出错。这里有一种很危险的自我欺骗，大家亟须加以防范。我之所以刚才说“在我们同样真诚地从事活动时”，是因为很可能有人在别人面前假装，他是依据他本人完全知道的职责去做的，其实，他是出于自私的动机做那种事情的，职责根本没有要求他那么做，他也根本不关心职责，因为他是一种思想独断的、没有信仰的人。这样一种人是恶劣的伪君子，并不属于我们刚才谈到的那类人。

其次，职责认识已经确定，**恰恰在这种情况下**应该以某种方式去行动。但人们会忘记现时的这种确定性，于是，这个道德命令就表现为一个不在任何特定时间执行的命令，它诚然要求服从，但并不要求就地服从，所以他们不必急于予以执行。由此产生了一种

拖延改恶从善的思想，按照这种思想，人们还是首先愿意享受这种 (I,5,180)
或那种乐趣，执行这种或那种不可饶恕的计划，然后才愿意认真考虑自己改恶从善。一方面，这种思维方式是极其**无耻**的，因为道德规律绝不允许有踌躇犹豫的时间和延缓执行的念头，而是在任何时候都要求像它说的那样立即服从；另一方面，这种思维方式是危险的，因为人们如果偶尔一次学会了拖延，那将很容易永远继续这么做。人们由于不再会有任何最爱抱有的愿望，才想期望充实的那种时间，是绝不可能到来的，因为人总是有愿望的。这样一种人是懒惰的，他们渴望一种外来的力量把他们从他们所处的秩序中扔出来，但这样一种力量是不存在的。全知全能的上帝都无法满足他们的欲望。

最后，职责的要求就其**形式**而言，已经被确定为**职责**；这种职责绝对要求服从，而将其他一切冲动都置诸脑后。如果人们让这种确定性在他们之内变得模糊不清，那么，对他们来说，职责的命令就不再表现为命令，而仅仅表现为良好的劝告，如果它遂他们的心愿，并且它的价值不会遭到太多的否认，他们就会听从它。但是，它无论如何也会让人有所贬低。在这种情况下，他们就制定了一项混合准则。按照这项准则，他们并不是到处都以最大的享受为目的，仅仅对这种享受表示关心；相反地，他们对于有时必须履行他们的职责也感到满足，他们为了职责而牺牲那种在其他情况下并不能引诱他们的享受。例如，挥霍浪费者牺牲他的贪心，沽名钓誉者牺牲那些为了他的荣誉可能给他带来的喜悦。但是他们却保留了最让他们喜欢的享受。这样，他们就在良心与欲求之间达成了一项协议，认为自己同时都使这两者得到了满足。

正是这种思维方式厚颜无耻地提出一种托词，说我们不**可能**像道德规律要求的那样生活，认真执行道德规律是不可能的。这种托词在日常生活中是屡见不鲜的，但也从日常生活潜移默化地进入了哲学体系和神学体系。这里说的究竟是一种什么样的不可能性呢？确实有可能，我们由于受到外在的阻碍，而往往不可能在我们之外的世界里实现我们的最坚定的意志；但是，道德规律也并不无条件地要求得到实现，而是仅仅要求我们竭尽我们的全部力量，只做我们所能做的事情。为什么我们竟然不能做我们所能做的事情呢？道德规律要求的，只不过是我们不要做违背我们的职责的事情。为什么我们竟然不能放弃做这种事情呢？究竟是什么
(1,5,181) 力量能强制我们这样的自由存在者去行动呢？如果我们想保留这

种或那种享受，保留这种或那种财产，想满足这种或那种偏好，我们就不可能履行我们的职责；这正是那种托词实际上想说的意思。职责要求我们作出那种牺牲。我们不可能同时既履行职责，又保留那些享受或财产。谁还会说我们应该保留它们呢？为了职责，就应该牺牲一切，牺牲生命和荣誉，牺牲所有对人珍贵的东西。这是我们的看法。我们根本没有主张过，私心的满足与职责的履行无论如何总能并存不悖。前者应该予以放弃。所以，我们完全不希求那类东西。单纯为了我们的作出那种牺牲的意志，我们就不能保留那类东西。但在这种情况下缺乏的，显然是意志，而不是能力。如果某种事情极其明显地证实了人类道德败坏的普遍蔓延与厚颜无耻，那么，正是这种自相矛盾的和极其无理的托词又再三被提出来，甚至被最有理智的人们提出来，并加以捍卫；而且许多道德学家也实际上接受了这种托词，并认真参加了它是否有某种程度的合理性的讨论。

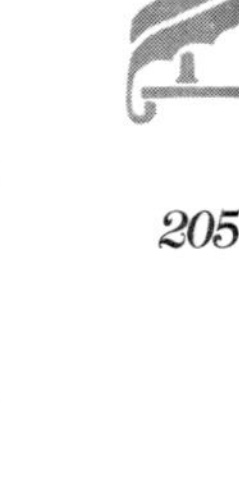

（即使在其他地方，在从技术实践方面谈到完成纯粹理性要求做的工作时，情况也是如此；而且那种认为“我们不能履行职责”的说法，无论在什么地方也总是表示这种托词的意思。例如，在要求彻底改革国家宪法时，有人回答说，“这些建议无法实行”。如果旧的弊端应该保留，它们当然无法实行；但谁还竟然会说旧的弊端应该保留呢？）

上述三种回避道德规律的严格要求的不同方式可能会结合在一起。人特别会由于最后一种方式而处于危险境地。一旦人们说服了自己，能满足道德规律的严格要求，那么，如果没有外来的强烈震荡，促使他们懊悔不迭，他们就很容易终生满足那种要求。就此而言，罪人改恶从善，要比最后一类以公正自负的人更加容易。

附　　录

为了把自由学说阐述得极其明了，并把宿命论追踪到它的最
(I,5,182) 后避难所，我们还需要特别考虑康德关于人的恶根所持的论断[30]。

我们已经这样解释了人的恶：每个人如果要能被称为人，则必须达到对他自己的意识，而要做到这一点，只需要他能意识到他选择自己的行为的自由。人学会了在单纯的自然冲动向他所要求的多样性事物中确切地进行选择，就出现了这种意识。在这种情况下，人将模糊地按照自私的准则行动起来，或者，在他获得更多的理智和反思能力时，他将明确地按照自私的准则行动起来；就此而言，我们可以根据赖因霍尔德的看法，认为人会有一种自私的冲动[31]，但人本身是通过自由选定的准则才使这种冲动成了自私的；因为单纯的自然冲动绝不是一种自私自利或值得指责的冲动，相反地，如我们将在适当的时候看到的，满足单纯的自然冲动乃是一种职责。这时，人很容易滞留在这个发展阶段上，因为没有任何东西进一步推动他反思自己的高级禀赋，而且也根本不存在这种必然性。

假如我们仅仅说过，“人在自己有希求时就可能滞留在这个发展阶段上”，那么，关于这个论断是不会另有疑问的。我们提出的本来就是一种单纯或然的论断。但我们怎样达到直言肯定论断，说“人停留在这个发展阶段，虽然不是必然的，却是可以预料的”呢？我们在这里真正主张的究竟是什么呢？我们不知不觉地假定的肯定东西是什么呢？

我们假定的肯定东西是这样的:人绝不会做这样一种事情,这种事情不是绝对必然的,不是人受其本性的强制而必须去做的。所以,我们就假定了一种不作反思的原始惰性,并由此假定了一种不按照这种反思从事行动的原始惰性。因此可以说,这是一种真正的、肯定的恶根,而不像迄今给人的印象那样,是某种单纯否定的东西。我们假定的肯定东西也毕竟必然会是这样。仅仅为了能解释否定的东西,我们必须拥有肯定的东西。

是什么东西使我们有理由作出这样一个假定呢?单纯是经验吗?康德似乎是这么认为的[32],虽然他在其他方面得出的结论与我们即将得出的结论是一样的。但是,单纯的经验并不会使我们有理由作出一个很普遍的假定。所以,必定有作出这个论断的理性根据,只不过它不能产生必然性,因为这会取消自由,而是它仅仅能使经验的那种普遍性变为可以解释的。

(I,5,183)

整个自然本身应该被认为有一种惰性力量(vis inertiae)。这是从自由存在者的效用性概念得出的。这种效用性在能被知觉到的时候,必然处于时间中,而在不能被设定为受客体阻挡的时候,则不可能处于时间中。惰性力量概念虽说看起来是自相矛盾的,但同样是实在的;问题仅仅在于,我们要正确理解这个概念。作为非我与整个客体的自然本身,只有静止状态,只有存在;这种自然就是本来的自然,就此而言,绝不应该认为自然有任何能动力量。但是,自然要持续存在,就必须拥有一定数量的趋向或力量,保持它本来的模样。假如它不拥有这些力量,它在任何时刻就都绝不会有它持续存在的形态,而是会处于不绝的变化之中,因而在实际上没有任何形态,不是它本来的模样。如果这时有一种相反的力量作用于自然，自然就必然会用它为了维持其原样而具有的一切力量进行抵抗，并且只有在这时，才通过与相反的活动的联系形成了一种活动，而这种活动在以前则仅仅是惰性；这样，惰性与活动两个概念就综合统一起来了，并且这种综合恰好应该表示一种**惰性力量**。

从上述观点来看，我们本身也无非是**自然事物**。我们的各种力量是自然力量；虽然自然的因果性以冲动告终，因而正是自由赋予我们的各种力量以生命，然而我们的各种力量所采取的方向绝对不是任何别的方向，而只能是不受干扰的自然同样会采取的方向。进一步说，甚至于我们停留在那种反思观点上的事实，由于是必然的，也同样应该被视为机械作用的结果。因此，无论从哪个方面来看，我们都是自然事物。凡是整个自然具有的东西，就人是自然事物而言，也必定是人具有的，诸如力图摆脱他的现状的挣扎，安于停留在习惯轨道上的趋向。

（唯有用这种方式，才能解释人性中的一种涉及人的一切行
(I,5,184) 动的普遍现象，例如**积习难返**的可能性和**保持习惯的倾向性**。如果我们可以用一个虽然带有贬义，但很能表现特征的词汇来说明我们的观点，那么任何人，甚至最坚强有力、积极有为的人，也都有他的因循守旧的方面，并且他将必须终生与这个方面作斗争。这就是我们天性中的惰性力量。甚至绝大部分人的循规蹈矩、按部就班的行为，也无非是那种趋于静止状态和习惯势力的倾向。使自己摆脱这类东西，总是需要花费力气的。即使这种努力有一次成功了，留下的动摇因素也会继续在一些回潮过程中起作用，因此，一旦人不再警惕自己，他就会前功尽弃，而很快又返回到习以

为常的惰性的老路上。)

我们可以设想人的上述处境。既然就人的原始本质来说,而不是就实际情况来说,人是自由的和独立于自然的,那么,他总应该使自己挣脱这种处境,而且在他被认为绝对自由的条件下,他也**能够**这样做;但是,在他能依靠自由使自己挣脱这种处境以前,他必须首先是自由的。所以,正是他的自由本身受到了束缚;他本该用以解救自己的力量与自然力量联合起来反对他。在这里没有建立起任何平衡关系,相反地,他的自然力量具有禁锢他的分量,而道德规律决无抗衡的分量。在这个时候,虽然他确实**应该**把自己完全放到另一架天平上,对惰性与活动的抗争作出判决,虽然他在自身也确实拥有力量,按照需要,给自己无限地增加分量,以胜过自己的惰性,并且他在任何时刻都能够通过自我压抑,通过纯粹意志,从自身施展出这种力量,但是,他应该如何获得这种意志和这种自我压抑的首要能力呢?从他当前的处境得到的,绝不是这种意志或能力,而是禁锢和束缚他的相反东西。所以,即使真有这种情况,即这种首要的推动力不应该并且不可能从他当前的处境得到,而是绝对应该并且可能从他的自动性得到,但是,在他当前的**处境**中他能施展出那种力量的地点究竟在什么地方呢?绝对没有这样的地点。如果大家都把这种事情视为必然的,那么,人就绝对不可能解救自己,也就是说,完全不可能改恶从善。只有他能亲自创造出的一种奇迹,才可能挽救他自己。(所以,有些人主张一种servum arbitrium[意志决定的羁绊],把人描绘为一条手杖或木棍,它不能靠自己的力量从原地移动,而必须用一种更高的力量来推动,这些人如果像他们实际上做的那样,是在谈论**自然人**,则是完 (I,5,185)

全正确的和合乎逻辑的[33]。)

因此,这种通过长期的习惯无限地延续的、很快就变得完全没有能力从善的惰性,是真正的、天生的和基于人的天性本身的恶根,它也完全可以用人的天性来解释。康德说得很对,人是天生懒惰的[34]。

从这种惰性首先产生了怯懦,即人的第二种恶根。怯懦是一种在我们与别人的相互作用中维护我们的自由独立的惰性。每个人在对待一个具有他已经坚决相信的缺点的人时都要有足够的勇气,如果他没有这种确信,而要与一个按他的猜想比他自己具有更多的优点——不管是什么样的优点——的人打交道,那他就会害怕使用维护他的独立性所需要的力量,向对方表示屈服。只有依据怯懦,在人们当中盛行的肉体奴役与道德奴役,即卑躬屈膝与人云亦云,才能解释清楚。我害怕在进行抵抗时用尽体力,而使自己的躯体屈服于别人;我害怕在独立思考时劳神费心——这是有人由于过分希望得到大胆的、深奥的论断而要我做到的——而宁愿相信别人的权威性,以尽快打发别人向我提出的要求。(总是有一些人,他们想居于支配地位。发生这种情况的原因,在上文中我们已经看到了。这些人数量不大,而能量很强。他们具备坚强有力、无所畏惧的品格。但许多若要联合起来,便会力量很大的人们,是怎么屈服于那些人的呢?事情是这样的。在进行抵抗时要求他们付出的辛劳,在他们看来要比他们甘愿服从和忍受的奴役更加痛苦。对通常的人来说,费力最小远比忍辱负重更加痛苦,他们宁愿忍受一切,也不愿行动一次。他们对于忍辱负重都安之若素,习以为常。所以,故事里讲的水手们在安慰自己的时候,宁可

希望自己将来能在阴曹地府里忍受痛苦，也不希望自己在尘世生活中改邪归正。据说在阴曹地府里他们只是受苦，而在尘世生活中他们则必须行动。）

懦夫在这样违心地服从别人时，特别用诡计与谎话安慰自己，因为人的第三种从怯懦自然而然地产生的恶根是虚伪。人不可能这么完全否定自己的自我性，也不可能像他假装的那样为另一个 (I,5,186) 人牺牲自己的自我性，以免除在公开斗争中捍卫他的自我性的辛劳。所以，他就总是不停地这么佯言，以期给自己选择更好的机会，在他的压迫者的注意力不再盯着他的时候，向自己的压迫者进行斗争。所有的虚伪、所有的谎言、所有的欺诈和诡计之所以会产生，都是因为有压迫人的人；任何奴役别人的人都不得不经常面对这个事实。只有懦夫才是虚伪的。勇夫则不说谎，不虚伪；这如果不是出自德性，也是出自秉性骄傲与性格刚毅。

这就是关于通常的自然人的一幅画面。我之所以说是通常的，是因为非凡的、受到大自然的特别偏爱的人具有一种坚强有力的性格，但在道德方面则丝毫也不是善良的。这种人既不懒惰，也不怯懦，更不虚伪，然而却以傲慢自负的态度，践踏自己周围的一切事物，变成了那些甘愿充当奴隶的人们的主人和压迫者。

这幅画面也许让人觉得卑鄙和讨厌，但大家不应对人性的不完善发出叹息或进行诽谤。首先，你觉得这些特点卑鄙，这恰好证明了人类的高尚与伟大。在动物界强者捕食弱者，弱者用狡计欺骗强者，难道你会觉得这同样卑鄙吗？无疑不会。你会觉得这是自然的和正常的。你之所以会觉得人类的情况与此不同，是因为对你来说根本不可能把人类视为一种单纯的自然产物，相反地，你不得不把人类设想为一种高于一切自然产物的、自由的和超感性的存在者。甚至人觉得自己能作恶，也表明人注定要为善。其次，假如德性不是我们自己的自由以能动性获得的产物，不是向迥然不同的事物秩序的升华，它会是什么呢？最后，谁都不能根据我们在这里给这些特点作出的论证，设想它们单纯对人类有效，设想它们是作为某种异样的东西，由一个怀有敌意的妖魔附加给人类的，设想任何其他有限的理性存在者则不会是这样。其实，这些特点不是出自我们的本质的一种特殊性状，而是出自一般有限性概念。(I,5,187) 我们可以设想四翼天使基路伯与六翼天使撒拉弗的性状；它们在其他特点方面虽然能被设想为与人不同，但在根本特点方面却绝不能被设想为与人不同。只有一位是神圣者，一切创造物则生来就必定不神圣和不纯洁，而只有通过自己的自由才能使自己上升到道德境界。

这种根深蒂固的惰性，恰恰把那种能使人借以解救自己的唯一力量弄得无法发挥作用，在这种情况下怎么能用它来解救人呢？真正说来，人究竟缺乏什么呢？人并不缺乏力量。他有的是力量，但他没有对于力量的意识，没有运用力量的推动力。根据所述的理由，这种推动力不可能来自人的内部；它如果不是通过奇迹产生的，而是通过自然途径产生的，则必然来自人的外部。

只有通过理智，通过当然能够加以培养的全部理论能力，这种推动力才能来到人那里。个人必定会看到自己的形象是可鄙的，对自己感到厌恶；个人必定会看到一个榜样，这个榜样提高了他的精神境界，给他展示了他应该如何生存的形象，引起了他的尊重，同时也引起了他对于使自己也值得这样受到尊重的兴趣。另一条教化途径是不存在的,而我们指出的这条途径则提供了人缺乏的东西,即对于力量的意识和运用力量的推动力。但显而易见,改恶从善和精神升华总是取决于自己的自由;谁甚至在这时还没有运用自己的自由,谁就无法得到解救。

但是,这些外部的推动力须从何处来到人类中间呢?每个人虽然都有惰性,但始终有可能使自己超越于这种惰性之上,所以,我们有理由假定,在人群中间有些人确实得到提高,上升到了道德境界。这些人的目的必然在于影响自己周围的人们,并且是以上述方式影响他们的。

某种有这样的影响的东西就是**实定宗教**,即一些出类拔萃的人为了促进其他人发展道德感而建立起来的设施。这些设施由于历史悠久、广泛适用和普遍有益,可能还享有一种特别的权威性,它对于那些需要它的人们来说也许很有帮助。这些设施在最初也不过是为了引起人们的注意,因为像我们在上文已经指出的,它们并不想从根本上使人们成为非道德的,所以不可能以某种别的东西——对权威的信仰和盲目服从——为目的。

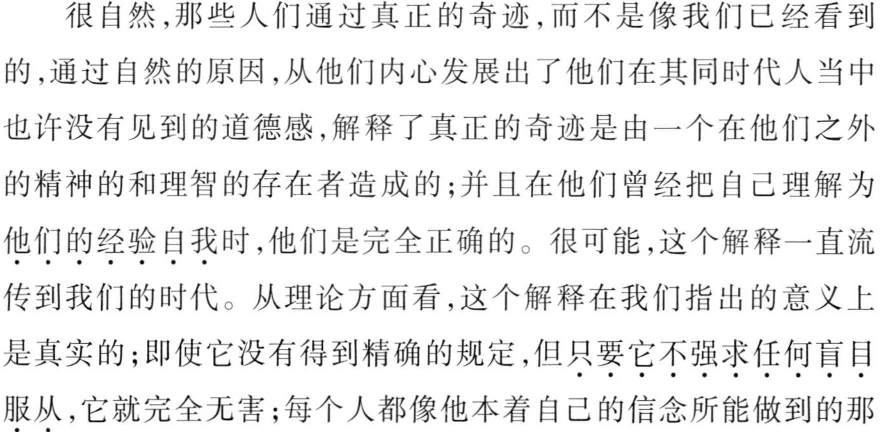

很自然,那些人们通过真正的奇迹,而不是像我们已经看到的,通过自然的原因,从他们内心发展出了他们在其同时代人当中也许没有见到的道德感,解释了真正的奇迹是由一个在他们之外 (I,5,188)
的精神的和理智的存在者造成的;并且在他们曾经把自己理解为**他们的经验自我**时,他们是完全正确的。很可能,这个解释一直流传到我们的时代。从理论方面看,这个解释在我们指出的意义上是真实的;即使它没有得到精确的规定,但**只要它不强求任何盲目服从**,它就完全无害;每个人都像他本着自己的信念所能做到的那

样，坚持自己对这件事情的信仰，而那个解释从实践方面来看，对于绝大多数人也是完全无所谓的。

(I,5,189)

第二章　关于道德规律的内容，或对于我们的职责的系统概观

§.17. 引论，或对我们的课题的研讨

我们必须知道我们探讨的问题是什么；我们必须预先制定一个回答我们的问题的方案。这就是现在这一节的打算。我必须提到一些从前谈过的东西。

I

大家知道，我具有因果性，是指我给我自己预设为目的的东西会出现在经验里。我们已经从先验观点看到，知觉与意志的这种一致就其最高的根据而言，无非是我们的经验的、由绝对自动性决定的存在与我们的原始冲动的一致；如果我决定自己去做我的原始冲动确实要求的事情，那么，我作为在时间中得到规定的东西就会被设定为与我作为原始的，但没有我的任何意识而存在的东西是一致的。由此产生了一种强制感，因为我在这时感到自己是**完整的**；而这种感受像在上文中已经详细分析过的那样，也是一种知觉。

原始冲动是指向各种各样的东西的，因为它对我来说永远是

给定的;我的一切存在和我的一切经验永远不是别的,而只是它的分解。按照上文所述,原始冲动虽然只能逐渐经过一些中间状态得到发展,甚至在各个具体情况下得到满足,但是,它所追求的东西甚至在各个具体情况下也可以通过自由的反思,被划分为多样性的东西。(原始冲动在任何可能的发展阶段都在追求一种确定的东西 = X,这个 X 是由一切先行的东西和它自身的本性决定的; (I,5,190) 但这个确定的 X 是一个量,并且能够通过绝对自由的反思,被无限地分割下去,首先被分割为 a、b、c,a 又被分割为 d、e、f,如此等等。)由此才产生了一种多样性的行动。不过,既然整个 X 作为原始冲动要求的东西是可能的,那么,它的各个部分也是可能的。在任何情况下,各种各样的行动都是可能的。但是,要产生某种东西,不仅需要这种东西是可能的,而且也需要我决定自己要求这种东西。我不希求的东西是不会通过我的冲动产生的,在一切可能的东西中只产生我所希求的东西。

II

大家可以坚持关于可能存在的多样性东西本身的概念,也就是说,大家可以不考虑这些行动本身彼此具有的关系,不考虑它们是相互排斥的,还是作为组成部分相互蕴含的,因为这个问题直到如今还没有加以讨论。但在这种可能存在的多样性东西当中,简直只有统一的东西(多样性东西的一个确定的部分)才符合于职责,而其余的一切东西都是违背职责的。(顺便指出,道德命令无论如何属于可能的东西的范围,因为它属于原始冲动所要求的东西的范围,而道德规律本身确实是以原始冲动为基础的。不可能的东西绝不是职责,职责绝不是不可能的。)

这种由职责要求的统一的东西是什么呢?关于这个问题,我们在上一章中曾经不得不诉诸我们良心的内在感。良心总会认可的东西就是职责,只要我们注意良心的呼声,良心就绝不会出错。可以说,这对实际行动来说是充分的,而且要使实际行动成为可能,也不再需要任何其他东西。例如,民众教师就完全可以这么做,从而结束自己的道德说教。

但是,对于科学来说,这么做是不充分的。或者,我们必定能 a priori[先验地]确定,究竟良心会赞同什么;或者,我们必须承认,一门伦理学作为实在的、适用的科学不是可能的。

这个问题应从另一方面来看。感受会作出判定。它的这种判定无疑是以一种**基于理性的**规律为依据的,虽然在意识中只有一
(I,5,191) 种感受是作为这种规律的永恒表示出现的,因而这种规律从普通人类理智的观点来看不可能构成意识的对象,这似乎是一个矛盾,但是,这种规律却一定能根据先验观点被揭示出来。一种单纯普及性的道德说教总是停留在普通意识的观点上;所以,从先验观点看到的一切东西对于普通意识的观点来说都是不存在的;一种哲学观点只有使自己高于普通意识的观点,才算是哲学观点。

理性是毫无例外地确定的;所以,一切在理性中存在的东西都必然是确定的,因而那种通过感受表现出来的良心的体系也必然是确定的。在下文中还会找到一些外在根据,来论证这种支持道德感的理性规律的必要性。如果这种规律得到了揭示,那也就同时 a priori[先验地](先于良心的直接判定)回答了"我们的职责是什么?"的问题。

III

我们可以暂且给出一个答案,它虽然也是一样的,因而没有决定性的意义,但毕竟能把我们引向做进一步的研究的道路。

这就是:因为我们的意志总是独立的,所以,不仅从我们的意志方面来看,而且从我们的全部存在方面来看,道德规律的终极目的都是绝对的独立性或自主性。这个目标诚然是不可达到的,但毕竟有一个永远不断接近它的过程。所以,无论从谁抱有的首要观点出发,都必定会有各种行动先后相继构成的一个永远不断的系列,人们可以通过这个系列接近那个目的。良心总是只能赞同那些包含在这个系列中的行动。大家可以用一条直线的图形设想这种情况。只有作为点而包含在这条线中的东西,才能得到赞同,任何不包含在这条线中的东西则根本得不到赞同。所以,我们的问题也可以这样加以表述:包含在上述系列中的各种行动是什么呢?这个问题的提法,有助于深入了解前后文的联系。在**论述**伦理原则的**适用性**的第二编结尾处,我们曾经让我们的研究停顿下来,我们这里的研究则恰好又与那个地方衔接起来了。在那里,我们完全无法看出,“我们的职责是**什么**”的问题怎么能 a priori[先验地]加以规定;除了我们的良心**依据**行动表示赞同或不赞同,我们完全没有什么标准。于是,当时的问题似乎一定在于作单纯的 (I,5,192)
摸索,好像我们只有通过长期的经验和多次的失误,才能得到若干道德原理。道德规律作为一种规定行动的、真正实践的规律,好像几乎完全被废除了,而往往成为一种单纯的评判规则。诚然,我们在第三编第一章里也找到了这样一种标准,即道德感,而且对于道

德规律来说，这种标准在实践中的适用性也得到了确证，但是，这只对日常生活中的行动是充分的，对科学则是不充分的。我们现在的问题是：即使不在意识里，也毕竟在哲学里，有一个更高的原则，即道德感本身的一个统一根据吗？我们的研究总是有条不紊、循序渐进地走过了自己的道路。因此，我们满可期待，甚至在我们以前做不到的地方也能深入下去。

IV

那些包含在接近绝对独立性的系列中的行动，就其内容而言，究竟是什么东西呢？我们已经这么提出了我们现在的课题。关于这个问题在上文（§.15. V. 第 188 页）曾经表明，人们按照自己的终极目的对待任何客体的行动就是那些行动。我们可以将那里说的意思作一个简明扼要的总结。仅仅由于冲动有确定的限制，并且为了说明这种限制，才特别设定起一个确定的客体。如果这种冲动本身被设定为冲动（渴望、欲求），并被联系到客体上，那么，人就拥有自我在客体中想创造的、想为此使用客体的东西，而且人拥有的是事物的原初确定的目的，绝不是事物的任意加以设定的目的。但是，一切任意的目的按照上文所述，同时也是原初的目的，或者更清楚地说，我至少不能实现任何不是由原始冲动要求的目的。不过也很可能，我只理解我的原始的、指向客体的冲动的一个部分，于是，我也只理解事物的一部分合目的性；然而，如果我能把握我的涉及这类客体的全部冲动，那我就理解了事物的全部合目的性或终极目的。

V

(I,5,193)

大家可以考虑这么说的意思:我应该理解我的冲动构成的**总体**。任何总体都是臻于完善的,因而是有限制的,这就肯定了冲动的原始限制。

大家可以看到,这里谈的是**冲动**的限制,而不是因果性的限制,也就是说,不是实现所追求的东西的那种能力的限制。这么说的意思是:作为原始冲动的冲动完全不会指向某些东西。

这会是什么样的限制呢?绝不是冲动在其形式方面的限制,因为像我们知道的,冲动以绝对独立性为归宿;但这个目标是无限的,是绝不能达到的,因此,在一切无限性中冲动本身都绝不会不再存在。所以,这必定是一种内容方面的限制;冲动必定完全不可能追求某些东西。

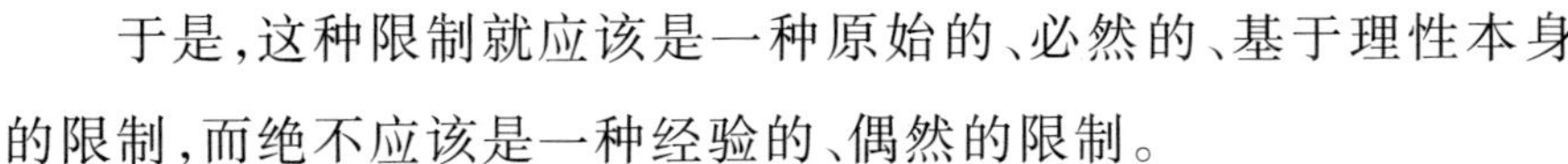

于是,这种限制就应该是一种原始的、必然的、基于理性本身的限制,而绝不应该是一种经验的、偶然的限制。

但是,理性存在者是自我,除了由这个事实产生的限制,对理性由决没有什么理性自身造成的限制。所以,冲动的那种原始的、基于理性本身的限制应该是产生于自我性本身的限制,而且如果除了刚才指明的那种由自我性本身造成的限制,就根本不应假定冲动有什么限制,则冲动也应该从其总体方面得到理解。

在自我中绝不可能有任何冲动不再是自我,或变为非我。如果这样,自我则会走向其自身的毁灭,而这是自相矛盾的。但进一步说,冲动的任何不直接产生于自我性的限制,都不是什么原始的限制,而是我们本身通过我们的不完备的反思给自己附加的限制。

我们本身除了能提出要求，就很少对什么事情感到满足。

简单地说，冲动从其总体方面来看，是指向自我本身的绝对独立性的。自我性概念与绝对独立性概念应该综合统一起来，我们应该由此把握道德规律的实质内容。我应该是一个独立的自我，这是我的终极目的；我应该为此利用各种外在事物据以促进这种独立性的一切东西，这是外在事物的终极目的。这就给我们开辟了一条深入进行上述研究的坦途。我们只需要完全指明自我性本身的各个条件，把它们与追求独立性的冲动联系起来，从而明确
(I,5,194) 规定这种冲动；这样一来，我们就把道德规律的内容彻底研究清楚了。

§.18. 从自我性与追求绝对独立性的冲动的联系中系统地制定自我性的各个条件

I

（反思的）自我必定会察觉它自身是自我；它仿佛必定是由它自己给定的。我们在上文中已经从这一方面表明，反思的自我察觉它自身有一种冲动，而这种冲动正因为是作为给定的东西，仅仅以这样的方式被察觉的，并且在这时也没有显示出任何独立性，所以，就被设定为自然的冲动了。

这种被察觉的东西作为反思的客体，必然是一种有限的、限定的量。如果自身统一的自然冲动是通过自由的反思、按照（上节）所述的方式加以划分的，那就出现了冲动的多样性，而这种多样性

的冲动毕竟是有限的，因而构成了一个完备的冲动系统。我不能把这些冲动或这种冲动视为某种外来的东西，而是必须把它们与我自己联系起来，并把它们当作一种偶性，也纳入同一类既有自由思想，也有自由意志的实体中。

虽然我必须把那种冲动与我自己联系起来，把它设定为我的冲动，但在某些方面，它对于我这种真正的、自由独立的自我来说，始终是某种客观的东西。从那种冲动中产生了一种单纯的渴望，我既可以自由地满足它，也可以自由地不满足它，所以，就我是自由的而言，它总是在我之外，在我之下；给我这个自由理智力量产生的结果，无非是认识到在我之内有这种确定的渴望。作为力量、动力等等，这种渴望对我来说始终是外来的；如果我现在自由地决定自己去满足它，那么，它就在一种迥然不同的意义上变成了我的渴望：就我是自由的，是自由地得到设定和规定而言，它变成了我的渴望，它不仅 idealiter［在观念中］通过理论认识为我所占有，而且 realiter［在现实中］通过自我规定为我所占有。甚至站在普通意识的观点上，我也把我自己看作双重的，使我自相分裂，谴责我自己，如此等等。

（在后一种情况下，我本身设定我自己，并且仅仅是我把我自己造就成的东西。这种事情可以发展到这样的地步，以致我真正占为己有的东西不是我从最初指出的方面察觉在我之内的东西，而仅仅是借助自我规定存在于我之内的东西。甚至在普通生活里，在我们之内属于我们的人格而不通过自由存在的东西，诸如诞生、健康、天才等等，与我们通过自由成为的东西，也是被截然分开的，例如，有一位诗人说：genus，et proavi，et quae non fecimus ipsi， (I,5,195)

vix ea nostra puto[出身和祖先我们自己无法决定,我认为这不是我们的事情][35]。)

于是,原始冲动要求的东西就必定经常出现在经验中,如果我自由地规定自己这么做的话。现在的情况就是这样。自然冲动属于原始冲动。如果我自动地规定自己满足原始冲动,会产生什么结果呢? 回答了这个问题,刚才作出的区分也就看得更加清楚了。

属于我们的人格而不通过自由存在的东西是一种单纯的自然冲动,自然的因果性恰恰是在那种被我设定为我的冲动的冲动中告终的;从自我规定产生的东西实际上是*我的*冲动,它是基于我这种自由存在者的。单纯的自然冲动会出现在经验中,这句话的意思是:我觉得这种冲动是自然对其自身的因果性的趋向。

在自然中我的一切力量和效用性无非是(在我之内的)自然对其自身(在我之外的自然)的效用性。

这时,我的自然或天然东西是受自由统辖的,如果没有自由地作出的规定,我的自然就不能产生任何结果。在植物当中,植物的自然是直接作用于其自身(植物之外的自然)的;在我当中,我的自然则只有借助于自然的过程,通过自由地制定的概念,才能作用于其自身。在靠自由作出自我规定以前,虽然结果的得出在自然方面所需要的一切东西都是给定的,但自然在这里根本不足以依靠其自身去产生一种效用性。结果的得出在主体方面所需要的东西并不是在自我规定以前给定的;这种东西是通过自我规定给定的,这时效用性的产生所需要的一切东西就完全齐备了。自我规定给我的自然的力量提供了一个必不可少的原则,即我的自然原来缺乏的第一推动力;所以,从这时起自然的冲动就是*我的*冲动,即真正的自我,它将自身造就成为自己所是的东西。

这就是我们的全部论证依靠的最根本、最突出的论据。不过还应该提到某些业已熟知和得到证明的情况。整个自然都是依靠 (I,5,196)
反思设定的,必然被设定为包含在空间中和充实空间的,因而被设定为物质。既然我们把我们的自然冲动系统设定为自然的产物与部分,那么,我们也必然会把它设定为物质。我们的自然冲动系统变成了一种物质躯体。在这种躯体中集中与包含了自然的那种冲动,不过它本身没有什么因果性。但直接借助于我们的意志,它就有了因果性;根据上述理由,我们的意志在我们的躯体中直接变成了原因。我们只需要有意志,并且在我们的躯体中产生了我们欲求的东西。按照我的以上说法,我们的躯体包含了一切因果性据以出发的最初的起点。我们的躯体受我们的控制,而不必像我们的躯体之外的任何其他事物,还得首先为我们所掌握。自然不借助于我们的任何自由活动的作用,就完全把我们的躯体置于我们的控制之下了。

我们的躯体有感觉能力,也就是说,集中在我们的躯体中的自然冲动必然被设定为我们的自然冲动,为我们所占有;由此可知,甚至满足或不满足这种冲动,我们都有办法,(并且如我们已经知道的,唯独由此可以得出我们的整个感性认识系统。)进一步说,我们的躯体直接受意志的推动,对自然有因果性。这样一种躯体,或确切地说,这样一种东西,就是自我性的条件,因为这种躯体仅仅是从自我反思得出的,而唯独通过自我反思,自我才成为自我。

我们还可以进一步由此得出一些结论。

就内容而言,一切可能的行动都是自然冲动要求的东西,因为我们的一切行动都是在自然中发生的，都是在自然中可能的，和在自然中对我们成为现实的；但是，我们之外的整个自然只有借助于自然冲动才对我们存在。自然冲动只有通过我的躯体，才能左右我自己；并且在我之外的世界里，自然冲动只有通过我的躯体的因果性，才得到实现。因此，躯体是我们的一切知觉的工具，而且因为一切认识都是基于知觉，所以，躯体也是我们的一切认识的工具；躯体是我们的一切因果性的工具。这种**关系**就是自我性的条件。自然冲动既然是冲动，并以自身为目的，所以，是以我们的躯体的保存、培养与健康为目的，简言之，以我们的躯体的完善为目的，因为自然冲动甚至是我们的躯体的体现。自然冲动就是以此为目的，而不以任何其他东西为目的，因为自然不能使自身高于其自身。自然的目的就是自然本身，**我们的**自然也是以我们的自然为终极目的；但我们的自然是包容在我们的躯体里的，因此，自然——**我们的**自然和**一切**自然事物——都仅仅以我们的自然冲动
(I,5,197) 或躯体为其目的。

我的最高冲动是追求绝对独立性的冲动。我只能通过行动逐渐接近这一独立性，但我也只能依靠我的躯体来行动；所以，那种冲动的满足或一切道德性是决定于躯体的保存与尽量完善的。反过来说，独立性或道德应该是给我的行动有意识地设定的唯一目的；所以，我必须使最初的目的服从于最终的目的，必须保存与培养我的躯体，仅仅把它当作道德行动的工具，而不使它以它自身为目的。把躯体当成道德的适用工具和这样保存躯体的目的，完全应该和必须给一切关照我的躯体的行为奠定基础。

这样，我们就在这里得到三条实质性的道德命令。第一条道

德命令是否定性的，说明我们的躯体绝不可作为最终目的加以看待，换句话说，绝不可成为一种为享受而享受的客体。第二条道德命令是肯定性的，说明躯体应该永远尽可能被培养得适用于自由活动的一切可能的目的，扼杀感觉与欲求，使体力变得愚钝，是根本违背职责的。第三条道德命令是限定性的，说明任何享受如果不依据最佳的信念，与那种把我们的躯体培养得适用的活动结合起来，就是不能允许的和违背规律的。保护我们的躯体，但不相信它应该为了合乎职责的行动——即为了良心和考虑到良心——而得到培养与保存，这是根本违背道德思维方式的。《圣经》上说，你们饮食，要赞美上帝[36]。谁觉得这种道德学说是十分严峻的和令人痛苦的，谁就无法加以挽救，因为再也没有什么其他办法了。

为了有助于得到概括的了解，应该说明，刚才所述的自我性的条件限定了道德规律所要求的自我的因果性。人们将会看到，还有伦理主体的实体性的第二个条件，还有这种主体的某种必然相互作用的第三个条件。这将提供外在的证明，表明自我性的各个条件都得到了彻底的探讨。内在的证明则是从业已制定的东西的系统联系中得出的。 (I,5,198)

II

自我必定会察觉其自身是自我，这个论断是刚才完成的考察的出发点。当前的考察也是从这个论断出发的，不过有所不同。在那里考察的是自我在自我反思中的受动性，是反思的客体；在这里考察的则是自我的能动性，是反思中的主观东西。要在内心自由地模仿给予的东西，自我必须拥有反思能力。我们从这一方面把自我的能动性称为理想的活动。可以直接看出,这就限定了自我性。自我必然是理智力量。

追求独立性的冲动或道德规律与自我的这种规定有什么关系呢?

道德规律诉诸理智力量本身。我应该自觉地按照概念去逐渐接近独立性。只有我是理智力量,只有我作为理智力量把道德规律颁布给我自己,使之成为我的行动的规律或原理,才有道德规律。所以,理智力量是限定道德规律的全部存在(实体、持续存在)的,而不单纯像躯体的被设定的存在那样,是限定躯体的因果性的。只有我是理智力量,只有在我是理智力量的限度内,才有道德规律,而道德规律的范围并没有超过理智力量的范围,因为理智力量是道德规律的媒介。因此,理智力量对于道德规律的实质性的从属关系就不是可能的,(而自然冲动对于道德规律的实质性的从属关系则确实是可能的。)我必定不会不打算认识某些东西,因为这会与我的职责背道而驰;出于这种理由,我确实不可屈服于躯体的某些嗜好和享乐。

但是,独立性(道德)是我们的最高目的。所以,理论认识 formaliter[在形式上]必须服从于职责。对我的职责的认识必定是我的一切认识、我的一切思维和研究工作的终极目的。可以由此得出以下三条道德规律:

1) 否定性的道德规律,说明你绝不要屈从于你的理论理性本身,而是要不考虑任何在你的认识之外的东西,绝对自由地进行研究。(你不要预先在理论上设定一个你想达到的目标;因为你究竟能从什么地方得到这个目标呢?)

2）肯定性的道德规律，说明你要尽你的所能，培养你的认识能力，你要尽你的所能去学习、思考和研究。

3）限定性的道德规律，说明你要 formaliter[在形式上]把你的一切反思与你的职责联系起来，你要在你的一切反思中都明确地 (I,5,199)
意识到这个目标。你要本着职责进行研究，而不要单纯本着空洞的求知欲望或仅仅为了使自己有事可做，才去进行研究。你不要以为，这就使你发现了**这个**或**那个**是你的职责，因为你在拥有自己的认识以前，怎么能知道你的职责呢？相反地，你要为了认识你的职责是**什么**，而不断进行研究。

III

我们已经在另一个地方（拙著《自然法权基础》[37]）证明，自我只能把自己设定为个体。所以，个体性的意识应该是自我性的一个条件。伦理学高于任何其他专门的哲学学科，（因而也高于法权学说。）因此，在这里我们必须依据一个更高的原则作出上述证明。

a）一切属于反思客体的东西，必然是有限制的，它们之所以变得如此，是因为它们变成了反思的客体。自我应该成为一种反思的客体。所以，自我也必然是有限制的。于是，自我就是由一种自由能动性本身标志的，因而这种自由能动性也是有限制的。自由能动性是有限制的，这意味着：这种自由能动性的量是与一般自由能动性对立的，就此而言，也是与其他自由能动性对立的。简单地说，除非自由能动性是一个量，自我就根本不能把任何自由能动性占为己有；所以，如果不直接与那种思维一起，同时设定在这个限度内不属于那种思维的其他自由能动性，自我就根本不能把任何自由能动性占为己有，因为每个量都必然是有限制的。

b）单独由此出发，绝不可能就个体性的设定得出任何结果，因为也许很可能，自我仅仅通过理想的能动性就会设定自己的能动性之外的那种自由的能动性；这种理想的能动性是一种单纯可能的能动性，它之所以对自我本身是可能的，是因为自我这时也会乐意放弃那种自由能动性或其他自由存在者，就像经常在意识过程中发生的情况那样。无论我在什么时候认为我有一种行动，我都由此否认了一切其他自由存在者有一种行动，不过它们不是必然确定的自由存在者，而仅仅是我们可以设想的可能的自由存在者。

c）但有决定性意义的是下列情况：在最初我并不能通过自由的理想的能动性规定自己，而是一定会察觉自己是确定的客体。

(I,5,200) 既然我之为自我，仅仅由于我是自由的，那么，我就一定会察觉自己是自由的，即在我看来被给定为自由的。这尽管乍看起来会显得很奇怪，但确实如此。因为我只有与一种被我认识到的现实东西相对立，才能设定某种可能的东西。一切单纯的可能性都是基于对已知的现实性的抽象。所以，一切意识都来自现实东西——这是一种实在的哲学的主要原理——因此，自由的意识也是如此。

以下的论述是为了增进对于上下文联系的认识。我察觉自己是客体，这就意味着，我察觉自己是自然的冲动、自然的产物和自然的部分。很显然，要察觉这一点，我必须反思，我必须是理智力量；但是，如果不对这种反思进行一种新的反思，它在出现时就得不到意识，或者说，它就根本得不到意识。这时，我应该认为自己有那种自然冲动；如我们在本节Ⅰ中看到的，我应该把那种自然冲动设定为某种虽然应该归属于我，但并不真正构成我本身的东西。我应该认为自我有自然冲动，这种自我究竟是什么呢？是实质性的、真正的自我，而不是理智力量本身；作出这个论断的根据，我们刚才已经看出。因此，这种自我是自由能动者。既然我因而应该在一般情况和特殊情况下都察觉我自己是自然的产物，那么，我也就必定会察觉我是自由能动的，因为不然的话，前一种察觉活动就是不可能的；前一种察觉活动是由后一种察觉活动限定的。于是，我必定要察觉我自己，也必定会察觉我自己是自由能动的。这会是什么意思？这怎么是可能的呢？

首先，我通过自动性，并不能察觉真正的、现实的自我规定是给予的东西，而是我必须把这种规定本身给予我自己。这可能是十分矛盾的。因此，我只能通过理想的能动性，通过对那种不借助于我的作用而存在的自我规定的模仿，察觉某种自我规定。我的自我规定是不借助于我的作用而存在的，这只能意味着：它是作为一个概念存在的，或简单地说，我是被要求作出自我规定的。既然我理解这类要求，那么，我就把我的自我规定设想为某种在这类要求中给予的东西，并且在这类要求的概念中我被给予了作为自由存在者的我自己。只有这样，以上制定的公设才有意义。

［其次，］既然我理解这类情况，那么，我便认为我自己拥有我的自由的一个确定范围；但不能由此得出结论说，我恰好利用和占据了这个范围。如果我不理解这类要求，那就绝不会产生任何意识；这时，我还没有察觉自己，而是在另一时间才察觉自己，尽管这 (I,5,201)
种察觉活动的一切条件是存在的；原因在于，恰恰由于我是自由

的,我就不会为这一切条件所迫去反思,而是依然以绝对自动性去反思;不过,假如不存在这些条件,那么,我纵然具有一切自动性,也不可能反思。

d) 不承认一种在我之外的现实存在者具有这类对于独立性的要求,我就不能理解这类要求,而这种存在者是愿意把一个关于所要求的行动的概念通知给我的,因此能够理解这个概念;但是,这种存在者就是一种理性存在者,是一种把自己设定为自我的存在者,因此也是一个自我。(推论出在我们之外的理性原因的唯一充足根据即在于此,而且作出这种推论的根据也不仅在于对我们的作用是可以理解的,因为总是有可能作出这种推论。大家可以参看我的《自然法权基础》§.3.)假定一种在自身之外的现实理性存在者,这就是自我意识或自我性的条件。

我把我自己设定为这种理性存在者的对立面,这种理性存在者也把它自己设定为我的对立面;而这就意味着,我把我自己设定为与它有联系的个体,它把它自己设定为与我有联系的个体。所以,把自己设定为个体是自我性的条件。

e) 因此,可以严格地 a priori[先验地]加以证明的是:一个理性存在者不会在离群索居的状态中成为有理性的,而是必须至少假定一个在它之外的个体,这才可以使它上升到自由。其他的影响以及许多的个体,如我们立即会详细看到的,如果不假定这一个绝对必要的个体,也不能得到证明。

不过,从我们所演绎的东西中已经得出一种对于追求独立性的冲动的限制,因而得出了道德的一个进一步的实质性规定,它是我们要预先说明的。我的自我性以及全部独立性都是由另一个个体的自由限定的；所以，我的**追求独立性的冲动**绝对不能以毁灭**另一个个体自身的可能性的条件**或自由为目的。我完全应该仅仅按照追求独立性的冲动来行动，而绝不应该按照任何其他冲动来行动。在对冲动的这种限制中，包含着不得妨碍另一个个体的自由的绝对禁令，包含着要把另一个个体看作独立的，而绝不可当作实现我的目的的手段加以使用的道德命令。（自然冲动从属于追求独立性的冲动。理论能力并不 materialiter［在内容上］从属于追求 (I,5,202)
独立性的冲动；但是，追求独立性的冲动也不从属于理论能力。这种冲动是从属于另一个个体的自由的。我不可自己独立，而损害他人的自由。）

f）我哪怕设定**一个**在我之外的个体，也会单纯由于这样的做法，使一切可能的自由行动中的若干东西对我变成了不可能的，也就是说，一切限定了那一个个体在我看来具有的自由的东西会对我变成了不可能的。但是，即使在行动的过程中，我也必定永远会按照自由概念，从一切对我确实可能的行动里选择出若干行动。于是，按照我们的前提来说，被我的自由排除掉的东西虽然不是被现实的个体拥有的，却毕竟仿佛是被可能的个体拥有的。甚至在这个前提下，我也通过每一种行动，**进一步规定着我的个体性**。

这是一个重要概念，我将把它解释得更清楚一些，并且它会消除自由学说里的一个很大的难题。

我究竟是什么呢？或者说，我是一个什么样的个体呢？说我是**那样的个体**，根据是什么呢？我的答案是：从我有意识的时刻起，我就是**我自由地把我自己造就成的东西**，而**我之所以是这种东西，是因为我把我自己造就成了这种东西**。——在我生存的任何时刻,我的存在即使不就其条件来说,而是就其**最终**使命来说,也取决于自由。通过这种存在,我的存在的可能性又在将来的时刻受到限定,(因为我在现在的时刻是这样的东西,我在将来的时刻就不可能是某种这样的东西);但是,在一切依然**可能的**东西当中,我在将来的时刻会选择什么东西,这又取决于自由。通过这一切东西,我的个体性得到了规定;通过这一切东西,我 materialiter[在内容上]成了我所是的东西。

但是,甚至在当前只存在一个在我之外的个体,只发生一种自由对我的影响的前提下,那种仿佛是我的个体性的根源的最初状态也不取决于我的自由,而是取决于我与另一个理性存在者的联系;我从这时起成为什么或不成为什么,绝对唯独取决于我本人。在任何时刻,我都必须在许多东西中进行选择;在我之外根本不存在什么根据,能说明我在一切可能的东西中为什么没有选择任何别的东西。

g)但是,在我之外的**许多**个体却是可能存在的,也可能对我
(1,5,203) 发生影响。如我们已经看到的,大家并不能 a priori[先验地]证明事实必然如此,但是,大家至少应该证明事实**可能**如此。

如我们已经看到的,我无论如何都受到了自由的本质的强迫,在每一自由行动中限制我自己,从而给其他可能的自由存在者留下一种也在它们那方面自由行动的可能性。任何东西都无法阻止这些自由存在者成为现实的。如现在看到的,它们能够无损于我的自由而成为现实的,而我的自由无论如何必须加以限制。

但是,它们能够**对我**成为现实的吗?也就是说,我能够知觉到它们是现实东西吗?我能用什么方法知觉到它们呢?按照以上所述的原理，这类问题也许很容易得到回答，那就是：像自由存在者影响自由存在者那样，它们能够直接影响我，要求我从事自由的活动。

然而，它们完全没有必要对我发生直接影响，它们也只能对自然发生影响；而且**在我拥有关于在我之外的现实理性存在者的概念以后**，我依然能单纯从发生影响的方式推论出理性存在者的现实存在。以这种方式作出推论，在最初也许是不可能的。这种对单纯天然的东西发生影响的方式是出现人工产品的方式。这种产品表示的是概念的概念，它是作为在我之外的理性的标准得到陈述的。因为人工产品的目的就像自然产物的目的那样，并不是在产品本身，而是在产品之外。人工产品总是达到某种目的的工具或手段。关于这种产品的概念不是某种存在于单纯直观中的东西，而仅仅是某种在单纯直观中加以设想的东西，所以是一种**单纯的**概念。不过，完成人工产品的人却必须想到自己要表现的这种概念，因此，他必然已经拥有概念的概念。既然我把某种东西认作人工产品，那么，我必然会把一个现实存在的理性存在者设定为这种产品的首创者。自然产物的情况则不是这样。诚然，在自然产物中也有一个概念，但如果我们不在世界创造者中预先假定它，概念的概念就无法得到证实。

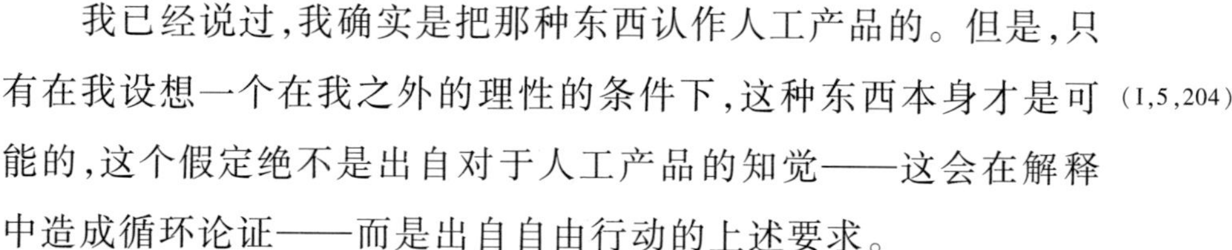

我已经说过，我确实是把那种东西认作人工产品的。但是，只有在我设想一个在我之外的理性的条件下，这种东西本身才是可 (I,5,204)
能的，这个假定绝不是出自对于人工产品的知觉——这会在解释中造成循环论证——而是出自自由行动的上述要求。

从普通意识的观点来看，事情就是这样，而我们之内的知觉是按照这种观点，由我们之外的事物的存在加以解释的。但是，按照这种观点假定的事情本身却必须用先验观点得到解释；从先验观点来看，是不允许把我们之外的东西作为出发点的，相反地，凡是在我们之外应该存在的东西本身，必须首先用我们之内的东西加以解释。所以，必须回答这样一个更高的问题：我们究竟该如何去假定我们之外的人工产品呢？

凡是在我们之外应该存在的东西，都是靠限定冲动设定的；人工产品就其毕竟是客体而言，也是如此。由此就出现了人工产品的特殊规定，标明它恰好被设定为人工产品。这是可以靠特别限定冲动推论出来的。我可以扼要地说，通过一般客体，我们的存在受到限制；或更确切地说，我们从对我们的存在的限制推论出一般客体；但是，冲动也许是以客体的形态变化为目的的。在这里，不仅有一种对我们的存在的限制，而且也有一种对我们的变化的限制；我们在内心觉得我们的行动令人生厌，这甚至是对我们付诸行动的冲动的限制；我们由此推论出了我们之外的自由（谢林先生在《哲学评论》第 4 卷第 281 页 §.13. 中出色地说明了这一点："在我的道德力量遇到抵抗的地方，不可能有自然。我毛骨悚然，静候在那里。一种声音向我说，'这里有人！'于是，我不可再前进了"[38]。）

像我们已经看到的，确实会出现这种情况。如果出现这种情况，则除了依靠单纯的自我性以外，我还进一步受到了限制。因为如我们已经证明的，在自我性里并不包含这类限制。在这种情况下，我就不是单纯的一般理性存在者——只要在我之外还有一个人，只要这个人在与我的关系中表现他自己，我就会是单纯的一般理性存在者——而是一种特殊理性存在者。正是这种特殊的限制不能被 a priori[先验地]从一般的限制中推导出来,因为它在这种情况下绝不可能是什么特殊的限制,否则,这就与前提背道而驰了。它论证了单纯经验的东西,然而这种东西就其可能性而言,也必须 a priori[先验地]加以论证。这种限制是一种原始的限制,所 (I,5,205)
以人们无法设想它一般是在时间中才形成的。尽管如此,我们还会立刻看到,从某个方面说,它是如何在时间中形成的。

从上述命题得出的结论是:个体性也能在其进展过程中不仅通过自由,而且通过原始限制得到规定;不过,这种限制是不能演绎的,而是一种特殊的限制,并且从经验观点来看,在这个方面对于我们是偶然的。事情可以是这样的:纯粹哲学必定会满足于这个结论,如果它是在研讨一门受这个前提的影响的科学,那么,它必定会由此得出一些结论,把它们当作受限定的命题。一门这样的科学就是伦理学,因此,这门科学的实质部分包含着某种受限定的东西。如果我们放弃纯粹哲学,而让自己诉诸事实,我们便能够说:事情确实是这样的。我不可能、也不可以是一切,并成为一切,因为还有一些别的存在者,它们也是自由的。

我原初不仅 formaliter[在形式上]受自我性的限制,而且也 materialiter[在内容上]受某种必然不属于自我性的东西的限制。确实存在着某些点,我不应该靠我的自由本身超越它们,而且这种不应该是直接显示给我的。其他自由存在者及其在我的感性世界中的自由影响是存在的,我要用这个事实解释这些点。

h)[39]这个理论好像使我们陷入了矛盾境地,而不得不作出一种很危险的结论。我想参加这个问题的讨论,部分原因在于这会在很大程度上有助于弄清真相，部分原因在于这会给一个棘手的哲学争论作出判决，而且在伦理学里居于关键地位的自由学说也可以完全得到阐明。

其他存在者的各个自由行动原初就应作为我的个体性的临界点包含在我之内，因此，我要用通俗的表达方式说，它们应该一向就是预先决定的，而绝不是在时间中才得到规定的。这不取消了
(I,5,206) 我的自由吗？只要在以前没有规定过我如何反作用于这些自由行动，它们就决没有取消我的自由，而且按照以上一切所述，总是给我留下了这种在一切可能的东西中进行选择的自由。但大家应该使自己上升到一个更高的观点上。在感性世界中受**我**的影响的其他存在者也是一些理性存在者；知觉到**我**对它们的影响，**对它们来说**是预先决定的，正像知觉到**它们**对我的影响，**对我来说**是预先决定的一样。对于我来说，**我的**各种行动不是预先决定的，我知觉到它们是我的绝对自我规定的结果，但对一切与我共同生活在社会中的其他存在者来说，我的各种行动则是预先决定的；同样，对它们来说，它们的各种行动也不是预先决定的，但对于我来说，则确实是预先决定的。所以，我的各种自由行动确实是预先决定的。自由在这里怎么能存在呢？

估计是这样的：**预先的决定**不能被废除，否则，理性存在者的相互作用就不可解释，这些理性存在者本身也因而不可解释。但是，自由也同样不能被废除，废除了自由，理性存在者本身就不再存在了。

这个问题的解决并不困难。**对自我来说**（为了能够只表述我的想法，我想在此这么称呼我，虽然关于这一点还应该作出一个重

要说明），并没有 a priori［先验地］规定了自由存在者的一切影响。大家没有考虑过什么叫做 a priori［先验］吗？A priori 绝不是时间，绝不是时间序列，绝不是**先后相继**，而是一切都**同时**存在；（大家确实必须这么说。）所以，完全没有这样的规定：我让各个事件在时间中如此这般先后相继，我把这个事件同那个得到规定的个体性序列、同另一个序列结合起来。凡是我会经验到的**事情**，都是得到规定的，但不是**由谁**规定的。在我之外的其他人始终是自由的。

同样，对于其他人来说，当然规定了自由存在者对他们须有什么影响，而且也规定了**我**特别对他们发挥过的影响。但是，确实没有规定了**我**作为同一种在原初如此这般确定的个体须对他们发挥影响。如果另一个人在我之前发挥过影响，我则没有发挥过影响；如果我没有发挥过影响，则另一个人也许在我之后发挥过影响；假如他们已经把他们自己自由地造就成了自我所是的东西，则决没有任何人会对他们发挥过这种影响。我究竟是什么呢？答案依然是：我就是我把自己造就成的东西。我这时采取了影响深远的行动，因而就是那种东西，就是理当拥有行动 A、B、C 等等组成的序列的个体。从这个时刻起，又在我面前有一个由预定行动构成的无限序列，而我可以从中进行选择。一切行动的可能性与现实性
都是预先决定的；但是，恰好我所选择的各个行动应该附加到迄今 (I,5,207)
构成我的个体性的整个序列上，应该附加到 A、B、C 上，如此递进，以至无限，这却不是预先决定的。个体性有一些最初的确定的点，从这些点开始，每一个体都在面前有一个无限的序列；在这些从这时起仍然可能存在的个体当中，究竟哪个特定的个体会成为那样

的个体,这完全取决于其自由。

所以,我的主张在于,一切自由行动都是向来——超越一切时间——由理性预先决定的,每个自由的个体都在知觉方面被设定为与这些行动和谐无间。对于全部理性来说,存在着自由和知觉的一种无限多样性,一切个体仿佛都拥有这种多样性。但是,时间构成的序列与时间包含的内容并不是预先决定的,其充分理由在于,时间并不是永恒的和纯粹的东西,而仅仅是有限存在者的一种直观形式,也就是说,发生某种事情的时间与当事人并不是预定的。这样,只要稍加留心,就自然而然地解决了那个貌似无法回答的问题:预先的决定与自由是完全统一的。

大家在这里所能发现的那些难题,仅仅是基于一切独断论所犯的这样一个根本错误:有人把存在当作一种原始的存在,因而在承认行动的时候,就把存在与行动相互分离开,而认为个体拥有不依赖于其行动的全部存在,这样,在他们很明确地思考时,一切自由与一切真正的行动当然也就被取消了。但在世界上,没有任何人能不用自己的行动方式去行动,虽然他现在是这种不用自己的行动方式去行动的人,因而他的行动或许不佳。没有任何说法比这个论断更真实,而这个论断实际上也只是一个主词与谓词的意思相同的命题。不过,他恰恰不应该是这种人,而可以做一个与此迥然不同的人;在世界上完全不应该有任何那样的人。据说,一个特定的人在出生以前,就毕竟是这样一个人,这个人的境遇和命运,从他出生之日起,到他死亡之日止,都是已经确定的,只不过他的行动没有确定。但是,如果不对行动抱客观的看法,境遇与命运究竟是什么呢?如果行动取决于自由,那么,境遇和命运也一定取决于自由。我确实仅仅是我的所作所为。如果我设想我自己这时是在时间中，那么，在我未从某个方面行动起来以前，我在这个方面就不是确定的。当然，谁不能克服独断论的那个根本弊端，谁就永远不可能明了这种自由理论。

IV

(I,5,208)

作为我们的终极目标的独立性，像已经经常提到的，在于一切东西都依赖于我，而我并不依赖于任何东西，在我的整个感性世界中之所以出现我所希求的东西，仅仅是由于我希求它，正像它出现在我的躯体，即我的绝对因果性的出发点里那样。这个世界对我必定会成为我的躯体对我所是的东西。这个目标虽然不可达到，但我应该不断地接近它，因此我应该在感性世界中改造一切事物，使之成为达到这个终极目标的手段。这种逐渐接近的过程就是我的有限目的。

我在任何一点上都为自然所贬低，自然仿佛替我在这个通向无限性的道路上迈出了第一步，这丝毫无损于我的自由。在我之外的理性存在者一开始就给我提供了我可能有的自由过程的范围，这也同样丝毫无损于我的自由，因为只有这样，我才获得了自由，而在我拥有自由以前，我的自由是绝不可能受到损害的。必须在我之外假定还有一些其他的自由理性存在者，这丝毫无损于我的自由，因为它们的自由与理性本身根本不是限制我的知觉的对象，而是一种单纯的精神概念。

进一步说，我必须按照今后得到阐述的概念，在许多可能的行动中进行选择，这丝毫无损于我的自由，因为这样一种选择制约的是对于我的自由的意识,所以也是这种自由本身;所选的东西的内容总是受我的支配,因为一切可能的自由行动方式都是由我统辖的。即使按照在同一场合作出的假定,其他自由存在者后来要在一些剩余的行动的可能性中进行选择,这也限制不了我的独立性;这些可能性是由我限制的,而不是我由它们限制的。

但是,如果按照我们以后的假定与普遍经验来说,那种确实存在于我的道路上的东西由于属于我的经验世界,因而就像在我之外的自由存在者已经改变了我的一切经验客体那样,也限制了我,那么,我的自由也当然受到了限制,因为我不可按照我的目的改变这类客体,而且按照道德规律发布的上述禁令来说,我也不可这么做。我不可干扰其他理性存在者的自由;如果我改变它们的自由活动的产物,我就会干扰它们的自由,因为这些产物是它们达到其他目的的手段。如果我夺取了它们的这些手段,它们就不能按照

(I,5,209) 它们的业已制定的目的概念,继续保持它们的因果性的进程。

由此可见,在这里有一个追求独立性的冲动的自相矛盾,因而有一个道德规律的自相矛盾。道德规律要求:1)我要让一切限制我的东西,或换个意思相同的说法,让一切存在于我的感性世界里的东西,都服从于我的绝对终极目的,使它们成为我逐渐接近绝对独立性的手段。2)我不要让若干存在于我的感性世界中、因而毕竟限制我的东西,服从于我的目的,而是像我察觉它们那样,听其自然。这两条要求是道德规律的直接命令,在我们考察它的一般本质时,它是前一条要求,在我们考察它的特定表现时,它是后一条要求。

V

只有假定一切自由存在者都必然抱有同样的目的,这个矛盾才能解决,道德规律的自相一致才能恢复;这样一来,一个自由存在者的合乎目的的做法对于所有其他自由存在者就会同时也是合乎目的的,一个自由存在者的解放就会同时也是所有其他自由存在者的解放。事情是这样吗?既然一切东西,尤其是我们的一切东西,即我们的伦理学阐述中的独特东西,都依赖于对这个问题的回答,首先是依赖于我们回答这个问题的根据,那么,我在这里就必须更深入地研究这种事情。

追求独立性的冲动是自我性的冲动,这种冲动仅仅以独立性为目的;唯独自我才应该是独立性的主体。所以,如我们已经看到的,每个自我之所以是个体,当然在于自我性;不过,这里的个体仅仅是一般的个体,而不是特定的个体A、B、C等等。由于像我们已经看到的,我们的个体性的一切规定,除了最初的和原始的规定以外,都依赖于我们的自由,所以,我能用那些A、B、C等等表示的东西只是对自由的原始限制,或我们在上边称为一切个体性的根源的那种东西。因此,由于对一般的自我性来说,我是个体A,恰恰是A,这是偶然的,并且追求独立性的冲动应该是自我性本身的冲动,这也是偶然的,所以,这种冲动就不是以A的独立性为归宿,而是以全部理性的独立性为归宿。一切理性本身的独立性才是我们的终极目标,因而就某一理性是个体的理性而言,其独立性则不是我们的终极目标。

不过,只有我是A,才有我本人存在,有作为A的我存在。由 (I,5,210)

此可见,A对我来说是我的经验自我;只有在经验自我中,那种冲动和道德规律才得到意识,只有通过A,我才能按照道德规律进行活动,因为我只有完全这样,才能进行活动。A对我来说是那种冲动的因果性的唯一条件。一句话,A不是客体;但是,A对我来说确实是道德规律的唯一工具和渠道。(在上文中说到这种工具是躯体,在这里它成了完整的、感性的和在经验上得到规定的人;这样,我们就在这里把经验自我与纯粹自我极其清楚地分开了,这特别对于伦理学很有用,而且一般对于整个哲学也很有用。)

如果追求独立性的冲动是以全部理性的独立性为归宿,如果这种独立性只有在个体A、B、C等等之内,并且通过它们,才能得到表现,那么,我是作为A表现这种独立性,还是作为B或C表现这种独立性,对我来说必然都是完全无所谓的,因为所有那些个体都属于统一的未加分割的理性序列,因而全部理性总会得到表现;我的冲动总是得到满足,因为它未曾希求任何其他东西。我希求全部道德;这是在我之内希求的,还是在我之外希求的,都完全无所谓;只有道德属于我,我才向我希求道德,只有道德属于别人,我才向别人希求道德。无论是通过这一种方式,还是通过另一种方式,都同样达到了我的目的。

如果别人的行动合乎道德,那就达到了我的目的。但是,别人是自由的,也能通过自由,作出不合乎道德的行动。在这种情况下就达不到我的目的。这时我就没有权利与义务去消除别人的自由造成的结果吗?我并不是要诉诸在上文中暂时提出的否定性命题,而是要在现在这个适合的地方,彻底演绎那个命题本身。

理性必定是独立的,但它却向特定的个体B、C等等提出了它的这个要求，并且除了借助于一切个体的形式自由，也绝不存在任何这样的要求，绝不存在任何（实质）独立性。所以，一切个体的形式自由是全部理性的一切因果性的唯一条件。取消了这个条件，就会取消了理性的**一切**因果性，因而也取消了达到独立性的条件。所以说，任何不希求后一个条件的人，绝不可能希求前一个条件。自由是一切道德的绝对条件，没有这个条件，也就完全不可能有任何道德。这就证实了道德规律的绝对禁令：不要在任何条件与任何借口下干扰与取消自由存在者的自由。但这仍然留下一个 (1,5,211)
没有解决的矛盾；人们可以说，只有在别人将他的自由运用于促进理性目的的条件下，我才希望他自由，并且也能希望他自由，否则，我就完全不能希望他自由，这个说法也同样完全正确。如果对于共同道德的愿望就像其应该的那样，在我之内居于支配地位，那我必定会希望完全取消自由的那种违背道德规律的运用。

但在这里又产生了另一个问题：自由究竟有什么违背道德规律的运用呢？谁能对此作出普遍有效的判断呢？如果**另一个人**断言他已按照他的最佳信念去行动，而**我**在同一处境中则有与此不同的行动，那么，在这种情况下**我**的行动按**他**的信念来权衡，就像**他的**行动按**我的**信念来权衡一样，也是不合乎道德的。究竟谁的信念应该成为对方行动的向导呢？只要双方有争执，没有任何一方的信念能成为这样的向导；因为每一个人都必定要完全按照**自己的**信念去行动，而在这里就有一切道德的形式条件。按这种说法，我们就会分道扬镳，每个人都允许别人走自己的道路吗？绝对不会，因为在可以受到最严厉惩罚的情况下，我们也不想放弃我们对于共同的道德、对于理性的统治的一切关注。所以，我们必定会设法使我们的判断成为一致同意的。当然,只要在双方中没有任何人丧尽天良,每个人就都会假定自己的意见是正确的,(因为如果不是这样,他在遵照自己的意见办事时就会做出违背自己的良心的行动来,)因此,每个人都会并且必定会企图说服别人,而不让自己被别人说服。而在这样做时,由于一切理性都是相同的,他们肯定终归会达到同样的结论,以致在这种情况下,按照道德规律的绝对禁令来说,尊重别人的外在自由也是每个人的职责。所以,每个人能够和可以打算做的仅仅是规定别人的信念,而绝不是规定别人的有形活动。这种方法就是唯一允许的自由存在者对于自由存在者的强制作用。

我们应该更加详细地考察这个问题。

a)如我们已经看到的,每个理性存在者的终极道德目的是全部理性都有独立性,因而也就是一切理性存在者都有道德。康德的命题"你要这样行动,那就是你能把你的意志的准则设想为普遍立法的原则"[40],即由此而来。不过,还应该从我的观点出发,对
(I,5,212) 此作如下的说明。首先,在康德的这个命题中谈的,仅仅是一致性的理念,而绝不是现实的一致性。我们将表明,这个理念有实在的用途,大家应该设法实现它,必须在某种程度上行动起来,好像它已经实现。于是,这个命题仅仅是启发性的,我可以用它贴切地检验我在对我的职责所作的判断中是否有错误;然而,它绝不是建构性的。它根本不是原则,而仅仅是从一条真正的原则,即从理性的绝对独立性的命令得出的结论。实际上,关系不是这样的:某种东西由于能够成为普遍立法的原则,因而应该是我的意志的准则;相反地,关系是这样的:某种东西由于应该是我的意志的准则,因而

也能够成为普遍立法的原则。就像也可以从康德的命题中清楚地看到的那样，这个判断完全是由我作出的，因为究竟又有谁对于某种东西能够成为普遍立法的原则作出判断呢？无疑是我自己。而我究竟是按照哪些原则作出这样的判断呢？无疑是按照存在于我自己的理性之中的原则。不过，康德的那个表述的确有启发性的用途，说明了产生谬误的命题是错误的。现在的谬误在于，我在不能设想所有的其他人要在同样情况下做 X 时，也要做 X；因此，如果我不能这样设想，我就确实不应该做 X，而我在以前作出的判断中确实犯了错误。

b）每个人都应该在他自身以外，在他意识到的一切人当中，创造绝对的自相一致，因为只有在这种自相一致的条件下，他本人才是自由独立的。由此可见，每个人首先应该过社会生活，始终待在社会中，因为他不这么做，就绝不可能创造任何自相一致，而这对他来说毕竟是绝对命令。谁离群索居，谁就放弃了自己的目的。并且道德的传播对他也就是完全无所谓的了。谁在道德方面只想关心自己，谁就连自己也关心不了，因为他的终极目的应该是关心整个人类。所以，他的德行绝不是什么德行，而是一种甘为奴隶、贪图报酬的利己主义。寻求和创造社会生活，并不是单纯委托给我们的工作；假如有谁是在荒野中诞生，则可以让他永远待在那里；但是，每一个熟悉我们的人，则会单纯由于熟悉我们关心的事情，也与我们共同受到委托，去寻求和创造社会生活。这时，他变成了我们的邻居，并且属于我们的理性世界，就像我们的经验客体属于我们的感性世界那样；我们不丧失良心，就不能把他抛弃。这
就又反驳了一种在我们当中现在还以各种形式表现出来的看法，(I,5,213)

这种看法认为，人们可以通过遁世修行、离群索居、崇高想像与思辨工作，履行自己的职责，并且这是很值得赞赏的做法。其实，人们用这种做法，根本不能履行其职责。只有通过行动，只有通过在社会中的行动与为了社会的行动，而不是通过幻想，人们才能履行其职责。同样由此可见，每个人确实只有一个目的，那就是说服别人，而绝不让别人说服自己。这取决于事情的本质。每个人都必须在其内心确信无疑，否则，在他敢于按其信念去行动，并设法也使别人按其信念去行动时，他就是不讲良心。

c）那种目的并不唯独是这一个体或那一个体固有的，而是一种共同的目的。每个人都应该抱有这种目的；既然他希望促成普遍的道德教化，那么，能使任何其他人都树立起这种目的，也就是他的目的。这就把人们都联合起来了；每个人只希望别人相信他的看法，但在这种思想的争执中也许他会为别人的思想所说服。每个人都必须准备参与这种相互作用。谁逃避这种相互作用，以期自己的信仰不受干扰，谁就显得缺乏固有的信念，而这是绝对不应该有的事情；因此，他有更大的职责，参与这种相互作用，以获得自己的信念。

这种在一切人当中为了创造共同实践信念而进行的相互作用，只有一切人都从一些必然存在的共同原则出发，定然把自己今后的信念同这些原则结合起来，才是可能的。每个人都有责任参与的这样一种相互作用，叫做**教会**，即道德共同体；一切人都同意的东西，叫做教会的**象征**。每个人都应该是教会的成员；但在教会共同体并非毫无成果时，**象征**也必须经常加以改变，因为大家一致同意的东西毕竟会随着他们的思想的不断相互作用而日益增多。

（某些教会的各种象征，似乎其含义不是大家都同意的东西，而是大家有争议的东西；没有任何一个人会在其内心深处相信有那种大家都同意的东西，因为甚至没有任何一个人能这样设想。）

d）由此可见，一切人对于他们的实践信念的一致看法以及由此产生的行动在形式上的完全相同，乃是一切有德性的人们必然抱有的目的。

在这里，我们想依据以上提出的原则，深入地研究这个具有重要意义的论点，它表征着我们的道德学说，而且可能已经遭到许多怀疑。(1,5,214)

在我这个个体之内的道德规律并不是唯独以我为客体，而是以全部理性为客体。只有我是感性世界里实现道德规律的工具之一，这种规律才以我为客体。所以，这种规律要我这个个体切实去做并且单独负责的一切事情，都在于我应成为一个适用的工具。因此，关于这种培养工作，我只诉诸我自己的个人信念，而绝不诉诸共同信念。我作为个体与实现道德规律的工具，拥有理智和躯体，唯独我对培养它们的工作负有责任。首先，我的理智的培养仅仅依赖于我自己的信念。我有绝对的思想自由；这个意思并不是从表面上说，而是凭良心说，就已经包含在思维概念中。不管一切事物显得多么神圣，都要在内心里怀疑它们，继续研究它们，我绝不应让自己对此感到心亏，教会也不可让我对此感到心亏。这项研究是至高无上的职责；对某些事物不亲自作出判定，让它们在原地保留下来，是有违良心的态度。其次，关于我的躯体，我也有营养它、培育它和关照它的绝对自由，我同样可以希望按照我自己的信念，最妥善地维护它，保持它的健康无恙，使它成为一个实现道

德规律的灵巧的、适用的工具。在这件事情上我像别人做的那样去做,并不是凭良心办事的态度;我不凭自己的信念,而让我的躯体的维护听从别人的意见,也是有违良心的态度。

在我的身体之外的东西,即整个外在感性世界,是一切理性存在者的共同财富,按照理性规律开发这项财富的工作并**不是唯独委托给我**的,而是委托给**一切理性存在者**的。我并不单独对这项工作负责,我在这项工作中完全不可按照我的个人信念去做,因为在这个感性世界中我若不影响其他理性存在者,就不能发挥作用,所以,这种对它们的影响若不符合于它们自己的意志,就有损于它们的自由,这是我绝对不可做的。如果得不到所有其他理性存在者的赞同,不以它们都同意的、符合于共同信念的原则为依据,我便绝对不可做那些影响它们的事情。因此,关于允许每个人去影响所有其他人的方式,假如不可能有共同的信念和一致的看法,则可得出结论说,一切行动都是不可能的,因为这与道德规律是矛盾的。不按照普遍的、一致的意见去行动,也是与道德规律矛盾的。
(I,5,215) 所以,必须按照道德规律的绝对命令,完全创造出这样的一致意见。关于人们可以怎样相互影响的协议,即关于**他们**在感性世界中的**共同权利**的协议,叫做**国家契约**;按照这种协议建立起来的共同体,叫做国家。与其他人结为一个国家,是绝对的道德职责。谁不想这么做,谁在这种社会中就完全不能让人容忍,因为人们不能凭良心就与他进入任何一个共同体,既然他没有声明过他打算受到什么样的对待,人们就总是必定要担心违反他的意志与他的权利去对待他。

既然在国家建立起来以前,绝不可能有行动,而且也难以得到一切人的，或者哪怕相当多人的明确赞同，那么，有高度教养的人就不得不把那些人们对于某些行政指令表示的沉默和服从视为赞同。在这里也不可能很准确地考虑与权衡彼此的权利，因为一些人在没有得到巨大的好处时是决不会服从任何规章的，而另一些人则会对一切保持沉默。这样，就出现了一种应急的国家，它是逐步前进到合理合法的国家的首要条件。无条件地服从自己的国家的法律是一种职责，因为这种职责包含了预先假定的共同意志，任何人都不得违背着这种意志去影响其他人。每个人之所以能获得影响其他人的道德许可，仅仅是由于法律宣布了其他人赞同这么做。

如果我不坚信全部共同体成员都想推翻国家——这是仅仅在以后列举的条件下会有的情况——那么，推翻国家就是违背良心的；甚至在我相信国家的绝大部分设施悖理违法时，推翻国家也是违背良心的，因为在这件事情上我的行动并不是只影响到我自己，而是影响到全部共同体成员。我认为这种体制违法的信念，也许就其本身而言是完全正确的，也就是说，假如世界上纯粹理性有一个可见的法庭，它在这种理性面前是完全正确的，但它也不过是个人的信念；在整个共同体的事情上，如上文业已证明的，我则不可按照我的个人信念去行动，而是必须按照共同的信念去行动。(I,5,216)

这里有一个矛盾。我虽然从内心里确信，这个体制是违法的，但又设法维护它；哪怕我对它表示服从，也会有这样的矛盾。诚然，我也许在这种违法的体制中执掌着一项职务。难道我不是应该至少放弃这项职务吗？不，相反地，我应该执掌这项职务；我不应该辞退。这是因为，明智的人和公正的人当权总比不明智的人和不公正的人当权更好。柏拉图书信中关于这个问题所说的看法[41]是不正确的，甚至是自相矛盾的。我绝不可背离我的祖国。——有人说，我起码不打算做任何不公正的事情；但这是一种自私自利的说法。照此说来，你是想让别人做不公正的事情吗？如果你看到不公正的事情发生了，你就应该阻止它。

有人说，**我在这种情况下是违背良好的信念行动的**。但在另一方面，我在共同事务中只应按照预先假定的共同意志去行动，这的确是**正确的和合乎职责的信念**；并且另一个人希望怎样对待他，我就怎样对待他，这也绝不是什么不公正的事情。所以，我在这种情况下也是按照我的最好的信念行动的。这个矛盾怎样加以解决呢？大家只需考察在那两句话中说的是什么信念。在前一句中说的，是关于一种**应当**，关于一种应该加以创造的状态的信念；在后一句中说的，是关于我本人作为社会成员所归属的**现实**的信念。这两者在我的准则里必须统一起来，并且也很容易统一起来。我必须把应急国家的现状视为创造理性国家的手段，必须仅仅为此目的而行动。我一定不会采取一些让现状永远保持不变的措施，而是一定会采取一些使现状必须不断得到改善的措施。这完全是一种职责。在那种不以达到这个目的为依据的国家中，一种行动就其毕竟在促进这个目的而言，materialiter[在内容方面]可以说是公正的和合法的，但 formaliter[在形式方面]是违背职责的。一种完全以相反的目的为归宿的行动，则 materialiter[在内容方面]与 formaliter[形式方面]都是罪恶的和不道德的。如果按照这些
(I,5,217) 原理长期行动下去，则会出现一种结局，那就是共同意志完全反对国家的那种体制；于是，应急国家的继续存在就成了违法的暴政和

压迫，这个国家自动倒台，代之而起的则是一种更加合理的体制。任何诚实的人只要相信共同意志，就会在这种情况下把完全推翻应急国家心平气和地视为符合他的良心的。

（我要在这里顺便作一个说明。我不想讲昧良心的话，对于这一点，某些人可以凭他们自己的良心作出判断；但是，至少有一些极其愚蠢的人，他们在近来散布闲言碎语，似乎相信人类有不可度量的完善能力是某种极其危险、极其悖理的事情，是天晓得的什么邪恶的根源。为了永远制止这种闲话，我们可以提出我们的研究的真正观点。问题首先不在于，大家应该依据单纯的理论理性，决定自己反对还是拥护这种完善能力。我们可以允许把这个问题完全撇到一边。以无限性为鹄的的道德规律绝对要求的，是要像人们看来能够，并且永远能够不断完善那样对待他们；这条规律绝对禁止的，是要用与此相反的方式对待他们。人们不相信这种完善能力，就不会服从这个命令。所以，这种能力是首要的信条之一，人们不放弃自己的全部道德本性，就绝不会对这个信条表示怀疑。因此，即使能够证明人类从开始到现在都完全没有进步，而是始终在倒退，即使能从人类的自然禀赋推导出一条机械规律，据以说明人类必定在倒退〈这一切的确超过了以前能推导出来的结论〉，我们也仍然不应该，并且不可能放弃那种在我们心中不可磨灭地培植起来的信念。在这里是不可能有任何矛盾的，因为那种信念完全不是基于自然禀赋，而是基于自由。那些因为我们坚持道德规律绝对要求的信念，就把我们视为傻瓜的人们，究竟是些什么样的人，大家可以作出判断。不过，认为决没有任何东西比这种信念对暴君与僧侣的专横统治更有危险性，对他们统治的王国的

基础更有破坏性,这倒是真的。这种人能为他们自己举出,并且不厌其烦地举出的唯一的托词,是说什么除了像他们那样对待人类以外,就绝不可用任何其他方式对待人类,人类本来就是像现在这样,已经无法改变,并将永远是这样,因此,连人类的处境也必然永远是像现在这样。)

e) 再说一遍。既然每个人都十分重视自己的使命,他就必然抱有把自己的信念告诉给**所有其他人**的目的。一切人为了这个目的而组成的联合体,叫做**教会**。只有在把双方一致同意的东西作

(I,5,218) 为出发点的条件下,彼此沟通信念才是可能的,否则,双方就完全互不理解,互不影响,双方都依然离群索居,每个人都仅仅为自己讲述自己的看法,别人并没有听懂他的意思。如果只有两三个人相互交往,简单地说,如果只有一些彼此能说明自己的意见的人们相互交往,那么,他们在一个共同点上取得一致意见是一件比较容易做到的事情,因为他们毕竟都处于普通人类理智的同一个领域。(在必须上升到先验意识领域的哲学里,事情则往往不可能如此,因为各个从事哲学思维的人甚至在某一点上都不可能取得一致的看法。)但是,按照我们的要求,每个人都应该影响**所有其他的人**,尽管这些人在他们个人的信念方面很可能意见大相径庭。他应该怎样体察到大家一致同意的东西呢?绝不能用到处打听的方法。因此,必须能预先假定某种东西,它可以让人看作全部共同体成员的信条或他们的**象征**。

这样一种象征的概念包含的意思是:这种象征并不是很明确的,而是仅仅在其表现方面普遍公认的,因为恰恰是关于其进一步的规定,各个人都意见不一致,而众说纷纭。但是,既然这种象征

对于所有的人,甚至对于没有受过教育的人都应该适合,那么,在这种象征的概念中也就包含了这样一个意思:这种象征不是由抽象命题组成的,而是由抽象命题的感性表现组成的。感性表现仅仅是外壳,概念才是真正属于象征的东西。为什么恰恰应该选择这种感性表现,这在过去取决于紧迫的需要,因为如果不就某种东西取得一致意见,任何彼此之间的思想交流都是不可能的;不过,人们当时对另一些东西却不能取得一致意见,因为他们在那时还没有能力把概念由于偶然情况给他们留下的外壳同概念的实质区分开。就此而言,每个象征都是一个*应急的象征*,并且将永远如此。——我想用一个事例更清楚地说明我的意思。任何可能的象征的实质都是这样一个命题:毕竟有某种超感性的、君临于一切自然事物之上的东西。谁不真正相信这一点,谁就不可能是一个教会的成员,谁就完全没有能力拥有任何道德和接受任何道德教化。这种超感性的东西,这种真正的、神圣的和令人崇敬的精神,这种真正的和合乎道德的思维方式,究竟是什么呢?全部共同体成员正是想在这个问题上通过相互作用,日益作出明确的规定,日益取得一致的意见。例如,我们的基督教会象征的目的与内容也是这样。不过,这样一种象征作为在感性世界中得到理解的象征,作为*现实的、可见的*共同体的信条,最初是在犹太民族的成员们当中产 (I,5,219)
生的,他们早已具有他们自己的惯用语、表象方式和比喻。很容易理解,他们当时是用他们习以为常的比喻去推想那个命题的。很容易理解,他们除了使用超感性事物向他们呈现的形象,在当时就不可能使用任何其他形象,把超感性事物告诉给其他民族,其实,也只有他们才使其他民族作为民族(我们说的不是其他民族中有

学养的公众)上升到了对于超感性事物的明确意识。另一位宗教创始人穆罕默德曾经将另一种符合于他的民族的形式赋予同一种超感性事物,而且他在这件事情上做得很正确;要不是皈依他的信仰的民族遇到不幸,由于缺乏(我们说的是在他的时代)有学养的公众而停滞不前,其结局将会是很好的。

那么,那些表意的比喻会道出什么呢?它们能以普遍有效的方式规定超感性事物吗?绝对不能。为什么在这种情况下曾经需要有一种以进一步规定超感性事物为唯一宗旨的教会组织呢?既然教会组织是存在的,而且是像人虽然有限,但有完善能力那样存在的,那么,超感性事物就不是确定的,而是必须首先加以规定,并且将永远继续加以规定。所以,那些表意的比喻不过是共同体按照我们预先作出的假定,在当前表达命题“确实有超感性事物存在”的方式。既然没有对于某种东西的一致意见,就根本不可能有什么产生共同信念的相互作用,而共同的信念作为受制约的东西又是绝对需要的,因此也是一个条件,那么,绝对的职责就是要把至少大多数人都一致同意的某种东西——不管它是什么——确定为象征,也就是说,尽大家的所能,组成一个可见的教会共同体。我不从大家一致同意的东西出发,就不可能进而影响大家,但我又应该影响大家,因此,我就必须从大家一致同意的东西出发,而绝不能从大家有争议的东西出发。这绝不是一种明智的要求,而是道德的职责。正像我确实想达到这个目的一样,我也确实想使用达到这个目的的唯一手段。谁以其他方式行动,谁就当然不想达到涵养道德的教化目的,而是仅仅想炫耀自己的博学,使自己成为理论导师,而这完全是另外一种事情。

大家可以看到，我说的是我应该从某种预先假定的东西出发，而决不是我应该以某种需要论证的东西告终。

在这里毕竟有一种对我的学说可能提出的异议。因为有人会说，当我不相信那些应该作为我的出发点的表象的真理性时，我的说法也不违背我的良好信念。但我怎么可以这样做呢？我要问，真 (I,5,220)
正与我的良好信念背道而驰的究竟是什么呢？但愿不是给这样的信念奠定基础的超感性事物概念，而大概是这种作为永久规定的指称方式。但究竟是谁把这冒充为真正的规定呢？就我个人来说，我是以另一种方式给我规定超感性事物的；但我不会从我的这种规定出发，并且我也不应从我的这种规定出发，因为它是有争议的，相反地，我应该从大家与我能够一致同意的东西出发，而按照预先作出的假定来说，这就是教会的象征。把大家都提到我的信念的高度，确实是我的目标，但这只能逐步做到，所以，我们从最初确定的观点出发，总是意见一致的。只要我正像必须把我在应急国家中的行动视为导致理性国家的手段那样，真正在内心中把教会的象征视为把大家都逐步提到我的信念的高度的手段，那么，我宣讲的学说就完全符合于我的信念。坚持这种表意象征是超感性事物的规定，纯属无知。违背着自己的信念，把让别人保持这种信仰当作目的，这是不讲道德的做法，是真正的僧侣主义，正如竭力让人们保持应急国家是真正的专制主义一样。教会的象征是结合点。它不是教导的结果——这是僧侣主义的思想——而是教导的出发点，换句话说，它是预先假定的。假如它不是预先假定的，假如有一个更高的、接近于我的信念的结合点，我当然会很高兴的；但是，既然不存在任何其他的结合点，那我也就只能利用这个象征。

所以,每一个为了实践信念而要影响全部共同体成员的人都有一种道德职责,那就是把教会的象征作为他的讲授的基础来看待,而绝不在内心里信仰它。我们在上文中已经看到了与这种内心信仰相反的情况。这种象征是变化的,而且也应该通过良好的、合乎目的地起作用的学说而不断地加以改变。

顺便指出,教会象征的这种不断的改进和升华正是新教教会的精神,如果新教教会这个词汇完全应该具有一种意义的话。而注重旧的事物,竭力使普遍的理性停滞不前,则是罗马教会的精神。新教教徒从这种象征出发,不断向无限迈进;天主教徒则是要达到这种象征,把它当作他的终极目标。谁按后一种方式行动,谁就从形式方面与精神方面来看,都是一个天主教徒,尽管他不想让人类超出的那些原理从实质方面来看是真正路德派的或加尔文派的。

f) 我不仅可以拥有我个人关于国家宪法和教会制度的信念,而且我甚至于在良心上负有责任,须尽我终生的所能,以很大的独立性和在很大的程度上培养我的这种信念。

但这样一种培养信念的工作,至少就其进展而言,也只有通过
(I,5,221) 与其他人的相互思想交流,才是可能的。其根据如下:关于我的感性知觉的客观真理性,除了我的经验与其他人的经验的符合,绝对没有任何其他标准。在进行推论时,情况虽然有所不同,但变化毕竟不会太大。我是一般理性存在者,同时又是个体。我之所以是理性存在者,仅仅是由于我是个体。我虽然是按照普遍的理性规律进行论证的,但也是使用个体的力量进行论证的。我怎么能在这时保证我得出的结论没有遭到个体性的歪曲呢?虽然我仿佛本

着一种存在于我的天性里的根据，主张事情不会如此，并为此做过辩论。但是，我在我的精神的最隐蔽的深处并不完全对我做的事情确信无疑，这是由下列情况表露出来的：当一个人追随另一个从我这里得知我的信念的人，谴责我做的事情时，我虽然没有因而立刻放弃我的信念，但我毕竟变得令人怀疑，而不得不再三探讨问题的所在。假如我在此以前已经对我做的事情完全确信无疑，我怎么会成为这样呢？假如我愿意；并且能够全然坚持己见，别人怎么可能用他的怀疑影响我的做法呢？另一方面，我也可以通过与别人达成的那种被视为诚实无欺的协议，加强我的信念。一种让我无法假定任何内在信念的苟同，并不令我满意；这就证明，我所关心的并不是外在确认。倒不如说，这种外在的确认令我不快，因为这会使我甚至对这种标准，对我还抱有的这种唯一的东西也发生怀疑。尽管我没有明确地意识到这种标准，但在我的精神的深处确有上述怀疑，觉得我的个体性是否就没有影响过我业已得出的结论。要克服这种怀疑，不需要与一切人都达成一致的意见。只要与一个人达成诚实无欺的一致意见，就会使我满足，而且也确实使我满足；这是因为，我过去担心的事情是我个人的思维方式可能有发生我的这种看法的原因。一俟有另一个人与我意见一致，这种担心就被消除了，因为在两个人之间偶尔能有这样一种意见一致，毕竟可以说是极其奇妙的。要这么做，也不需要**对一切事情**都达成一致的意见。我们同意的仅仅是基本的原则，仅仅是对于事情的某个看法；所以，对于别人不能随着我作出我所作出的一切推论，我能抱取十分宽容的态度。从这里出发，普通逻辑给我提供了 (I,5,222)
保证，因为关于我的原理的正确性，没有任何有理性的人会怀疑普

通逻辑的普遍有效性。举例说,大家可以设想哲学的情况。哲学是一种十分违背天性的精神境界,所以,最初上升到这种精神境界的人在未察觉到别人也经历了类似的精神升华过程时,是确实不会有自信的。

因此,我是通过交流思想才得到对于事情本身的确信和肯定的。但是,即使我的各个原理实际上是普遍合理的,因而是普遍有效的,它们的特殊表达也始终是个体性的;它们的表意形象最初仅仅对我是最佳的,但在很少具有个体性的形式时,则会在我之内同那种普遍的、由一切人的思维方式修饰过的东西更紧密地结合起来。这种表意形象之所以能获得这种形式,是因为我把它告诉给了其他的人们,他们参加了与我的思想交流,并且提出了反对使用它的一些理由,在他们的命题本身正确时,这些理由也是来自他们的个体性的思维方式。这时,我便修改我的表意形象,也为我自己而把我自己的表象塑造得能得到更普遍的理解。这种相互作用的范围越广,真理(从客观上来看)的收获就越多,而我本人的情况也是如此。

由此可见,进一步培养我的特殊信念的唯一条件在于,我可以交流这些信念,因而我应该从这些信念出发。

但是,按照以上所述,我在共同体中完全不应该从我个人的信念出发,而应该从共同体的象征出发,在涉及国家宪法的事情上,我应该服从国家宪法,甚至在事关我的职务时,应该设法执行国家宪法。所以,在涉及国家宪法时,如果我个人的信念违背共同体中假定的信念,我同样不可说出我个人的信念,因为我这样做,就是在致力于推翻国家。所以问题在于,如果我不可交流我个人的信念，我怎么能通过思想交流来加强与培养我的信念呢？

如果需要有受制约的东西，那也就需要有条件。既然前者作为我的信念的培养是绝对需要的，因此后者作为思想交流也是绝对需要的。交流我个人的信念是绝对的职责。

但我们刚才看到，交流我个人的信念是违背职责的。这个矛盾该怎样加以解决呢？如果我们能说明，我们是从什么前提得出了对于教会制度与国家宪法有坚持个人信念的职责，这个矛盾立刻就得到了解决。我们假定，应该影响**一切人**，而一切人的信念是不能用打听的方法得知的。

因此，假如我们不是要与一切人打交道，而是要与数量确定并且有限的人打交道，并且我们确实能够得知这些人的信念，因为连 (I,5,223)
他们也从他们那方面交流思想，并且有能力这么做，那么，在这种情况下介绍他们的信念，把他们的信念作为出发点，就不应该禁止。解决那个矛盾的综合统一环节应该是这样一种社会，这种社会的概念有如下的涵义：一方面，这种社会应该是有限的和确定的，因此不应该包括所有的人——这是一个不确定的概念——而是应该包括一定数量的人，他们是从所有的人当中遴选出来的，就此而言，也是与其他所有的人分离开的；另一方面，在这种社会中，每个人**亲身具有和亲自意识到的**自由，即怀疑一切，自由地、独立地探讨一切的自由，应该**也在外部变为现实和得到表现**。这种社会是共同意识的一个论坛，在这个论坛面前可以靠绝对的、无限制的自由设想一切可能的事物，探讨一切可能的事物。正像任何人都亲身具有自由一样，任何人在这个领域里也是自由的。最后，从以上所述得知，这种联合体的每个成员都必定摆脱了教会象征的

束缚，摆脱了国家批准的法律概念的束缚；这并不是 materialiter［从内容方面］说的，尽管他可能把那些象征与概念陈述的许多东西视为真理的最终、最高的规定；反之，这是十分肯定地 formaliter［从形式方面］说的，也就是说，他必定不会承认那些象征与概念有什么权威性，他必定不会因为那些东西是教会教导的或国家执行的东西，就把它们看作真实的和正确的，而是出于其他的理由才必定不会作如是观。因为超越那些界限，进行探讨，乃是这种社会的宗旨与本质；谁认为那些界限是界限，谁就没有超越那些界限去进行探讨，因而根本不是我们所描述的这样一种社会的成员。我们把这样一种社会叫做**学术共同体**。

对于每一个经过精神上的升华，绝对不信仰自己时代的共同信念的权威性的人来说，建立这样一种学术共同体是一项道德职责。他已经摒弃了教会与国家的那类认可，所以是没有任何向导的。既然他是按照道德思考的，那么，他对自己的行为正确与否就不会采取超然无谓、不辨是非的态度；但对于这个问题，按照以上作出的证明，他借用那些对道德也不过是在将来总会有直接或间接影响的理论命题，是永远无法亲自达到完全确信无疑的地步的。此外，他还负有一项职责，即传播自己的信念，使它对大家都有用，但他却不能直接向一切人传播它。因此，他必须寻找一个与他志同道合的人，这个人像他本人一样，也放弃了对于权威的信仰；在他没有发现这个人对他的确认，没有发现**体现**他的信念的方法以
(I,5,224) 前，在他的信念未能对整个共同体都有好处以前，他的良心一直无法平静。对于另一些按照信念也处于同样境地的人来说，与那两个人结交也是一项道德职责。并且许多人都会有这样的志向；他

们会立刻相互发现对方,并且通过他们的思想交流,建立起一个学术共同体。

如我们从上文中看到的,这种学术共同体的道德职责在于:交流它的各种意外的新发现,在大家拥有或认为拥有一些与舆论相左或超出舆论范围的特殊信念时,交流这些信念,从而为它自己作出辩护。

学术共同体的突出特点是思维的绝对自由和独立自主;学术共同体的建构原则是这样一条原理:绝对不服从任何权威,对一切事情都要立足于自己的独立思考,断然否定一切没有被自己的独立思考确认的东西。学者与非学者的区别在于:非学者虽然以为自己通过独立思考有了自信,并且确实有了自信,但是,谁比他看得更透,谁就会发现他对于国家和教会的那一套看法是从他的时代最流行的意见中得出的结论。他不过是独自确信,他的时代的舆论恰好就是如此,他的前提是在他并不真正知道所以然的情况下,没有他的参与,由他的时代形成的,尽管他自己也的确由此得出了一些结论;学者则能察觉这种情况,而在其自身寻找前提,以自由的决断将其独立自主的理性自觉地定为整个理性的代表。

对于学术共同体来说,绝不存在任何可能的象征,绝不存在任何钦定的准则和矜持的态度。按照学术共同体的概念学说,在学术共同体里,人们必定能讲述他们认为自己已经确信的一切东西,正像他们本人可以大胆地承认这些东西一样。(各个大学都是学者们云集的园地。因此,在大学里也必定可以讲述人们确信的一切东西,大学也没有任何表意的象征。那些建议在大学讲坛上采取矜持态度的人们,那些认为在大学讲坛也一定不要和盘托出,而是必须首先考虑什么东西会有益或有害，什么东西会得到正确解释或错误解释的人们，确实是犯了很大的错误。谁不会审查自己和不能学会审查自己，谁就在思想上负有自己闯入学者们的园地的责任，而这与其他的人们并无关系，因为他们是按照他们的充分的权利和职责行动的。
(I,5,225) 大学讲坛上的陈述与学术论著中的陈述，就内容而言毫无差别，仅仅就方法而言才有差别。）

正像学术研究是绝对自由的一样，参加学术研究对于每个人也必须自由。谁在内心不再能相信权威，要他继续相信权威就违背他的良心，而参加学术共同体才是他的道德职责。任何尘世力量都没有权利在良心事务上发号施令，对每一个依据自己的思想已经有资格参加学术共同体的人，不同意他这么做是不讲道德的。

国家和教会必须对学者们宽容；否则，他们会在自己的良心上受到强制，而且也没有一个人能凭良心在这样的国家或这样的教会中生活下去，因为他在自己开始怀疑权威的情况下，是不可能想出任何解救之道的。甚至可以说，在这样的国家里，连任何人类完善的进步——这本来是绝对可能的——都是不可能的，而是人民永远停留在自己曾经达到的地方。国家与教会必须对学者们宽容；这就是说，对于一切构成学者们的本质的东西，即绝对的和毫无限制的思想交流，国家和教会必须宽容。凡是每个人认为自己已经确信的东西，不管看起来多么危险可怕和多么不可救药，都必须允许加以陈述。对于现在每一个已经误入歧途的人，对于将来其他可能同样误入歧途的人，如果不允许他们通过交流思想，知道自己的错误，究竟该怎样挽救他们呢？

我说，国家与教会必须对学术事业采取**宽容态度**。进一步说，国家与教会也不可能为学术事业做任何事情，因为他们处于一个与学者迥然不同的领域里。（关于国家与作为其间接官员的学者，而不是与作为学者的学者所具有的某种关系，我们立刻就要谈到。）国家本身不能支持或促进学术事业本身；这种事业仅仅是通过自由研究完成的。国家作为国家丝毫不做研究工作，也不应该做研究工作；国家的任务在于作出决定。至于国务活动家作为学者想做什么，或国家对学者个人想做什么，则另当别论。

学术共同体是一个绝对民主的共同体，或更明确地说，在这个共同体里，除了在精神上居于优势地位的人们的正确道理以外，没有任何东西行之有效。每一个人都做他所能做的事情，并且在他想坚持正确道理时，他就站在正确的方面。在这里，除了时间的推移和文化的进步，不存在任何其他作出决断的法官。

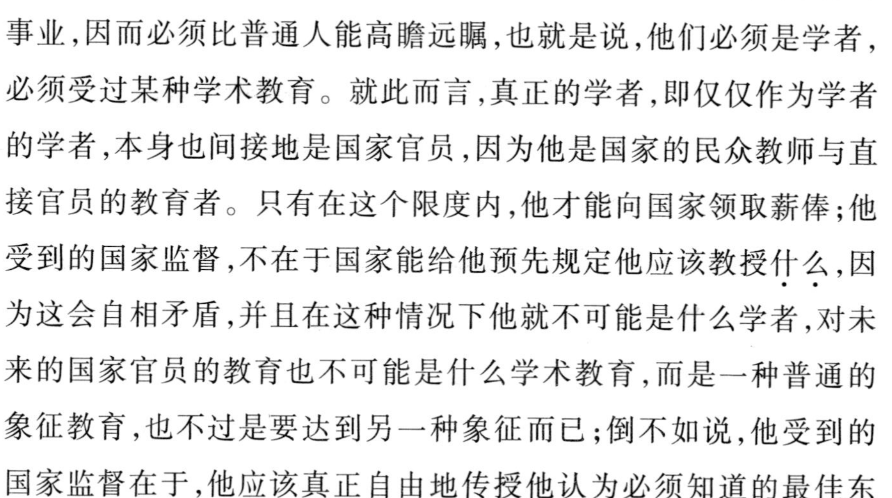

按照以上所述，宗教导师与国家官员必须致力于人类完善的事业，因而必须比普通人能高瞻远瞩，也就是说，他们必须是学者，必须受过某种学术教育。就此而言，真正的学者，即仅仅作为学者的学者，本身也间接地是国家官员，因为他是国家的民众教师与直 (I,5,226)
接官员的教育者。只有在这个限度内，他才能向国家领取薪俸；他受到的国家监督，不在于国家能给他预先规定他应该教授什么，因为这会自相矛盾，并且在这种情况下他就不可能是什么学者，对未来的国家官员的教育也不可能是什么学术教育，而是一种普通的象征教育，也不过是要达到另一种象征而已；倒不如说，他受到的国家监督在于，他应该真正自由地传授他认为必须知道的最佳东西，并且应该用他所能拥有的最佳方式这么做。——学者们的园地并不是人们学习民众教师与国家官员未来的专业技能的场所。

这种技能当然也应该学习，但这种课程是另一种课。国家官员与民众教师不应该单纯做专业工作者，而且也应该做学者。因此，他们应该同时一身二任；但按照以上所述的原理，他们的道德职责却是在他们的行为方式中精确地将这两个方面分开，因为在他们是民众教师或国家官员的地方，他们就不是学者，在他们是学者的地方，他们就不是民众教师或国家官员。禁止布道者在学术著作中陈述他的偏离正统的信念，是一种对良心的压制；但是，禁止他把这样的信念带到布道的讲坛上，却是完全正常的，而且就他本人来说，在他仅仅得到应有的启蒙时就这么做，也是不负责任的。

国家与教会有权禁止学者这么做，也有权阻止他在感性世界里实现他的信念。如果他这么做，例如，他不服从国家的法律，他就理当受到惩罚，而不管他对国家的法律在内心里是怎么想的；此外，他也应该在自己的良心里谴责自己，因为他的行动是不道德的。

这样，学术共同体的观念就终于完全解决了在固定的教会、国家与绝对凭良心办事的个人自由之间发生的矛盾，因此，这个观念的实现是由道德规律要求的。

g）在结束这一节时，我们要概括地说明被视为个体的人的全部终极目的。

人在社会中的全部活动的终极目的在于所有的人都应该一致，但所有的人只对纯粹合理的事物是一致的，因为这是他们共同具有的唯一东西。在这样一种一致的前提下，可以不考虑有学问的公众与没有学问的公众的差别，也可以不考虑教会与国家的差别。所有的人都抱有相同的信念，每个人的信念都是其他一切人的信念。国家作为立法的权力与强制的权力也可以略而不计。每个人的意志实际上都是共同的法律，因为其他一切人也都希求这种法律，并且不需要任何强制，因为每个人都亲自希求他应当具有的东西。我们的全部思维与行动，甚至我们的个人教养，都应该指向这个目标。并不是我们本身是我们的终极目的，而是所有的人才是这样的目的。虽然这个目标不可达到，但把它设想为现在业已达到的，究竟会出现什么结果呢？每个人都会用他个人的力量，按照那个共同的意志，尽他自己的所能，合乎目的地改变自然的形态，以便供给理性使用。所以，任何一个人做的事情实际上会对其他一切人都有用，其他一切人做的事情实际上也会对他有用，因为大家实际上只有一个目的。现在也已经有这种情况，但只停留在观念中。每个人在自己所做的一切事情中都应该想到其他一切人，但正因为如此，他就不可做某些事情，因为他不可能知道其他一切人是否希求这些事情。在这种前提下，每个人则将可以做他希求的一切事情，因为其他一切人也都希求这些事情。 (I,5,227)

第三章　狭义职责学 (I,5,229)

§.19. 这一学说的划分

I

我们在上文中已经把理性存在者的纯粹东西与个体性彼此严

格区分开。理性存在者的纯粹东西的表现与表达就是道德规律，而个体性东西则是每个人把自己与其他个体区分开的东西。纯粹东西与经验东西相统一的环节在于，理性存在者必定绝对是**一个个体**，但并不一定恰好是**这个或那个特定的**个体；一个人是这个或那个特定的个体，这是偶然的，因而有经验的起源。经验的东西就是**意志**、**知性**（从最广泛的意义上说，即理智力量或一般表象能力）和**躯体**。道德规律的客体，即道德规律想知道的那种表达其**目的**的东西，绝对不是任何个体性的东西，而是一般的理性；从某种意义上说，道德规律以其自身为客体。这种一般的理性是通过作为理智力量的我，在我之外设定起来的；在我之外的理性存在者组成的整个共同体就是这种理性的表达。因此，我是按照作为理论原则的道德规律，设定起在我之外的一般理性的。但是，在我的纯粹东西的这种外化出现以后，对我来说却只有经验自我或个体自我应该从这时起叫做自我，而这也是必须在伦理学中坚持的。所以，在我从现在起使用自我这个词汇时，它总是表示人。

（我们的伦理学对于我们的整个体系是极其重要的，因为在我们的伦理学中从起源方面表明了经验自我起源于纯粹自我的过程，并在最后整个从人提炼出纯粹自我。从当前的观点来看，纯粹
(I,5,230) 自我的表达是理性存在者组成的整体，是道德高尚的人们组成的共同体。）

我作为人与道德规律的关系是怎样的呢？我是由道德规律左右的、受委托执行道德规律的存在者；但道德规律的目的却在我之外。因此，**对我来说**，即对我自己的意识来说，我不过是手段，单纯是道德规律的工具，而绝对不是目的。我为道德规律所驱使，在自

己的行动中忘记了自己；我仅仅是道德规律手中的工具。凡是看到这个目标的人都看不到自己，这个目标是在我之外的。正像在任何直观中一样，在这里主体也丧失了自己，消失在被直观的东西中，消失在主体的被直观的终极目的中。道德规律在我之内，对我的意识来说，并不左右在我之外的其他个体，而是仅仅以它们为其客体。对我的意识来说，它们不是手段，而是终极目的。

首先，我们一定会遇到一些可能被提出来反对我们的这个命题的异议。

康德用一个得到普遍赞同的定义说，**每个人都以自身为目的**[42]。只要大家进一步发挥我的命题，康德的这个命题就是与我的命题并行不悖的。道德规律就像左右其工具一样，既左右我，也左右一切在我之外的理性存在者，对于这一切理性存在者来说，我属于理性存在者组成的共同体，因此，就像从我的观点来看，**他们**是**我的**目的一样，从他们的观点来看，我也是**他们的**目的。每个人都以他之外的一切其他人为目的，而没有任何人以其自身为目的。把一切个体毫无例外地视为最终目的的观点，超越了一切个体性意识的范围，这是把一切理性存在者的意识作为客体统一起来的观点，因而真正是上帝的观点。对于上帝来说，每个理性存在者都是绝对的和终极的目的。

但是有人说，“事情并非如此；每个人都应明确地以其自身为目的”。这也是可以承认的。人确实是目的；但他也是实现理性的**手段**。这就是他的生存的终极目的；唯独为了这个目的，他才生存；如果事情不是如此，他就根本没有必要生存。这并非贬低人的 (I,5,231)
尊严，而是提高了人的尊严。每个人就他的自我意识来说，都肩负

着实现理性的全部目的的委托；理性存在者组成的整个共同体都依赖于他的操劳与他的效用，唯独他不依赖于任何事物。每个人在他可以如此的限度内，即在他尊重一切个体的自由的限度内，都变成了上帝。每个人恰恰由于他的整个个体性的消失与毁灭，而成为道德规律在感性世界中的纯粹表达；每个人都由于他的自由选择和自我规定，而成为真正的、纯粹的自我。

在上文中我们已经充分地提到，每个人自身的这种遗忘仅仅发生于感性世界里的现实行动。那些把人的完善寄托于虔诚默想和兀自深思，期望由此毁灭自己的个体性，与上帝融为一体的人们，实在是大错特错。他们的德行现在是利己主义，也永远是利己主义；他们希求的只是使他们**自己**完善起来。但真正的德行则在于行动，在于为了全部共同体成员的行动，而在这里人们是应当完全忘记自己的。在应用伦理原则的过程中，我将不得不经常回到这个重要的观点上来。

II

只要我的行动是毫无阻碍地、顺利地进行的，因而我确实是达到预定目的的手段，我就会在我的行动中忘记我自己。如果我的行动进行得不顺利，我就会因而返求诸己，不得不检讨我自己；在这种情况下，我本人是借助抵抗力量而被给定为我自己的客体的。

于是，道德规律就直接指向了我自己，使我成为其客体。我应该是实现道德规律的手段；但像现在看到的那样，我又不是这样的手段，因此，我应该使我自己成为这样的手段。

大家也许应该注意我们制定的条件。在我经常应该坚定不移地抱有的那种道德情操中，只有在我不可能是手段的限度内，我才成为我进行反思与受命行动的客体。我不能在我之外贯彻我的目的，这就决定了我要关心我自己。但在这样的条件下，这种关心就成了一种职责。

由此产生了关于这样一种职责的概念，这种职责实际上并不像人们通常说的那样，是**对待**我自己和**为了我自己**的职责，因为即使在这个地方，我也现在是并且永远是实现在我之外的终极目的的手段；相反地，这种职责是**加给**我自己的职责，是合乎职责的行动，而我本人就是这种行动的直接客体。所以，我并不打算像人们经常称呼的那样，把这种职责称为对待我们自己的职责，而是想把它称为**间接的**和**有条件的**职责。它之所以是间接的，是因为它以我们的一切活动的手段为客体；它之所以是有条件的，是因为它只 (1,5,232)
能由下列命题推演出来：如果道德规律希求有条件的事物，即希求我实现理性在我之外的统治，那么，道德规律也就希求一个条件，即我成为实现这个目的的、适用的和灵巧的工具。

对我来说，除了我自己，决没有任何其他手段，去实现绝对需要实现的理性规律，因此，除了对待我自己的职责，也就绝不会有任何其他间接的或需要严格地如此称呼的职责。与这种间接的职责相反，对待整个共同体的职责，即终极的、最高的和绝对要求的职责，则应称为**直接的**和**无条件的**职责。

III

职责还有另一种划分，其根据如下。尽可能促进理性的独立性的命令是发布给每一个具体的人的。如果每一个具体的人都在这一方面做他最初偶然想到的事情或他觉得特别需要做的事情，则会以各种不同的方式出现许多结果，而不出现某些结果。许多人的行为的结果会相互阻碍和相互抵消，有计划地促进理性的终极目的的事业也不会顺利进行；但按照道德规律的命令，这项事业是应该绝对顺利进行的。因此，对于每一个看到上述阻碍的人（每个人只要稍加思索，就很容易看到这种阻碍）来说，补救那项事业就是他的**职责**。但是，能够补救那项事业的方法也仅仅在于：各个不同的个人都分担起为了促进终极目的而必须做的各种不同的事情，每个人都在一方面为所有其他的人承担此中的一个特定部分，在另一方面则将自己的事情转交给所有其他的人。能够出现这样一种安排的途径仅仅在于，许多人都为了这样一种分担工作的目的而达成协议，联合起来。每一个认识到这个道理的人的职责，就是要创造像我们所述的那样一种联合。

这样一种安排是**各个不同的阶层努力的结果**。世界上应当有各个不同的阶层；每个人的职责都是致力于这些阶层的出现，如果它们已经出现，每个人的职责则是给自己选择自己的特定阶层。任何选择了某个阶层的人，也都选择了自己承担起促进理性的独立性的事业的一个特定方面。

有些这样的事情是不能转交给别人的。这种不能转交的事情
(I,5,233) 是**普遍的**职责。能转交的事情是**特殊的**职责，它属于受到这种委托的人。所以，按照这种划分的根据，就有普遍的职责和特殊的职责。两种划分，即刚才指出的划分和上文所述的划分，实际上是相互重合的，并且是相互规定的。因此，我们要谈的是**普遍的、有条件的**职责和**特殊的、有条件的**职责，是**普遍的、绝对的**职责和**特殊**

的、绝对的职责。

§.20. 关于普遍的、有条件的职责

我是道德规律在感性世界中的工具。但是，只有在我与世界不断地相互作用的条件下，我才完全是道德规律在感性世界中的工具，而这种相互作用的方式方法仅仅取决于我的意志；由于我们专门在这里谈的是对于理性存在者组成的世界的作用，所以，也只有在我与其他理性存在者持续相互作用的条件下，我才是道德规律在感性世界中的工具。（这个命题已经在我的《自然法权基础》[43]中得到证明。既然我在这里应该复述同样的内容，我便要把那里的证明作为当前的证明加以援引。我们当前的科学的明晰性并不会因此受到任何损伤，因为假定的相互作用表示的意思将会逐步清楚地显示出来。）如果我应该是前者，即道德规律的工具，那就必定有一种唯独由我完全充当工具的条件；如果我设想自己服从于道德规律的统治，我便接到了命令，要尽我的能力，去实现在我与世界——感性的与理性的——之间持续相互作用的这种条件，因为道德规律从来都不会发出不可能执行的命令。所以，我们只应分析我们制定的概念，把道德规律与这个概念中包含的具体内容联系起来。这样，由于这种条件是普遍的，是对每个有限理性存在者都有效的，所以我们便得到了一种普遍的职责或各个普遍的、有条件的职责，而我们本身就是那种普遍职责的直接客体。

首先，相互作用应该是持续的；道德规律要求我们作为感性世界的成员保存下来。自然法权丝毫不知道道德规律及其命令，而 (I,5,234)

只求确定自由存在物的那种取决于自然必然性的意志，在这种自然法权中，要求我们持续存在的必然性曾经是这样得到证明的[44]：我希求某物 = X，这意味着，这个客体的存在应该在经验中给予我；但是，既然我希求它，它就不是在当前的经验中已经给予的，而是在未来才可能存在。因此，正像我确实希望有这种经验一样，我也希望我这个经验主体会作为同一种保持不变的存在者在未来生存下去。从这种关于我的意志的观点来看，我希望我持续存在，不过是为了我期待在未来得到的那种满足而已。

取决于道德规律的意志则不拥有这种希求个体持续存在的根据。在道德规律的指引下，我完全不必关心某种东西在未来的经验中被给予我。在这里，应该在与我毫无关联的情况下绝对有 X 存在；只要它全然变成现实的，只要我肯定可以假定它有朝一日会成为现实的，我对于自己是否体验到它，就应该完全抱取超然无谓的态度。自然人要求把客体给予他，这种要求总是一种享受的要求，而对于合乎道德的思维方式来说，享受本身则绝对不是目的。如果有人能十分肯定地向我预言，“你预期的事情虽然会得到实现，但是你从来都没有分担其中的一个部分，在它出现以前，等待你的还是毁灭”，那么，我一定会以同样的辛勤劳动，致力于它的实现。对于我来说，达到我的真正目的应该是允许的，共同享受则绝不可成为我的目的。为了体验到我所预期的东西，我在道德规律的引导下，并不希求我的持续存在，因此，自我保存绝不是我的职责。自我保存怎么能成为我的职责呢？

无论我在感性世界中能做成什么事情，它都绝不是道德所要求的终极目的，因为终极目的存在于无限之中，倒不如说，它仅仅

是逐渐接近终极目的的手段。所以，我的每个行为的最近目的都是未来的一种新行动；但是，谁要在未来去行动，谁就必须存在于未来，并且如果他要按照现在业已拟定的计划去行动，他就必须是、并且永远是他现在那样的人，他未来的生存必须从他现在的生存中合乎规律地发展出来。我受到道德信念的激励，把我自己仅 (I,5,235)
仅视为道德规律的工具；因此，我希望持续存在，而我之所以希望持续存在，仅仅是为了能够不断地行动。因此，自我保存就是一种职责。我们现在必须进一步规定这种自我保存的职责。

现在要求的是经验自我的保存和合乎规律的继续发展，而经验自我是被看作理智力量（灵魂）与躯体的统一的。无论这两者在单独来看的情况下的健康和合乎规律的继续发展，还是这两者在彼此重叠的情况下的毫无阻碍的相互影响的持续存在，都是道德命令的客体。

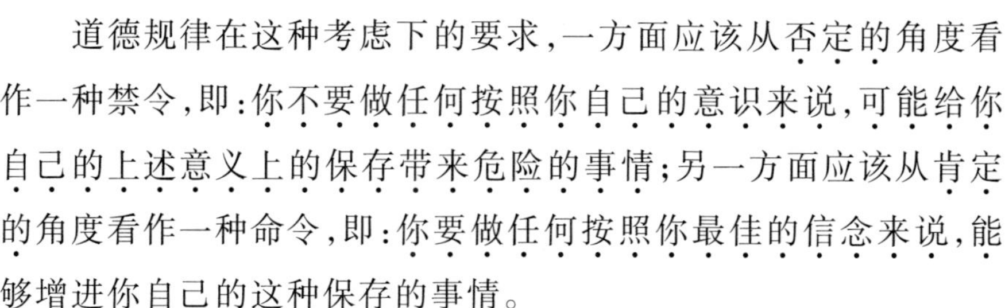

道德规律在这种考虑下的要求，一方面应该从否定的角度看作一种禁令，即：你不要做任何按照你自己的意识来说，可能给你自己的上述意义上的保存带来危险的事情；另一方面应该从肯定的角度看作一种命令，即：你要做任何按照你最佳的信念来说，能够增进你自己的这种保存的事情。

I

我们首先要谈的是道德规律的禁令。经验自我的保存与健康之所以会被置于危险的境地，一方面从内部说，是由于自然发展进程受到干扰，另一方面从外部说，是由于强制力量使然。就前一种情况而言，我们的躯体是一种有组织的自然产物，当躯体组织的合乎规律的进程遭到各种阻碍时，它的保存就遇到了危险。如果由于**禁止饮食**而使躯体得不到应有的营养，由于**饮食无度**而使躯体摄入的营养过量，或者，如果由于**纵欲过度**而使维持机器的整个自然趋势走入相反方向，则会出现危及躯体的保存的情况。尤其从**涉及躯体**的方面来看，所有这些超乎常规的做法都是违背自我保存的职责的。这些做法也妨碍**精神**的发展，因为精神的活动依赖于躯体的健康。禁止饮食会削弱和麻痹精神；饮食无度和暴饮暴食，特别是纵欲过度，会使精神低沉颓废，丧失其一切振奋的能力。

不动脑筋，会直接妨碍**精神**的发展，因为精神是一种只有通过锻炼才能得到发展的力量；另一方面，不考虑躯体——它是精神的必然支柱——的情况而**用脑过度**，或用脑**忙乱无章**，盲目耽于幻

(I,5,236) 想，而漫无目标，或死记硬背别人的思想，而不作出自己的判断，或陷于单调乏味的苦思冥想，而不进行生动的直观，这一切也都会直接妨碍精神的发展。全部精神都必须得到全面的、完整的发展，而绝不能得到片面的发展。片面的发展绝不是什么发展，倒不如说，是对精神的压制。上述一切妨碍精神发展的做法，不仅是不明智的和违背目的（任何一个目的）的，而且是与绝对的终极目的背道而驰的；这是绝对违背那些认识到自己的经验生活目标的人们的职责的，但是，每个人都应当获得这种认识。

就后一种情况——我的保存会受到在我之外的客体的威胁——而言，道德规律的禁令是这么说的：在不必要的情况下切勿拿你的健康，拿你的躯体和生命去冒险。凡是在职责不要求这么做的地方，都没有必要这么去做。如果职责要求这么去做，我则绝对应该冒着一切风险去这么做，因为完成职责是我的绝对目的，而

我自己的保存不过是实现这个目的的手段。怎么会出现一种让躯体的保存承担风险的职责命令呢？这种研究不属于当前的范围，而属于绝对职责理论的范围。

不过，对于**自杀**的道德性的研究则属于这里探讨的范围，我们现在就来研究这个课题。

在不必要的情况下，即在职责命令没有提出要求的情况下，我不应该拿我的生命去冒险，因此，用自己的力量打算毁灭自己的生命，也必须格外加以禁止。有人可能会接着提问，“如果职责并不要求一个人的生命的这样一种自我毁灭，那么，按照你自己的表白，职责怎么能要求拿他的生命去冒险呢？”在这种情况下，要彻底解决我们的课题，就必须以回答这样一个问题为依据：职责命令我们自杀的要求是否可能？

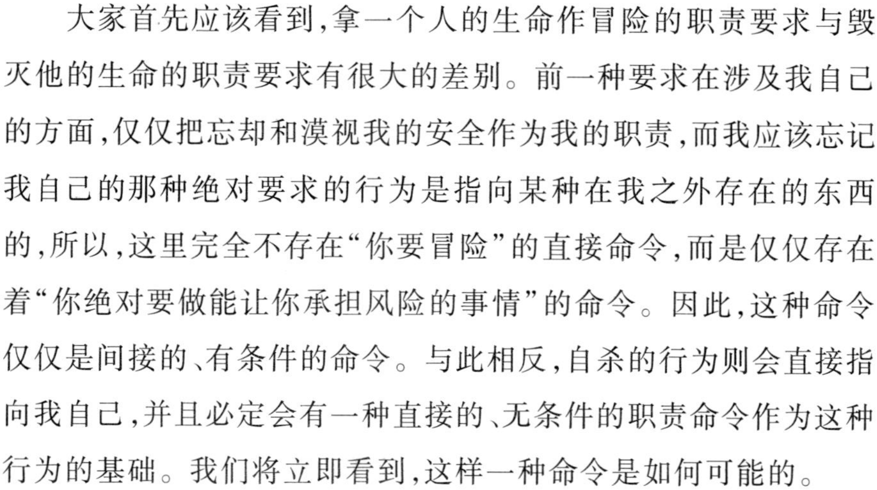

大家首先应该看到，拿一个人的生命作冒险的职责要求与毁灭他的生命的职责要求有很大的差别。前一种要求在涉及我自己的方面，仅仅把忘却和漠视我的安全作为我的职责，而我应该忘记我自己的那种绝对要求的行为是指向某种在我之外存在的东西的，所以，这里完全不存在“你要冒险”的直接命令，而是仅仅存在着“你绝对要做能让你承担风险的事情”的命令。因此，这种命令仅仅是间接的、有条件的命令。与此相反，自杀的行为则会直接指向我自己，并且必定会有一种直接的、无条件的职责命令作为这种行为的基础。我们将立即看到，这样一种命令是如何可能的。 (I,5,237)

扼要地说，我们对这个问题作出判定的根据如下。我的生命是我实现道德规律的唯一条件。我绝对得到了实现这种规律的命令。因此，在这件事情依赖于我的限度内，我绝对得到了生存下去的命令。我自己毁灭我的生命,简直与这个命令相矛盾,因而是绝对违背职责的。在关乎我的事情上,不使我摆脱道德规律的统治,我就绝不能毁灭我的生命。而道德规律是绝不能命令我摆脱它的统治的,因为这会使它自相矛盾。如果我的信念被认为是合乎道德的,如果我的信念应当如此,并在判断一种行为的道德性时应当被认为如此,那么,我之所以想生活下去,仅仅是为了履行我的职责。因此,我不想再生活下去,就意味着我不想再履行我的职责。

有一种异议,试图专门反驳我们的合理推论的大前提。有人会说,"当前的尘世生活——我们所能谈的,毕竟只是这种生活——对我来说,完全不是履行我的职责的唯一条件。我相信死后的生活;我的死亡并没有结束我的全部生活,也没有使我摆脱道德规律的统治;我只是改变了我的生活的种类,从一个地方转移到另一个地方,就像我在尘世生活中经常做的并且完全可以做的那样"。在答复这个异议时,我也想使用比喻的方法。我们要问,当我设想我自己服从于道德规律的命令时,即使是在尘世生活中,我也可以在任何时候单纯改变我的位置吗?这么去做或不这么去做,在任何时候都能随我的便吗?或者说,这么去做,倒不总是或者合乎职责,或者违背职责吗?显然是违背职责的,因为按照上述证明,道德规律绝没有给我的随意性留有任何回旋余地,在道德规律的统治下绝不存在什么超然无谓、不辨是非的行为,在我的生存的任何位置上,我不是应该这么去做,便是不应该这么去做。因此,必须予以指明的,不单纯是道德规律对于离弃尘世生活和转向另一种生活的认可——唯独这种认可才能从提出那种异议的人的论证中得出来——而是道德规律要求这么去做的命令。但是,能

够严格地加以证明的，却是这样一种命令的不可能性。首先，无论是在尘世生活——我所了解的，也唯独是这种生活——中，还是在另一种可能的生活中，职责命令都绝不直接要求我为了生活而生活；相反地，它的直接命令总是指向一种特定的行为。既然我在没有生命的时候就不能行动，那么，道德规律就会借助于那个命令，同时也要求我生存下去。（我作为自然人来看，是希望生存下去的，但这不是为了生命，而是为了我的生命的某项天职；我作为道 (I,5,238) 德存在者来看，是应该希望生存下去的，但这不是为了生命，而是为了一种行为，我之所以需要生命，就是要从事这种行为。正像康德认为一般存在并不是物的一个属性或规定，而只是物的一切规定的条件[45]一样，精神存在者的生命也是如此。）所以，向另一种生活的过渡根本不可能是直接要求于我的，而只能是借助于对一种特定行为的命令间接要求于我的，这种行为不应属于尘世生活，而应属于另一种生活。除非在另一种生活中负有一项特定的使命，在任何条件下都不能允许离开尘世生活，并且既然绝不存在任何单纯允许的行为，所以，离开尘世生活也就不可能是职责。没有任何一个还有理性的人会断言自己在另一种生活中负有一项特定的使命，因为我们都必须应用思维规律，以我们已知的东西去规定合乎职责的东西。我们完全不了解来世生活的情况和体制，我们的各种可以认识的职责都仅仅属于尘世生活的范围。所以，远非道德规律要把我引渡到另一种生活，而是它在我生存的每个时刻，始终要求我继续做现世的事情，因为在我生存的每个时刻，都有要我去做的某种事情，而要做这种事情的领域就是当前的世界。因此，不仅现实的自杀行为，而且连那种不想再活下去的愿望也是违背

职责的，因为这是一种不再想按照唯独我们能够设想的工作方式去进行工作的愿望，是一种与真正的、合乎道德的思维方式相反的倾向，是一种有道德的人绝不该允许在自身出现的厌倦愠怒情绪。——如果我们按这个观点，相信一切人类命运都有一位主宰者，一俟他对我们发号施令，那种进入另一种生活的兴致就简直意味着完全心甘情愿抛弃生命，那么，这当然是完全正确的，并且是
(I,5,239) 一种与真正的道德不可分离的思维方式，因为对于那种兴致来说，生命本身没有丝毫价值。但是，如果这是暗示一种努力以赴，要与另一个世界的存在者联合起来的**倾向**，那么，那种兴致则是一种已经描绘和规定了来世的有害幻想。一方面，这样的一种规定毫无根据，因为作出这种规定的一切论据只能是虚构的；另一方面，这样的一种规定也违背职责，因为人们在坚持真正的道德信念时，怎么能有余暇去做不能实现的幻想呢？真正有德性的人在每个时刻都完全致力于他当时必须做的事情，其他一切事情都不属于他操心的范围，他把它们让给了那些操心它们的人们。

大家要想具体地确信这个观点的正确性，不妨通盘考察自杀行为的一切可能的根据。首先需要提到的、有先例可援的自杀根据据说在于，有人自杀，是出于绝望情绪，要克服那种业已变成我们的习惯、仿佛变成我们的另一天性的恶行。但是，这种绝望情绪恰恰是一种不道德的思维方式。只要意志正确，就能确信无疑。有什么东西竟然能强制我们的意志呢？或者说，除了我们的意志以外，有什么东西能把我们那种使我们犯罪的力量发动起来呢？所以，在这种情况下大家应该承认，自杀者的意志并不正确；他没有从事罪恶的行径，也会活得不耐烦，他想满足道德要求的方法，

不是承担起道德所要求的无辜生命应负的重任，而是宁可走向道德并不要求的轻生。另一种可能的自杀根据据说在于，有人自杀，是为了免遭屈辱与诋毁，是为了不被当作别人中伤的对象。但在自杀的情况下，自杀者并未真正逃避了诋毁；这是因为，如果我们只是在现实中忍受着诋毁，也就是说，如果我们施出我们的一切有形力量，都无法抗衡诋毁，那么，我们忍受的事情并不会使我们感到有罪，而是只有我们所做的事情才会使我们感到有罪。在自杀的情况下，自杀者不过是逃避不公正的行为、暴力活动和自己遭到的辱骂，但并不是逃避自己确未犯过但又无法阻止别人去犯的罪行。有人自杀，其实是因为他被剥夺了日常生活用品，而没有这种用品，谁也无法生活下去。但在这种情况下，也有人像自己应该做的那样，没有违背过自己的信念，没有牺牲了德行的其他一切方面。——在表明这两种自杀的根据不能成立以后，本来还有必要审核另外一些自杀的根据，这些根据都一致主张，应该避免生命单纯遭受有形的痛苦。但逃避这种痛苦，从来都不是有道德信念的人应该抱有的目的。

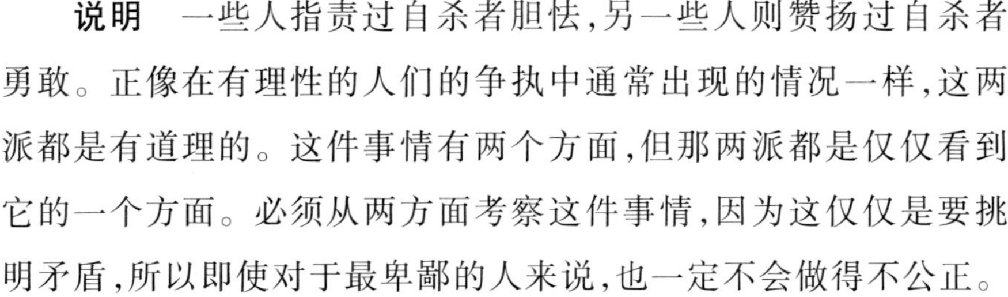

说明 一些人指责过自杀者胆怯，另一些人则赞扬过自杀者勇敢。正像在有理性的人们的争执中通常出现的情况一样，这两派都是有道理的。这件事情有两个方面，但那两派都是仅仅看到它的一个方面。必须从两方面考察这件事情，因为这仅仅是要挑明矛盾，所以即使对于最卑鄙的人来说，也一定不会做得不公正。

作出死亡的决定是概念对于自然的支配权的最纯粹的表现。(I,5,240) 在自然中只存在着一种保存自己的冲动，而作出死亡的决定恰恰是这种冲动的对立面。任何经过冷静思考进行的自杀——绝大部分自杀是在突然丧失理智时进行的,关于这种情况,我们无法作出任何合理的说明——都是那种支配权的行使,都是灵魂占有优势的证明,并且从这方面来看,必然会引起人们的重视。这种自杀发端于上述追求独立性的盲目冲动,而只见之于性格刚强的人物。勇敢是面向我们不知道的未来的果断精神。既然这种自杀者毁灭了自己的一切未来,我们就不能认为他真正勇敢,除非他假定一种死后的生活,用反对或忍受他在那里可能遇到的事情的坚决果断精神走向这种生活。

但是,无论自杀的决定需要灵魂占有什么优势,要为了丝毫不失体面,仍然忍受一种从这时起对我们只能作为苦难加以期待的生活,忍受一种即使可能是极其愉快的,我们也认为本身丝毫没有价值的生活,则需要灵魂占有更大的优势。如果说在自杀的情况下是概念对自然的支配,那么,在这种忍受艰苦生活的情况下则是概念本身对概念的支配,即思维的自律或绝对独立性。凡是在思维之外存在的东西,都是在我自己之外存在的,而与我没有关系。如果说前一种情况是思维的凯旋,那么,后一种情况则是思维规律的凯旋,是道德的最纯粹的表现,因为这时除了人依然忍受一种业已对他变得不堪忍受的生活以外,对他绝不能提出任何更高的要求。这种勇气是自杀者不具备的,只有从这个方面来说,我们才能称自杀者丧失勇气和胆怯懦弱。与道德高尚的人相比,自杀者是懦夫,与卑鄙无耻的人相比,自杀者则是英雄;卑鄙无耻的人单纯为了把他那贫乏的生存感再延续几年,竟然蒙受耻辱,屈服于奴役。

II

在**躯体**方面，道德规律的那种涉及我们自己的规定作为命令来看，因而从**肯定的**角度来看，要求我们承担起一项职责，即营养我们的躯体，用一切方式增进其健康与完好。显而易见，除了要生存下去，充当促进理性目的的适用工具，这项职责是不得在任何其 (I,5,241)
他意义上，抱着任何其他目的执行的。

我要营养我自己，增进我的躯体的健康，就必须拥有这么做的经济条件。由此可见，我必须精打细算，勤俭持家，完全把我的财产状况料理得井然有序和合乎常规。这不仅是明智的忠告，也是一种职责。谁由于自己的罪过而无法负担自己的生活费用，谁就应该受到惩罚。

在**精神**方面，持续不断而合乎规则地锻炼脑力，从事脑力活动，也是一项肯定的职责；显而易见，就它是每个人的特殊职责而言，也是每个人的专业职责所允许的，而关于这种职责我们立刻就要谈到。感性享受与审美艺术如果加以适度的、合乎目的的运用，使躯体和精神活跃起来，增强其活动能力，也属于我们所说的这个职责范围。

在躯体与精神彼此毫无阻碍地相互影响的方面，我们无法直接做任何事情；只要这两者本身得到适当的保养，这种相互影响也就会自然而然地进行。

III

所有这些职责都不过是有条件的职责。我的经验自我只是达到理性目的的工具，并且就它能够充当工具而言，也应该仅仅作为工具而得到保存与培养。因此，如果它的保存与这个目的发生冲突，那就必须把它牺牲掉。

对于我来说，在我的良心的论坛面前，违反理性目的的事情无非是我的行为违背无条件的职责。所以，我必须放弃自我保存的唯一场合，想必是我只有违背这种职责才能保存我的生命的那种场合。我绝不可因为贪生而做任何违背职责的事情，因为生命仅仅以尽职为目的，而履行职责是最终的目的。对此有人可能提出异议，并且也经常提出异议。他们说，“但是，如果我只是在这一次有一个偏离道德规律的严格要求的唯一例外，使我的生命渡过难关，我则能在此后再做许多好事，否则，这些好事就不会出现。为了做我还会做的这类好事，我不是应该有这个例外吗？”这是一

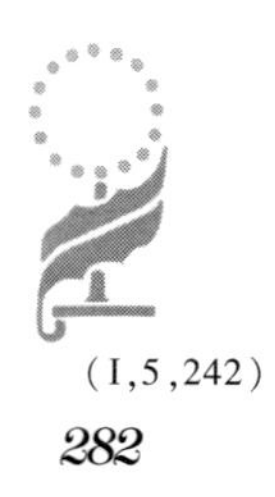

(I,5,242) 种托词，它与人们为了做那种要从坏事变成的好事而经常为恶行做辩护的托词是一模一样的。这些提出异议的人们只不过忘记了一件事实，那就是我们无论如何无权对我们想做的美好事情与我们不想做的其他事情进行挑选。每个人都应该并且必须绝对做自己的处境、心思与见解命令自己做的事情，而不做任何其他事情，也就是说，每个人都应该并且必须绝对不做自己的处境、心思与见解禁止自己做的事情。如果道德规律在我能完成未来的善行以前，就撤回了它对我的**生存**作出的许诺，那么，这些未来的善行就肯定不是命令**我**去完成的，因为在这种情况下我将不再受到或至少在很大程度上不再受到这个感性世界的制约。不证自明的情况在于，对于那种为了保存自己的生命而做违背职责的事情的人来说，一般的职责，尤其是他还想在以后执行的职责已经不是绝对的

终极目的，因为如果唯独职责是他的目的，如果他仅仅是由道德规律赋予他生命与灵魂的，他就不可能做违背道德规律的事情，正如道德规律不可能命令做违背其自身的事情一样。他原来认为生命是终极目的，而那个说他希望在未来做好事的托词，则是他后来才想出来的。但是，应该从另一方面说明，我不可把我的死亡看作实现良好的目的的手段，也不可允许别人把它当作这样的手段。充当道德规律的手段的是我的生命，而不是我的死亡。我是作为能动本原的规律的工具，而不是作为事实的规律的手段。由上所述就可以得知，从这个方面来看，我不可（像有人会把卢克莱齐娅的自杀[46]视为解放罗马的手段那样）自己把自己杀死。如果我能阻止我被谋杀，我也不可抱着善良意志允许我被谋杀；我更不可寻找杀死自己的机会，或鼓励别人杀死自己（例如，关于科德鲁斯的传说[47]），并且在我相信这会给太平盛世奠定基础的时候，这样一种做法也毕竟是一种自杀。不过大家应该善于分析。在职责需要的情况下，我不仅可以将我的生命置于危险境地，而且也应该将它置于危险境地，也就是说，我应该忘记对我的自我保存的关怀。然而，我绝对不应该把我的死亡设想为我的目的。 (I,5,243)

§.21. 关于特殊的、有条件的职责

特殊的职责像在上文（§.19.）中指出的，是职业阶层的职责，在那里我们已经演绎出，并且提到设置各个职业阶层的必要性。有条件的、特殊的职责是这样一些职责，这些职责在我们属于这个或那个特定职业阶层的限度内，以我们自身或我们的经验自

我为客体。关于这些职责,我们应说明如下。

I

在有各个特定职业阶层的地方,拥有自己的职业,即用特定方式促进理性目的,是每个个体的绝对职责。关于这一点,我们是这样证明的:

假如任何职业阶层都没有设置起来,那么,像已经证明的那样,设置各个职业阶层,把它们当作全面地、有计划地促进理性目的的唯一条件,就应该是每一个看到它们的必要性的人的职责。所以,更确切地说,在各个职业阶层已经设置起来的地方,选择一个特定的职业就是一项职责。因为在这样一种事物的秩序中,无论是谁,如果他不做别人已经承担的事情,因而如果他不是阻碍他们,妨害促进理性目的的事业,便是做某种多余的和无谓的事情,他就完全不再能发挥一般的作用,而这同样与道德规律相矛盾。所以,只剩下一条出路,那就是每个人都选择一个职业阶层,并且以普遍有效的方式把这个选择告诉给自己周围的人。

II

不按照偏好,而按照最佳信念选择职业阶层,使人们能根据自己的力量大小、自己的教育程度和拥有的外在条件,恰恰最适合于

(I,5,244) 自己选定的职业,这是一项职责。我们生活的目的并不是满足个人偏好,而是促进理性目的;不过,任何力量在感性世界中都应该为这个目的而得到最妥帖的利用。有人可能对此提出异议,说"很少有人自己给自己选择职业阶层,而是他们的父母、生活环境

等等给他们选定了职业阶层;或者,在确实能谈得上他们亲自选择职业阶层的地方,他们也是在理性成熟到适当的程度以前就选择了职业阶层,也就是说,在他们确实能认真思考,单纯用道德规律作出决定以前,他们就选择了职业阶层”。对于这种异议,我要回答说:这种情况不应该存在下去;每个认识到这种情况的人都必须努力以赴,促使它尽可能改变。所有的人直至一般人性在他们那里发展成熟为止,都应该同样受到教育,并且自己教育自己,然后他们才应该选择职业阶层。我们并不否认,人类的处境在以后也还必定会有许多不同于现今的地方。不过,即使理想并不是在一切情况下都能实现,一门伦理学也要到处树立理想。理想不可能不会实现,因为它如果不能实现,它本身就会成为虚无缥缈、模糊不清的东西。它也不应该视各种情况而定,而是各种情况都应该视它而定。

也许在这里需要提到,各个阶层的从属关系和地位等级仅仅是一种普通而必要的安排。人们从事的各式各样的行业是相互从属的,就像有条件的东西与条件、手段与目的一样;同样,从事那些行业的人们也必须相互从属。在作出道德评判时,一切阶层都具有同样的分量。每个阶层都在促进理性的目的,从种地打粮、养活人类的阶层开始,到思考未来、促其实现的学者和汲取研究成果、改革国家体制、造福子孙后代的立法者与开明君主为止,都是如此。如果每个人都依据职责去做自己所能做的一切,那么,各个阶层就都在纯粹理性的法庭面前具有同样的地位。

III

但是,未经其他一切人的同意,我就不能选择任何一个职业阶层。因为理性的计划必须全面地、合乎目的地得到促进。其他一切人都已经在他们当中分担了实现这个计划而需要做的各项具体
(I,5,245) 工作,我必须询问这里是否还有空缺,而且在我想使用气力的地方,还必须询问是否需要我效劳。我有权利提出我的请求,社会有权利拒绝我的请求。但是,如果还没有建立起任何符合宗旨的机构,可以作出这种判断,那么,我本人就必须凭我的良知,对于何处需要我的帮助作出判断。

因此,个人所属的阶层决定于他与社会的相互作用,而这种相互作用是发端于个人的。个人应该提出自己的请求。

IV

把精神和身体培养得非常适用于人们献身的职业,是一项职责。农民需要身体强健耐劳,工匠主要是需要身体活动灵巧,精神的理论修养在农民与工匠的职业中仅仅是他们的手段;学者则以精神的全面发展为其目的,他的身体不过是在感性世界中支持与保存精神的手段。从这方面来看,学者似乎在过去对民众的意见发生过一种有害的影响。深入进行思考,系统地发展自己的理智,是学者们的一项职责,因为他们的职业需要他们这么做。在过去,许多学者都想把构成他们的职业职责的内容变成人的一般职责;他们的这个要求的含义,看来大概是要使所有的人都变成学者。在过去,有一种最明显的倾向,那就是要把所有的人都变成像神学

家本人那样的好神学家，把神学家的知识视为恰享天福的必修科目，并且这种倾向现在依然有一部分存在于神学家当中。由此产生了一种结果，那就是有人过分重视那种甚至缺乏其他良好素质的理论启蒙，而想把高尚道德与虔诚信仰都纳入孤独地苦思冥想的范围。这当然是学者的德行，然而也只有学者抱着传播自己的研究成果的目的，才是如此。其他各个阶层的理论修养，只需要达到这样的程度，那就是它们能理解和判断那些属于操持它们的职业和完善它们的技艺的事情；关键在于，它们要激励自己去从事出于职责的行动，而要达到这个目的，需要做的是培养意志，而不是培养理智。

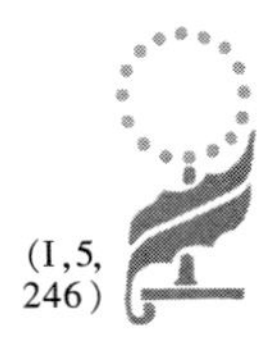

普遍直接职责概论 (I,5,246)

§.22. 划分

道德善良的人的所有一般行为的终极目的，尤其是他的所有对外活动的终极目的，可以概括为这样一个公式：**他希望，理性并且只有理性在感性世界中居于支配地位**。必须使一切有形力量都从属于理性。

但是，理性只有在理性存在者中，并且通过理性存在者，才能居于支配地位。因此，道德行为即使直接以无理性的自然为对象，也总是至少间接涉及理性存在者，并仅仅以理性存在者为目的。正像在与无理性的自然的关系中不存在任何权利一样，在与无理性的自然的关系中也不存在职责。如我们将进一步看到的,仅仅为了理性存在者而改造无理性的自然,变成了一项职责。

由此可见,道德善良的人希望理性和伦理原则在理性存在者组成的共同体中居于支配地位。

理性存在者的目的不仅在于,只有良好的与合理的东西应该出现,只有合法性应该居于支配地位,而且在于,这种东西应该借助自由,按照道德规律出现,因而使真正的道德原则居于支配地位。这是一个不可忽视的主要观点。如我们将在适当的地方举例证明的,忽视了这个观点,就会把许多有害的与腐败的东西带到理论中来,并把这类东西又从理论带到生活中去。

但是,任何不借助自由出现的行为都不是合乎道德的;所以,一切理性存在者的形式自由都是每个道德善良的人的目的。因此,我们首先要谈的是**在与其他理性存在者的形式自由的关系中的职责**。

一切理性存在者都应该 formaliter[在形式方面]是自由的,而决没有例外。但可能出现一种情况,那就是一个人为了压制其他人的自由而使用了属于他本人的自由。应该研究的问题是:在这种情况下职责要求什么。所以,我们要进一步谈的是**在理性存在者的形式自由发生冲突的情况下的职责**。

(I,5,247) 最后,道德善良的人的意志在于,每个人都应用他的自由,以履行他的职责;他的目的就是在一切理性存在者中促进合乎职责的信念。所以,我们最后要谈的是**在直接传播与促进道德性方面的职责**。

§.23. 论一切理性存在者在形式自由方面的职责

一个个体的形式自由在于他的躯体作为工具与感官同感性世界有持续的相互作用；这种自由是确定的，并且只能由这个个体就这种相互作用自由地制定的概念加以确定。这里有两方面的相互作用，一方面是绝对自由的持续性和躯体的不可触犯性，即绝对不能用有形力量直接影响躯体；另一方面是对全部感性世界的自由影响的持续性。（请参看拙著《自然法权基础》§.11.[48]）

I

道德规律在我们之外的理性存在者的躯体方面作出的规定，可以从否定的角度看作是禁令，从肯定的角度看作是命令。

得出这个判断的原则如下：每个人的躯体对于有道德信念的人来说，都是在感性世界中实现道德规律的工具。不过，它只有在一个条件下才能是这种工具，那就是它始终自由地、全部地和单纯地依赖于这个人的自由意志——一俟有人察觉一个人体，道德规律关于这个特定躯体的命令就发布给了他。——我再谈到和强调这一点，不是没有原因。因为有人可能会说，“即使不存在这个或那个躯体，理性的目的也毕竟会得到实现；关键问题不可能在或大或小的程度上取决于一个躯体”。对此应该答复如下：这一切说法与我们丝毫无关，并且对我们来说，作如是想也是完全不允许的。只要这个具体的躯体是存在的，并且是自由的，也就具备了实 (I,5,248)

现理性目的的必要条件;一俟我们察觉这个躯体,道德规律的命令就发布给了我们,要求我们把这个躯体视为必然属于理性存在者的共同体,属于实现道德规律的工具的躯体。(我们在这里已经获得——可以顺便这么说——了关于道德规律在不依赖于我们的自然界中居于支配地位的观念,获得了这个自然界对于道德规律的合目的性;这个观念是在上帝观念中得到实现的,但在这里我们没有必要去谈这个问题。)

从否定的角度来看,这种规定是一个绝对的禁令:**绝不可直接影响一个人的躯体**。一个人的躯体单纯依赖于这个人的意志,而绝对不依赖于任何外在力量。不过,我确实可以间接地规定一个人的躯体,那就是我用理性根据规定这个人的意志,在他的意志中引起这种或那种形态变化,从而在感性世界中引起这种或那种形态变化。

但是,我绝不可把一个人的躯体当作实现我的意志的工具或手段来使用,这样的工具也肯定是最不适用的。我不可通过有形的强制——殴打、冲击、饥饿、剥夺自由或监禁——试图影响这个人的意志。只有依靠理性根据,而绝对不依靠任何其他手段,我才可以影响这个人。

我不可用有形的力量,直接对抗另一个理性存在者对于感性世界的因果作用。在什么情况下这种普遍的禁令能允许有例外,我们将在下文中看到。

我绝对不可蓄意杀人,一个人的死亡绝不应该是我的行为的目的。严格的证明如下:每个人的生命都是实现道德规律的手段。在这个前提下,对于一个特定的人依然会是或成为这样一种手段,我要么认为是可能的，要么不认为是可能的。如果我认为这种情况是可能的，那么试问，若我不拒绝对道德规律的服从，不对道德规律的实现采取无所谓的态度，怎么能毁灭那种按照我自己的前提注定了要献身于实现道德规律的人呢？如果我不认为那种情况是可能的，如果我认为有人是不堪改造的坏人，那么，非道德的思维方式恰恰就在于我把那个特定的人视为这样的坏人。因为我完全是受了道德规律的委托，要使那个特定的人与我共同受到道德教育，协助他致力于他的改恶从善。如果我在我的心中肯定他是不堪改造的，那我就放弃了道德规律绝对命令我做的一项工作；但是，我不可放弃这项工作，所以，我也不可作那种肯定。道德规律绝对要求的信念是每个人都会改恶从善。而如果这个信念是必然的，那么，我们的论证的前一部分就又是有效的。我绝不能消灭任何人的生命，除非放弃我的目的，并就我的所能，否定人生的理性目的。谁要变得合乎道德，谁就必须生活下去。(I,5,249)

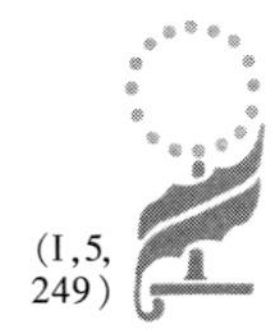

我们的推论是这样的：促进每个个体的道德性，是对我的绝对要求。但是，我若不假定这种道德的可能性，便不能这么做。因此，我必须假定这种可能性是存在的。唯独这个三段论推论的小前提可能需要证明，而它是这样得到证明的。我把某种事情——比如这里的一个个体的改恶从善——定为我的目的，这意味着我假定了这种改恶从善在某个未来时刻的现实性；而我假定这种现实性，则意味着我把它设定为可能的。于是，我必须依据道德规律把那个目的设定为对我来说是必然的，所以也必须思考包含在那个目的里的一切内容。正如在上文中一般阐明了对于人类完善能力的信念的必然性那样，在这里应该专门证明对于每个个体的改恶从善的信念的必然性。

所以,正像在任何条件下预谋的自杀都不能与真正的道德信念并存一样,基于同样的理由,预谋的他杀也不能与真正的道德信念并存。无论是在自杀的情况下,还是在他杀的情况下,实现理性目的的可能的工具都遭到了毁灭。不过,正像能出现一种拿一个人自身的生命去冒险的职责一样,也能出现一种拿另一个人的生命去冒险的职责。我们将看到,究竟在哪些情况下会出现这种职责。

(关于国家号称它对罪犯拥有的那种生杀予夺的权利,我在我的《自然法权基础》里[49]已经说过,国家作为法官所能做的事情,也无非是要完全废除它与罪犯签订的公民契约,从而使罪犯全然不受法律保护,而单纯成为一种东西;在罪犯与国家的关系中,国家绝不是**道德的**人,而仅仅是**执法的**人。在取消罪犯的一切权利以后,的确可以杀死罪犯,但这不是作为惩罚,而是作为保障社会安全的手段,因此绝不是**司法权力机关**的行动,而仅仅是**警察权力机关**的行动。一个具体的人为了履行他那种在任何情况下都不要用武力侵犯人的生命的职责,的确可以并且也应该拿他自己的安全去冒险,但政府当局在一切人的安全方面却没有这样的权利。

(I,5,250) 关于在战争中杀死武装的敌人——这可以说是完全合法的和合乎职责的——的事情,我们也作过同样的说明。战争的目的绝不是要杀死敌对的国家的公民。战争的目的仅仅在于:驱逐敌人或解除敌人的武装,使敌对的国家丧失抵抗能力,强迫它与我们的国家处于一种法治的关系之中。在打交手战的时候,一个人杀死了敌人,并不是为了杀死敌人,而是为了抵抗敌人,捍卫他自己的生命;他这么做,并不是基于国家转让给他的杀人权利,因为国家本身并不具有这种权利;而是基于他自己的自卫权利和自卫职责。)

道德规律在我们之外的理性存在者的躯体方面作出的规定,从肯定的角度作为命令来看,包含着下列内容。

别人的躯体和生命的健康、坚强与保存应该是我们的目的;我们应该在我们的力量所及的范围内,不仅不阻碍这种保存,而且恰恰像我们促进我们自己的躯体的保存那样,促进别人的躯体的保存。这个论断的严格证明可以这样作出:每个人的躯体都是促进理性目的的工具,如果理性目的实际上是我的最高的、终极的目的,那么,为此而竭力保存和尽量使用每一个这样的工具,就必然是我本人的目的,因为我如果不希望拥有条件,就不能希望拥有由条件制约的东西。保存在我之外的每个人,恰恰应该像保存我自己一样,放在我的心上,因为我希求这两者的根据是同一个根据。我保存我自己,关心我自己,仅仅把我自己当作实现理性规律的工具,而每个人的躯体都是同一种躯体,所以,我必须对每个人的躯体都表示同样的关切,因为像必然应有的情况那样,除了道德规律以外,实际上没有任何东西构成我的动力。

在这里首先出现了一个原理:你要恰恰像关心你的幸福那样,关心你的每个同胞的幸福;你要像爱护你自己那样,爱护你的邻人[50]。这个原理今后在对待其他人的一切肯定性职责中都将具有范导作用。这个原理的根据,我们已经说明。我能够并且可以关心我自己,仅仅是由于我是实现道德规律的工具;但任何其他的人也是如此。我们不妨同时就此进行一项诚实的检验,细察这种对

我们自己的关心是合乎道德的，还是一种单纯的自然冲动。如果它是前者，我们则将对别人表示同样的关心；如果它是后者，它则
(I,5,251) 是排他的。自然冲动单纯以我们为目的；同感是一种引起对别人命运的同情的自然冲动，与自我保存的直接冲动相比，作用十分微弱。在同感中，我们总是首先想到自己，然后才想到自己的同胞。

我应该正像关心我的保存那样，关心别人的保存。在这个情况下，根据以上所述，在我未由于我有软弱无力的感觉，或未由于我的自我保存处于险境，而想到我自己以前，我并不关心我的保存，也完全没有想到我自己。对于别人的保存的关心，也是如此。这并不是说，如果挽救人的健康与生命不是我的特定天职，我在这个场合就不应该着手从事任何这样的事情，不应该努力探索任何这样的事情；相反地，这是说，一俟有人处于危险境地，我就绝对应该帮助他，甚至拿我自己的生命承担风险，无论危险来自无理性的有形自然力量，还是来自理性存在者发动的进攻。

我说过拿我自己的生命承担风险。像大家可以相信的那样，这与职责并无任何冲突。我的保存取决于别人的保存，别人的保存也取决于我的保存。两者的保存完全相同，具有同样的价值，出于同样的原因。我的打算并不是两者之一应该在危境中走向毁灭，而是两者都应该得到保存。尽管如此，但如果两者之一或两者还是丧生了，那么，我也不能对此负责，因为我已经履行了我的职责。

（在别人处于危境时，一个人不前往援救，而诉诸其自我保存的职责，是一种虚伪的辩解，因为在这时那种职责已不再是职责。这种辩解如果正确地加以转述，则无非是说：只有我们自己救人时

能安然无恙，我们才愿意援救别人。可以说，这确实是一种奇特的宏论！在救人的事情能够对我们自己毫无危险地完成的场合，也都不愿意拯救人的生命，可以说，这是一种明显的谋杀。其次，在这个问题上也完全不应该像某些道德家主张的那样，首先计算哪个人的生命有更大的价值，对哪个人的保存需受到更多的重视。我们认为，在道德规律面前，一切人的生命都有同样的价值，一旦某人遇到了危险，所有其他的人，不管他们是谁，在那个人得到援救以前，都不再有安然无恙地生存的权利。这才是一种诚实的、洪亮的和完全合乎道德信念的言论，它是由永垂不朽的利奥波德公爵[51]说出来的：这里人命攸关，怎么我该比你们活得更长久呢？）

II

(I,5,252)

我们应该依据道德规律关切和促进别人的形式自由，这种自由的第二部分在于他的自由的，即仅仅由他的概念规定的那种对于感性世界的影响。从他的这种作用中应该产生出他在此设想的东西，因为只有在这个条件下他才是自由的。

a）这种因果作用首先取决于对造成的结果的正确认识。我对什么东西毫无概念，我就对什么东西完全不可能发生作用。我的目的概念是不借助于我的作用，而通过关于物的现实存在与性状的概念得到规定的。我的目的概念出自物的现状，并且视物的自然规律而定。如果我对我的行为客体拥有不正确的概念，我的行为就会造成某种迥然不同于我的设想的结果，这样，我在我的因果作用中就不是自由的。

我必定希望拥有由条件制约的东西，希望拥有我周围的人们在感性世界中的自由因果作用，所以，我也必定希望拥有这样的条件：他们对感性世界具有正确的、对他们的因果作用方式够用的知识。他们的实践知识的这种正确性必定是我的目的，正像在同样的程度上，出于同样的理由，我自己的实践知识的正确性是我的目的那样。

道德规律的这种规定从**否定的**角度来看，得出了一个禁令，那就是：绝对不要把别人引向谬误，不要向别人说谎，不要欺骗别人；既不要用直言不讳的方式，开门见山地向别人肯定我自己并不视为真实的东西，也不要用模棱两可的说法，拐弯抹角地向别人掩饰我自己让他受骗的意图。后一种做法与前一种做法一样，也是一种谎言，因为重要的问题绝不在于言辞，而在于我在这样做时抱有的意图。如果我想骗人，那我就是一个说谎者，无论我是直接说出谎言的，还是单纯引诱别人去相信谎言。对于我是故意这么做，还是我的言论仅仅偶尔说得如此模棱两可，我必须在我的良心面前负责。简单地说，无论对于什么人，我都绝对应该真诚坦率；我不可说任何违背真理的东西。我是否应该真诚坦率，我在何种程度上应该真诚坦率，也就是说，我在何种程度上应该说出我所知道的一切真相，这是我们在下文中将要考察的问题。

这一点的严格证明如下：如果我有道德信念，那么，我就不把
(1,5,253) 别人看作单纯合法性的工具，而是看作道德性的工具，即看作这样一种人，这种人总是要按照自己的深刻认识，本着自己的善良意志，选择最好的东西。如果我给他提供的是不正确的认识，并且他按照这种认识行动起来，那么，由此产生的结果就不是由他本人选定的，他反而被当成了实现我的目的的工具，而这是违背道德信念

的。如果我用这种方法引诱别人从事一项非法的行为，而这种行为当他从不正确的前提出发时，在他看来则可能是合乎道德的，那么，我的犯法行为就是昭然若揭的；我企图达到不道德的目的，我利用了别人，也许违背着他自己的思维方式，把他当作我实现不道德的目的的工具。即使撇开对于别人的这种滥用，也同样有一种情况，即我用欺骗手段引诱他从事的那种不道德的行为看来是我自己干过的。我确实是真正的作案人。不过，在我的认识不正确时，即使我真正指望从事一种合法的行为，并且利用别人完成了这种行为，我的行为也是完全违背职责的。别人不应该根据错误的认识去做正确的事情，而应该根据对善的热爱去做正确的事情。我绝对不可把单纯的合法性当作目的，相反地，道德性才是我的终极目的；我若不放弃道德性，便无法唯独以单纯的合法性为目的，而放弃道德性是违背职责的。——那种违背道德的伦理学的捍卫者反驳说，“但我十分清楚地知道，也只有使用这种手段，别人才被带到了他行善的境地”。我的回答是：首先，这是你绝不可能知道和绝不应该相信的事情，因为这样放弃别人的合理性是违背职责的；其次，即使出现过这类结局，但如果你没有欺骗别人，别人并没有做出唯独你假装预期的善举，你也完全不会有罪责。不考虑手段而单纯实现那种善，并不是你的道德使命；善应该根据道德原则加以实现，否则，它就不成其为善。正因为你放弃了道德的形式，而只把内容作为你的目的，但唯独在这种形式中有善的本质，你才暴露了你自己，原来你在那种善中关心的，根本不是伦理要求，而是某种利益，因为只有利益是由单纯的内容得到满足的。这些论据也适用于批驳这样一种想为说谎进行辩解的人，这种人说，

他想用谎言阻止违法行为。我们看到，他要厌恶与阻止违法行为，是为了不道德的行径，而绝不是为了单纯的行为。对于那类抱着坏的意图询问事实真相的人，他可以说出真相，但是，在他知道那
(I,5,254) 类人的意图时，他则应该提出自己的想法，设法使那类人确信其打算会受到惩罚，他怎么能假定他向那类人提出的这些想法就丝毫不会见效呢？即使它们确实丝毫不会见效，他也总是依然留有用有形手段进行对抗的余地。所以，在这里永远应该戳穿那种认为可以抱着好的意图说谎的借口：从谎言产生的结果绝不是好的。

我所述的问题或者可能有其他自由存在者在这方面作出的安排具有的性质，或者可能有我自己作出的安排具有的性质。在前一种情况下，关于这个问题是没有什么特别可说的。在后一种情况下，我则向别人作出一项允诺。除非我允诺的是非道德的行为，我就必须遵守我的诺言。

有人可能会说，“但是，关于我许诺过的事情，我可以改变我的看法和我的措施”。我们的答复是：在我促使别人期待的事情方面，我不再能单靠我自己，也得同时依靠别人。我在这件事情上是为别人服务的；我不能撤回我的诺言，除非阻挠别人希望按我的诺言做出的那些行为，因而破坏别人在感性世界中的因果作用。我向别人说出我的想法，是为了使他能信赖我的诺言；只有他抱善良意志信赖我的诺言，我才实现了这一诺言。在这个时候，他也对我有所回报。在与别人的交往中，对于由此造成的困难应该发出的一个忠告是：大家都担心自己可能对一些事情改变看法，而且它们完全取决于未来的成败，因此，大家不应该就这些事情轻易作出诺言。

我说过，我必须遵守诺言，除非我允诺了某种不道德的事情。这需要有一个更精确的确定。因为在我来说，一切不道德的事情都是这样一些事情，我知道还有某种事情比它们更好，或者说，我只能对它们悬而未决。因此，一俟我对允诺的事情另有看法或略有怀疑，我就不可能遵守我的诺言。对于这个问题的回答是：凡是那些不直接与道德相矛盾的事情，因而凡是处于达到理性目的的道路上的事情，我为了别人都必须去做，虽然我为了我个人可能做得更好。只有与道德完全相矛盾的事情，我才绝对不可去做。

在这里我要回答另外两个使我们在当前不得不回答的问题。

头一个问题是：许多人都希望自己格外被视为讲正义、有理智的人，但他们竟然竭力维护和想方设法掩饰搪塞别人的诺言，这种现象究竟从何而来呢？它来自下列现实情况。在我们的时代，那些顺应着时代培养自己的精神和自己的天赋的人们，都被一种并非由自由活动促成的文化安置到了我们已经在上文（§.16. III）中详细描述过的立场上。他们的经验自我要支配世界，但丝毫不考虑别人的自由；他们想按照他们从祸福中得出的概念，使世界变得喜气洋洋，而能防止种种弊端。这就是他们的首要目的。但是，他们遇到大家无不有理地责备我们时代的弱点，却没有坚决果断的力量，去使用刚强人物想到的强制手段，实现他们自由选定的目的，于是他们就决定用诡计去实现他们的这类目的，而这势必导致所谓的搪塞别人的谎言。即使他们不是能从绝对最高原理出发的哲学家，他们内心的这种思维方式也毕竟决定了他们的理论体系。他们是从他们之内存在的事实，从他们的立法冲动出发的，但与此相联系的事实是他们缺乏用强制手段实施法律的勇气；他们从这

(1,5,255)

个地方开始，是做得完全合乎逻辑的。但在他们当中却有一些人，在付诸行动的时候，背弃了他们的理论，这种情况是由下列原因造成的：虽然在这些人的心中也有另一种东西，即天生的荣誉感，但这种东西在这些人的心中太深沉，以致不会影响自己的推论过程，阻碍了他们应用他们的原理。

这就把我们引导到了第二个问题：一个人在肆意说谎中比在违背良心的不法行为中更强烈地表现出来的那种在内心对自己感到的羞耻，是从什么地方来的呢？这种羞耻的起因在于，说谎者抱有我们在上文中已经描述过的那种心态。他的本意是让别人服从他的意图，但他是这样做这件事的：又用欺骗手段，假装自己服从于别人的计划，同意了别人的意图，显得是在促进别人的意图。这样，他就使他自己陷入了自相矛盾的境地；他屈服于自己不敢公然对抗的人；所以，他是懦弱的。无论如何，说谎总是怯懦的表现。但在我们自己面前，绝没有任何事情比缺乏勇气更有损于我们的名誉。

我们要顺便指出，为了某种善意的目的而维护搪塞别人的谎言或毕竟维护谎言，无疑是最荒谬的，同时也是在人们当中曾经听到的极其错误的事情。首先，维护这类东西是最荒谬的。你对我说，你已经确信搪塞别人的谎言是允许的。在我应该相信你对我(1,5,256) 说的这句话时，我也必定同时不会相信你的这句话；因为我不可能知道，恰恰在你这么说的时候，你是不是为了某个值得赞扬的目的——谁会知道你的全部目的呢？——而用你的准则对付我；我也不可能知道，你信誓旦旦地说，你认为搪塞别人的谎言是允许的，你的这种保证本身是不是一种搪塞别人的谎言。假如有人真的拥有这样一种准则，他就既不可能想说自己拥有这种准则，也不可能想把它当作别人的准则；相反地，他必定会小心翼翼地把它暗藏在自己心里，希望只给他自己保留下来。这种准则在公之于世以后，就会自行毁灭。如果有人拥有这种准则是尽人皆知的事实，那就没有任何人能按照常理再相信他；因为没有任何人能知道他心里抱有的秘密目的，能判断他是不是正在说那种允许的谎话。但是，如果没有任何人相信他，那么，也就没有任何人会受他的骗。毫无疑问，要求相信某种在被别人相信时就会自己扬弃自己的东西，是绝对没有意义的。

其次，维护搪塞别人的谎言是在人们当中可能有的极其错误的事情。这类维护者由此暴露了自己的腐朽透顶的思维方式。我要指出，在你们看来，谎言也不过是被想像为摆脱某些困境的一种可能有用的手段，而且你们还能认真地讨论大家是不是可以使用谎言，这就是你们的错误的真正所在。在人的自然生活中绝没有什么说谎的冲动，这种生活直接以享受为目的；人的道德思维方式也不懂得说谎。而为了说谎，就需要确实为恶，需要有意探索迂回曲折的道路，以避开那种呈现在我们面前的笔直道路。（大家可以把我们在上文中关于说谎所作的推演与这里指出的东西加以比较，见第 217 页。）真诚坦率的人绝不会想到这种逃避手段，只有这样的人才不会把谎言概念引入人的概念体系，也不会把关于搪塞别人的谎言的道德性的研究引入伦理学。

在学校里通常列举的一个实例，能够解释我们的想法。一位受到剑拔弩张的敌人追踪的人，在你们在场的时候把自己隐藏起来了。他的敌人前来问你们，他在哪里。如果你们说真话，一位无

辜的人就会遭到杀害。因此，你们必定会在这种情况下说谎话，必定会得出一些要这么做的结论。然而，你们这些能迅速得出结论的人们是怎样越过许多在笔直道路上依然摆在你们面前的可供使用的手段，而跑到迂回曲折的道路上去的呢？首先，你们为什么一定要向那位提问的人
(I,5,257) **不是**讲真话**就是**讲谎话呢？为什么在真话与谎话之间就没有第三种可供使用的手段呢？例如，你们说你们没有责任向他作任何回答；他好像抱有凶恶的意图，而你们劝他心平气和地放弃这种意图；否则，你们就要站到受追踪者一边，拿你们自己的生命担风险，来保卫这位受追踪者。这后一种做法无论如何是你们的绝对义务。而你们回答说，“但是，如果我们这么做，他的怒气就会发到我们身上”。我要问你们，你们怎么竟然会只考虑到这一种情况呢？因为毕竟有另一种情况，那就是你们的对手为你们进行抵抗的英勇正义精神所感动，因而变得头脑冷静下来，不再追踪他的敌人，而让人与他商讨，甚至寻求各种可能的解决办法。但很可能，他要袭击你们自己。你们为什么想完全避免这种情况呢？用你们自己的胸膛掩护那位受追踪者，无论怎么说，本来是你们的义务，因为一俟人的生命处于险境，你们就不再有权利设想你们自己的生命的安全了。所以，从这里就可以清楚地看出，你们说谎的最重要的目的本来就不是挽救你们周围的人的生命，而仅仅是使你们自己安然脱险。此外，你们甚至也没有遇到过真正的危险，而只是在两种可能的情况中选择了一种。因此，你们想说谎话，纯粹是为了避开那种会伤害你们的微乎其微的可能性。所以，就让那位剑拔弩张的追踪者袭击你们吧！你们竟然会像你们再三考虑过其他可能的情况以后假定的那样，单纯被这种袭击

打垮吗？按照你们的前提来说，那位起初受到追踪的人已经在你们附近隐藏起来，而现在**你们**也处于危险境地，所以，赶快前来援助你们也是他的普遍职责，并且这时还是他向你们表示感激的特殊职责。你们从什么地方能创造出一种决定性的前提，让他不要这么做呢？或者，假定**他**没有跑来援助你们，但在这种情况下你们也用你们的抵抗赢得了时间，而很可能有其他的人前来援助你们。最后，假如这两种情况都没有出现，而你们必须单独进行斗争，你们可有什么根据，那么肯定你们必将失败呢？归根到底，你们既没有考虑到绝对不能忍受冤屈的坚决果断精神和你们为善的奋发激昂热情会给你们的躯体增添的力量，也没有考虑到你们的对手在思想上出现的困惑迷惘和对自己的非正义行为的明确意识必定会给他造成的弱点。在最坏的情况下，你们也无非是会死亡；但在你们死了以后，你们就再也没有义务捍卫受攻击者的生命了，同时你们也由此避免了说谎的危险。由此可见，死亡重于说谎，并且绝不要说谎。你们之所以从说谎开始，是因为你们只有一只看到弯曲 (I,5,258)
的道路的眼睛，笔直的道路对你们来说是根本不存在的。

“别人的认识的正确性必定是我们的目的”这个原理，可以从**肯定的**角度加以应用；由这个原理得出的是这样一条命令：在别人当中促进正确的认识，真正把我们知道的真理告诉他们。

我们只需表明这个命令的根据，同时考察它的适用范围，因为预先就可以看出，它不可能毫无限制地起作用。我有责任把别人视为实现道德规律的工具。但是，只有别人对他所影响的客体有正确认识，才能产生出符合于他的概念的结果。我有责任促进他的效用性，所以，我也有责任把正确认识告诉他，哪怕他没有提出这样的要求;这是我自己给自己确定的必然目的。我是在什么限度内这么做的呢?当然是在他的认识直接影响他的行动的限度内,或者说,是在他的认识对他具有直接的实践意义的限度内。因此,应该在直接实践知识与单纯理论知识之间作出一种区分。但是,像彻底的先验哲学教导的,一切理论都与实践有关系;没有这样的关系,任何一种理论都不可能成立。所以说,上述区分仅仅是相对的。某种东西对于一个个体或一个时代来说可能是单纯理论的,而对于另一个个体或另一个时代来说则是实践的。因此,要知道一个特定的个体应该具备什么真理,就必须首先能判定哪种真理恰恰对这个个体有实践意义。怎么能做到这一点呢?

这是直接从每个人的行动中得知的。凡是关乎他的行动对象的知识,对他都有直接的实践意义,而任何其他的知识则不是这样。因此,如果我看到我周围的一个人在行动,有理由猜想他对环境的性状并不十分清楚,或确实知道他有错误的看法,那么,我的职责就是直接使他摆脱他的错误,而不必等他先提出要求,因为他处于一种做违背目的的事情的危险境地,而按道德思维方式来说,我对于出现违背目的的事情并不抱无所谓的态度。我绝不可允许他有错误。

这里我们总是在谈直接实践真理,并假定了我之所以奉命去做传播这种真理的工作,恰恰是由于我碰巧是第一个最接近这种真理的人。像在上文中关于另一种职责已经提到的那样,在这里我们也并不认为,我们应该以这么做为目的,应该寻找机会,纠正有错误的人。如果我们总是做一些第一次出现在我们面前的事情,我是没有时间那么做的;并且一般来说,我们在德性方面当然

必定在于永远做那些自己奉命去做的事情，而不是试图冒险，因为 (I,5,259)
这绝不是真正合乎道德的信念。

探索和传播那种或者对整个时代，或者对绝大多数同时代人只有理论意义的真理，是一个特定阶层的职责，即学者的职责。这种真理应该变为有实践意义的，但不能立即突然变为有实践意义的，因为在人类不断完善的道路上任何一个步骤都不可超越。这个阶层是在为未来的时代工作，并且仿佛积蓄了许多珍宝，它们在未来的时代才能加以使用。关于这个阶层的职责，我们将在下文中谈到。

III

如果理性存在者要在它发挥效用时是自由的，也就是说，如果要在经验中出现它在它的目的概念中设想过的东西，那么，涉及和影响它的目的的一切东西的性状就必须像它已经认识到和在它的目的概念中已经假定的那样，依然持续存在。如果某种依靠自己的持续性决定和制约行动的成败的东西，在行动的过程中有了变化，那么，行动的结果也就有了变化，而不会出现本来要出现的东西。（为了进一步研讨这个本身很容易理解的命题，我要援引拙著《自然法权基础》§.11.[52]。）这种涉及我的行动的东西仿佛是我的一切行动在感性世界中的前提，我的行动是从它出发的，并且预先假定了它；当我生活在许多自由存在者当中的时候，它只能是感性世界的一个部分。这个特定的、服从于我的目的的感性世界部分，如果得到了社会的承认和保证（这种承认和保证在法律上和道德上都是必要的），就叫做我的财产。（不得到这种承认，我就绝不能肯定我的行动不限制别人的自由；因此，我绝不能单纯凭良心去行动。只有所有的人都向我承认我的自由行动的一个范围，(I,5,260) 并且保证这个范围内的行动不会妨碍他们的自由，我才能够凭良心去做某种事情。我所生活的国家直接作出了这种承认，而它是怎样间接地由整个人类作出的，我已经在我的《自然法权基础》里[53]作了说明。）

由此可见，任何一个已经达到认识刚才提出的原理的高度的人，首先有一项采用财产权的职责，这种权利当然不是自发出现的，而是必须有意识地按照一个概念加以采用。其次，任何一个人也有为自己获取财产的职责，因为他有自由行动的职责；不过，如果他在没有财产的时候，不考虑自己是不是妨碍了别人的自由，他则不能自由行动。这一点在当前作为上述原理的进一步规定，是说应该建立起一个国家和每个人都应该参加这个国家。对我来说，其他任何人的自由都是道德规律下令达到的绝对目的。制约这种自由的条件，是他应该有一项财产，把它保存得完好无损。所以对我来说，后者作为制约有条件的目的的条件，本身就是目的。

道德规律的这种规定从否定的角度加以应用，就产生出这样一条禁令：绝不要损害或以某种方式减少别人的财产，也绝不要妨碍财产所有者使用他自己的财产。

首先，我不应该通过抢劫和偷盗，通过欺骗和讹诈，拿别人的财产为我自己所用。所有这类行为，甚至由于其形式或行为方式，就已经遭到了禁止；前一部分行为是对别人的躯体与生命的暴力袭击，后一部分行为是作假说谎。在这里只是考虑行动的内容，只是考虑用行动去窃取别人的财产。这种做法是被严格禁止的，因为窃取别人的财产会损害被剥夺者的自由。被剥夺者指望继续支配其被窃取的东西,并且采取了相应的措施。如果他肯定是十分缺乏这样的东西,那么,他的活动范围、他的体力限度和他的因果作用就会因而被缩小;如果他必定会又获得这样的东西,那么,他就至少也被滞留在他进行活动的过程中,而不得不做他曾经做过的事情。——那种不讲道德的伦理学为了原谅作恶的手段,无论在什么地方都要佯言促进善良的目的,而大家已经把这种伦理学称为耶稣会士的道德说教。(虽然这么称呼它,并不是要表示一切耶稣会士都会有这种说教,也不是要表示除了耶稣会士以外,就没有一个人不会有这种说教。)我说,这种伦理学可能会提出反对我们制定的原理的异议,而且也在实际上提出了这样的异议:“如 (I,5,261)
果那份被窃取的财产根本不是被毁坏了,而是仅仅被使用了,那么,对于促进理性目的——这本来就是我们的一切行动的最终目的——就绝不会有任何损害;甚至可以说,如果新近的占有者比原初的占有者更好地使用了这份财产,那么,这个目的就获得了成功,值得赞许。如果窃取者认识到,原初的占有者是以有害的方式使用那份财产的,而他本人为了给上帝争得更大的荣誉,为了给他人做出更多的服务,打算以颇为值得赞扬的方式使用那份财产,在这种情况下,按照你们自己的原则,他的行动就不会是完全正确的吗?”我的回答是:促进道德上的善,对我来说是有条件的命令;只有这种善处于我的范围里,为我那种依法属于我的力量所支配,我才能这么做。不损害别人的自由,对我来说是绝对的禁令;我在这里应该依靠道德性,把合法性作为目的。你们使所谓的合法性从属于道德性之下的做法,表现出耶稣会士的道德说教依然如故,从

而暴露了你们自己，表明你们甚至连合法性本身也不关心，而是关心某种全然不同的东西，即你们自己的利益。如果不是为了道德性，就绝不可能希望有合法性。这种为了所谓的善良目的而偷窃和诈骗别人的做法，之所以没有像搪塞别人的谎言那样得到坚决的捍卫，是因为我们的公民宪法极其重视维护所有权和严厉惩罚损害所有权，从而在这件事情上以不同的方法塑造了我们的思维方式。在新西兰人那里，宪法没有为他们这么做，所以，就有人佯称为了善良目的而大肆盗窃，就像在我们这里有人为了善良目的而信口说谎那样。

其次，应该禁止**损害**别人的财产，无论这是由于居心叵测，还是由于考虑不周，反正原因都在于阻碍别人财产的自由应用，从而阻碍别人的全部自由。

关于对别人财产的有意损害，甚至连一种捍卫它的诡辩也无法提出来，因为它是绝对不道德的。关于因为考虑不周而造成的对别人财产的损害，我则有一项职责，那就是要像关心保护我的财产那样，关心保护别人的财产，因为在我看来，保护财产是出于同样的理由，因而在同样的程度上是目的，而且也同样是促进理性统治的手段。

最后，应该禁止妨碍别人自由地应用其财产。这个禁令的根
(1,5,262) 据是很明显的。财产的目的在于，所有者能自由地应用其财产，以促进其目的。而关于他的目的，我们必须假定它旨在实现理性的统治。阻碍自由地应用财产，就意味着取消一切财产的目的，所以在实质上无异于剥夺财产。因此，我想根据这个目的阻止以作恶的和有害的方式应用财产，是绝不需要赔礼道歉的。

不过，对于赔偿被窃取、被损坏的东西，简言之，赔偿给他人造成的任何损害，我总是负有责任。没有赔偿，就没有对我的宽恕，即没有与我的和解。关于这一点的严格证明如下：谁进行合乎道德的思考，谁就绝对不想损害别人的财产。在完全作出赔偿以前，一直存在着损害别人财产的后果。因此，只要我确实返回到道德思维方式上，我就确实想消除这些后果，从而消除损坏别人财产的行为；我必定会按照这个意志，做我的能力所及的一切事情。

别人的财产对我来说是目的，因为它是别人的合法的和形式的自由的条件。这个原理从肯定的角度加以应用，包含着以下四个命令。

a）每一个成熟到应用理性的人，都应该有一份财产。以上所述已经包含着对于这个命令的证明。每个人都必须能自由行动；他的行动的出发点必然是感性世界中的某些最初的事物或客体，它们构成他的活动的工具；不过，除了他以外，它们作为工具必须不属于任何其他人，因为如果不是这样，他就绝不能保证他不干扰任何人的自由。

每个人都应有一份财产，操心这件事情的首先是国家。严格地说，在连一个公民都没有任何财产（即最地道的意义上的财产，在这个意义上，财产意味着可供自由行动的排他性领域，所以不仅意味着一些客体，而且也意味着一些付诸行动的排他性权利）的国家里，根本不存在任何合法的财产。因为每个人的财产只有得到所有其他人的承认，才属于他；但如果他不从他那方面也承认所有其他人的财产，他的财产就不可能得到所有其他人的承认，因此，所有其他人也都必须有一份财产。谁没有任何财产，谁就没有放弃对别人财产的要求，并且完全有权利要求得到财产。这是从法理方面对于这个问题提出的看法。所以，每一个能够确信这一真(I,5,263)理的人的职责，首先是要尽自己的所能，致力于这一真理在国家中得到承认和遵循。

但在这项工作完成——它为什么不会终于有朝一日完成呢？——以前，每一个人的职责则是给他认识的无财产者设法获得一份财产，或者说，**乐善好施**是每个人的职责。大家都会看到，这种活动是一项有条件的职责；假如国家尽了自己的本分，这种活动是不必举办的。

大家确实应该看到，乐善好施在于，人们给无财产者设法获得一份财产、一项固定职业或一种可靠的、永久的生计。人们如果有可能，则应该设法永远彻底帮助某个人或某些人，例如，给没有职务的人弄到职务，给没有工作的人弄到工作，把钱借给或送给营养不良、体力衰退的人，使之又能从事工作，收养或协助收养孤儿，如此等等；扼要地说，人们应该尽可能把这么多的乐善好施的工作做得完整无缺与有头有尾，而不应该单纯在一些地方草率从事与修修补补。只有这样，我们的乐善好施才是合乎理性的、深思熟虑的和合乎目的的。在乐善好施的概念中就包含了关于这一点的证明。每个人都应该有一份财产，这就是乐善好施的目的。

常见的提供施舍的活动是一种含义颇为模糊的善行。谁提供毫无帮助的施舍，照理推断，谁也不过是能想用这种方式表示："我不想或不能帮助你；你可以去找别人；为了你在到那里以前，能勉强维持你的生活，我把这份救济给你"。施舍的合乎职责的性质，来自维持我们的同胞的生命的职责。因为国家拒绝给我们援助，所以，在周围的人们当中要求援助，除了在私人当中觅得一项职业和一份财产，绝不能抱有任何其他目的。绝对不能允许，有人在乞求施舍时不抱有这种目的，不要求一项职业；如果国家允许这么做，那么，每个私人的职责就是要为挫败这个目的的实现尽力而为，而绝不要由于欠考虑、心肠软和对职责理解得不正确，去促进这个目的的实现。显然，人们必须向自己的良心保证，自己并不是因为吝啬贪婪和天生的心肠硬而拒绝提供施舍，也不过是想表明那条更高的原理而已。我们将会由此看出，人们是否在从事上述合理的乐善好施的工作，无论何时出现这么做的机会。（有人把提供施舍弄成宗教活动，并且为了让信徒们不缺乏行善的机会——好像在任何时候都会缺少这样的机会——还允许和提倡乞讨，他们是多么背离理性和真理呵！）

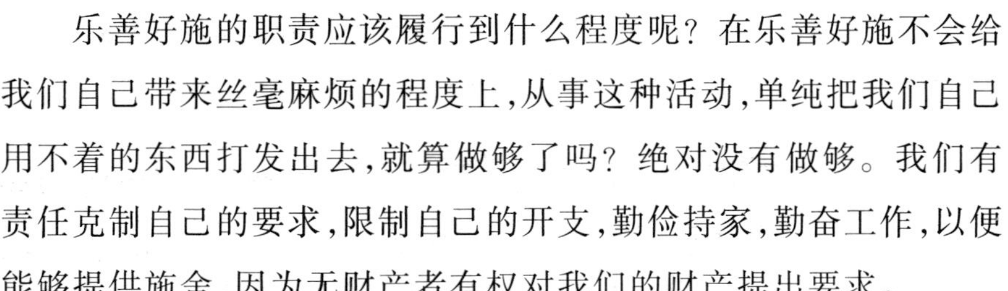

乐善好施的职责应该履行到什么程度呢？在乐善好施不会给我们自己带来丝毫麻烦的程度上，从事这种活动，单纯把我们自己用不着的东西打发出去，就算做够了吗？绝对没有做够。我们有责任克制自己的要求，限制自己的开支，勤俭持家，勤奋工作，以便能够提供施舍，因为无财产者有权对我们的财产提出要求。

(I,5,264)

为了不把这个说法弄颠倒，得出穷人可以强求资助的结论，我还要在这里作个补充。穷人如果有可能，当然可以向国家强求资助；穷人和富人的目的，都是要致力于使国家最终认识和履行它的这个职责。但就各个具体的人来说，一个外来人却绝不可能评判，这是否恰好就是他们的职责，他们是否恰好能提供施舍，以及他们是不是受到其他更重要的职责的阻挡。

b）每个人都应该保留属于他的东西，因为如果不是这样，他的形式自由就会受到干扰。所以，每个人即使没有受到请求，也都有职责捍卫别人的财产，防止对它的任何侵犯；这项职责应该恰恰像我捍卫我自己的财产那样加以履行，因为捍卫这两项财产都是出于同样的根据的职责，两者都是促进理性统治的手段。对财产的侵犯或者是由无理性的自然力量（火与水）造成的，或者是由理性存在者的非正义行为造成的，而在后一种情况下，它是靠暴力或阴谋和欺骗进行的。既然别人财产的保障恰恰应该像我的财产的保障那样，构成我的目的，那么，我们可以直接看出，我必须冒那种为保障我自己的财产所冒的危险，去捍卫别人的财产。我们在下一节里将会看到，这应该做到什么程度，我自己在什么限度内有责任拿我的生命冒险，去捍卫别人的财产。

c）财产是职责的对象，因为它是自由的条件和工具。道德善良的人的目的在于，别人在感性世界中拥有尽可能多的自由，即拥有尽可能多的力量与因果作用，以期由此促进理性的统治。因此，道德善良的人的职责在于增加别人**财产的可应用性**。有人想发挥许多作用，这并不需要拥有大量的手段，而是需要完全能支配自己拥有的手段，用这些手段就能发挥自己希望发挥的作用。能够使人自由独立的，并不是一个巨大的躯体，而是一个训练有素的、完全受意志支配的躯体，同样，也不是一份巨额的财产，而是一项井
(I,5,265) 然有序的、一目了然的和可以立刻应用于任何可能的目的的财产。正像我们在我们的财产方面的职责是把这项财产置于这种状况下一样，我们在别人的财产方面的职责也是要达到同样的目的，办法是提出忠告、进行援助——但我们不可强求别人接受援助——和割让那些在别人的情况下对他比对我们更有用处的东西。简单地

说，乐于助人是我们的职责，而这种职责的动力绝不是一种欠考虑的好心肠，而是明确地设想过的目的，即尽可能增进理性的因果作用。如果按照我们的最佳认识来说，满足一种请求，对于别人会弊多于利，那么，拒绝这种请求也是一项职责；不过，在履行这项职责时，要晓以合理的想法，以纠正别人的概念，引导他甘愿放弃他的欲求。

d）全部感性世界都应该处于理性的统治之下，应该成为理性的工具，掌握在理性存在者的手中。但在这个感性世界里，一切事物都是相互联系的；所以，在这个世界中，除非一切部分都服从于理性的统治，就没有任何一个部分会毫无限制地完全服从于这种统治。把这应用于当前的场合，意思就是：世界上一切可以应用的东西都必须加以应用；既然它们只有成为财产，才能有合乎目的的应用，那么，它们就必须成为财产。使它们成为财产，是道德善良的人的目的。像任何人都应该拥有一份财产一样，任何对象也应该是某个人的财产。

特别通过执行后两条道德准则，理性对于感性世界的统治才被真正建立起来。前一条准则说，每个人不仅关心和致力于自己的财产的应用和自己的私人目的的实现，而且关心和致力于一切人的财产的最合乎目的的应用和一切人的特殊目的的实现，同时每个人就像一切人促进其活动一样，促进一切人的活动；通过这条准则，理性得到了统一；一切人的精神不管在经验上依然多么不同，理性在其中也变成了同一种意志。通过后一条准则，全部自然在这个统一的意志之下得到了概括理解。理性是自相一致的，感性世界服从于理性。这就是悬设在我们面前的目标。

(1,5,266)

§.24. 论理性存在者在其自由抗争中的职责

在**一般**理性存在者的自由之间绝不存在任何抗争,也就是说,许多理性存在者在同一个感性世界里自由地生存,并没有矛盾。只有在一种情况下,许多个体的自由的可能性、两个理性个体共存的可能性才被自然本身取消,关于这种情况,我们将在下文中谈到。不过,即使在实际上出现了这种情况,并且它并非仅仅为了体系的完备性才必须加以研究,也毕竟可以断言,它的出现是极其罕见的。只有一方违背法理和违背职责,应用其自由,压制另一方的自由,才出现了一种不是存在于一般自由生存之间,而是存在于理性存在者的特定自由行动之间的抗争。这一切都将会在下文中详细地推导出来。

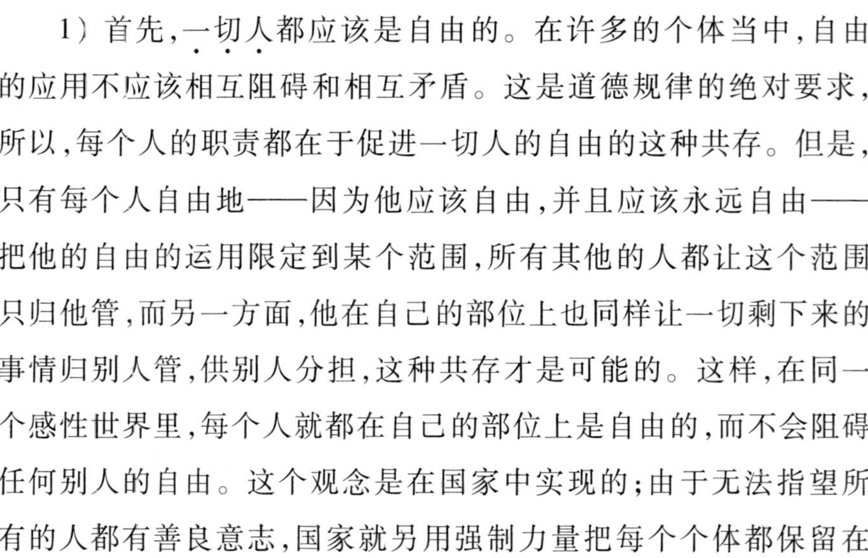

1)首先,**一切人**都应该是自由的。在许多的个体当中,自由的应用不应该相互阻碍和相互矛盾。这是道德规律的绝对要求,所以,每个人的职责都在于促进一切人的自由的这种共存。但是,只有每个人自由地——因为他应该自由,并且应该永远自由——把他的自由的运用限定到某个范围,所有其他的人都让这个范围只归他管,而另一方面,他在自己的部位上也同样让一切剩下来的事情归别人管,供别人分担,这种共存才是可能的。这样,在同一个感性世界里,每个人就都在自己的部位上是自由的,而不会阻碍任何别人的自由。这个观念是在国家中实现的;由于无法指望所有的人都有善良意志,国家就另用强制力量把每个个体都保留在他的界限之内。我们在上文已经说过，从国家方面来看，职责是什么。

国家用强制力量维护着它在个体之间确立的秩序。因此，在许多人的自由的运用之间发生抗争时，它的事情就是调解抗争，而每个人的职责则是委托它做这件事情。所以在当前根本无法看到，在许多人的自由发生抗争时怎么能谈得上个人的职责。倒不如说，每个人都参加过建立国家的工作，并对国家抱着服从的态度，因而看来已经预先在这个事情上完全履行了自己的职责。

但是，国家无法永远直接调解这类抗争，在这种情况下就出现了私人的职责。(I,5,267)

这样，我们就在当前得出了一个结论：目前所说的一切职责仅仅出现在国家无能为力的地方，出现在国家无能为力的限度内。这究竟是什么意思，将在各个具体场合清楚地显示出来。

2）我们还必须预先作一个说明。无论**我自己的**自由，还是我的一个同胞的自由，由于另一个人的自由用得不合法而受到了威胁，这都完全是一回事，在我们的研究中没有什么差别，也没有理由加以划分，因为如我们经常提到的，出于同样的理由，别人的自由托付给了我照管，我的自由托付给了别人照管；由此可见，自由是在同样的程度上受到照管的。在保卫自己的职责与保卫别人的职责之间绝不存在任何差别，两者都是同样的保卫一般自由的职责。

3）如我们已经看到的，自由受躯体、生命和财产的制约。自由的运用虽然也需要有对于真理的认识，但在许多人的认识之间绝不可能发生任何抗争，因为真理不像躯体与财产那样是可以分割的，而是同一个真理，是大家共同拥有的真理。对于每个个体来说，绝不像有他自己的躯体和特定财产那样，有他自己的真理。维护许多人的躯体与生命和维护许多人的财产这两件事情会被纠缠到一种抗争之中；因此，维护躯体与生命和维护财产总会发生矛盾。在所有这些场合下，人的职责是什么呢？这就是我们要回答的问题。

A）维护许多人的躯体与生命的活动处于抗争状态。

α）首先，**维护我自己的生命和维护另一个人的生命**显得两者无法并存；这并不是由于我的行为不公正或另一个人的行为不公正，而是由于自然力的支配作用。就外貌而言，自然力撤销了两者并存的可能性。在这里，我不想涉及各种法律案例。这在法学中

(I,5, 268) 是在紧急法条款下处置的情况[54]。（法学判定，在这种情况下根本没有出现权利，并且在这个领域也没有任何其他法律，因而每个人都是靠其随意性办事的。）

道德规律则作出了迥然不同的判定。我绝对应该维护我的生命，把它作为实现道德规律的工具。出于同样的理由，我也应该维护别人的生命，因为按照前提，它处于危险的境地。道德规律同样无条件地命令维护两者的生命。我们必须把两者的生命视为实现道德规律的工具，并且仅仅视为一种职责的客体。按自然冲动来说，我当然把我自己摆到优先的地位，但这种冲动必须完全被置之度外；按道德规律来说，我们没有任何一方处于优先的地位，因为我们在这个规律面前都是供同样的理性使用的同样的手段。

按照前提，我不以牺牲别人的生命为代价，就不能完成道德规律的维护我自己的命令，而这是道德规律禁止的；我不以牺牲我的

生命为代价,就不能拯救别人的生命,而这同样是道德规律禁止的。在这种情况下,针对道德规律的每条命令,都有一条禁令;因此,两条命令是相互否定的。道德规律在这时完全保持着沉默,而我既然仅仅是由道德规律赋予灵魂的,所以不应做任何事情,而只应静候结果。

在我们的证明中出现了这样一个命题:我们双方**同样**是实现道德规律的工具。这个命题已经遭到抨击,并且在抨击的基础上建立起一种理论,它认为应该研究谁是实现道德规律的更好的工具,认为老年人应该为青年人牺牲自己,没有本事、其貌不扬的人应该为颇有本事、仪表堂堂的人牺牲自己。我的回答是:究竟维护谁才能在道德上产生或多或少好的结果,这是绝对无法评定的;因为与其他结果联系到一起,究竟什么结果更有益,什么结果不更有益,对于这个问题有限的理智完全没有发言权,而且所有这类论证都是越俎代庖、胆大妄为;所以,这种决断应该交给理性统治世界的机构去做,它从这个观点来说是受人信任的。有限的理智仅仅知道,它在自己生存的每个时刻都应该做职责在当时号召它去做的事情,而不必顾虑在道德上会由此产生多少好的结果和以什么方式产生这样的结果。谁受到了维护,就必定应该从维护谁的活动中产生出好的结果,因为世界是由最高智慧和至善统治的。谁归于毁灭,就解除了谁的责任;他做了他所能做的事情,其余的事情则是由统治世界的道德规律负责的,如果道德规律会有这样一种责任的话。

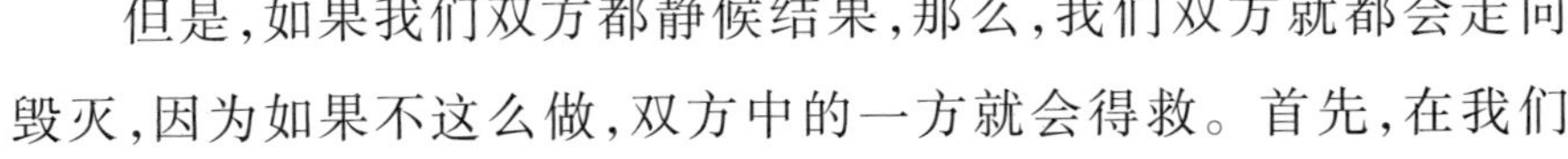

但是,如果我们双方都静候结果,那么,我们双方就都会走向 (1,5,269)
毁灭,因为如果不这么做,双方中的一方就会得救。首先,在我们

当中没有任何一方知道这一点。即使我们没有看到任何解救办法，也以为毕竟会有一种解救办法。其次，如果我们双方都归于毁灭，那还再有什么东西呢？终极目的根本不是维护我们，而是实现道德规律，如果我们归于毁灭，这就是道德规律的意志；在这个时候，道德规律的意志实现了，而我们的终极目的也达到了。

β）这里出现了一种情况，那就是我的许多同胞的躯体与生命都处于危险境地。我该援救他们，但我不能援救所有的人，或者，至少不能立刻援救所有的人。我的选择应该以什么为准呢？

我的目的就是并且必定是援救所有的人，因为所有的人都是实现道德规律的工具，在这方面不必在他们之间作出任何区分。如果我想援救所有的人，我将首先帮助那些在当前处境最危险的人，因为这些人在当前得不到外来的帮助，就不可能再维持下去；由于他们所处的境地，或由于他们自己身体孱弱和行动迟缓，如儿童、病人和老人，他们有迫在眉睫的危险。如果在他们当中有一些十分特殊地委托给我本人照顾和指导的人，即我自己的人，那么，这些人必定占有得到帮助的优先地位；但要指出，这并不是出于天然的、显示病象的爱；或出于对我自己的幸福的考虑——这类动机都是卑鄙的——而是因为援救他们是我的特殊职责，这项特殊职责总是比普通职责占有优先地位。如果不存在作出判定的这类根据，那么，我援救的就是我首先能救的人，就是我首先看到的人。即使在这里，也不发生对于这个还是那个生命有更多的重要性的过细推敲，因为在这个问题上我不可能有任何知识。

γ）无论我的躯体和生命受到敌对的、非正义的暴力的进攻，还是另一个人的躯体和生命受到这样的进攻，这对我来说必定是

完全一样的，问题都在于：在保卫我自己或另一人的时候，我在什么限度内可以把进攻者的生命置于危险境地？捍卫被进攻者（无论是**我**，还是另一个人，都是一样的，因此我想用被进攻者这个词汇把两者概括起来）的生命是我的绝对职责；但是，体恤和保留进攻者的生命却并不会因此而不再是我的职责。所以，我的目的决不可能是**杀死**进攻者，而只能是**解除**他的**武装**；因此，在附近有其他人时，我将唤呼其他人前来帮助，从而唤呼国家前来帮助；我将尽我的所能，不把进攻者本人置于危险境地，而仅仅击退他的暴力进攻；如果我不能做到这一点，那我就使他瘫痪、受伤等等，但他的 (I,5,270) 死亡永远不是我的目的。假如他终于被杀死了，那么，这是违背我的打算，由偶然原因造成的，我不能对此负责。

有人会持与此相反的说法，而且许多道德家已提出异议说："但你总是已经把进攻者的生命置于危险境地。如果事情只与你有关，你本人是被进攻者——在进攻别人时，这种论证过分违背普通的道德感——你为什么不宁可死去，也不把别人置于危险境地呢？"为了彻底明确地反驳这种异议，我要比较这里假定的情况与刚才讨论的紧急情况。在前一种情况下就像在这里一样，维护我的生命是我的职责，但我不能以牺牲别人的生命为代价，去解救我的生命。此中首先有一个重要的差别：在前一种情况下，当我做某种事情时，根据我的信念，另一个人实际上必定会丧命；在后一种情况下，他则根本不必丧命，也不应该丧命。在前一种情况下，他的生命操在自然力的手里，按照我的信念，一俟我做某种事情，自然力肯定要夺去他的生命；在后一种情况下，他的生命则处在我的力量的控制之下，而我的力量是受一种需要自由改变形态的目的概念支配的,并且我绝不想杀死他,也没有预先假定和预先看出我会杀死他。——其次,有决定性意义的事情是,这里的自卫行动的职责不仅基于维护我的生命的责任,而且同时基于绝对不允许做谋杀我或谋杀别人的事情的责任,这种事情显然是道德规律禁止的。凡是道德规律绝对禁止的,道德善良的人不惜付出一切代价,也不能允许发生,因为他的意志是道德规律本身的意志。这种现象在刚才讨论的紧急情况下根本没有发生;在那里不必阻止任何不道德的行为,因为并没有出现什么不道德的行为。

一俟进攻者被解除武装,我的使用强制手段的职责就不再存在了。在他看来,我从这时起拥有的无非是合理的想法。为了促进普遍的安全,举例说,给他再建立什么法规,使他本人不再做进攻别人之类的事情,这是国家的任务;他从现在起落入了国家的手里,他的法官是国家,而绝不是我或某个私人。

B) 维护许多人的财产的活动处于抗争状态,似乎是相互否定的。

我的财产与另一个人的财产同时都处于危险境地。在这种情况下,我的财产必然居于得到拯救的优先地位,因此我自然会先看到我的财产遇到的危险,因而先接受道德规律提出的拯救它的任
(I,5,271) 务。谁已经有其特定的任务,谁就不可同时做任何其他事情。我也会很自然地假定,另一个处于同样危险境地的人完全会做我所做的这一类事情。不过我必须向我的良心保证,我的财产占有的这种得到拯救的优先地位确实是基于职责感,而绝不是基于自私自利。我必须拯救我的财产,但不是把它当作我自己的财产,而是把它当作理性的一份公共财产。我是否只从这个方面拯救我的财

产,这很容易从下列事实中看出来:我是否在以后确实如此看待这份财产,我是否准备用它帮助遭遇不幸的人,并尽我的一切所能,与他分享拯救出来的财产。

我的财产单纯有可能陷于险境,绝不能免除我拯救另一个人的那种已经确实陷于险境的财产的职责。这可以用下列事实来说明:只要我的财产单纯可能有危险,我就不必做什么工作;在这种情况下我必须消闲与休息,但在职责向我发布命令时,我则绝不应该休息。

以牺牲别人的财产为代价,来保卫我们自己的财产,这是绝对违背职责的;或者说,我们把威胁到我们的财产的危险,全部地或部分地转嫁给另一个人,使我们避免这种危险,这是绝对违背职责的。假如他遭到这种危险,那么,他应该承担起克服这种危险的职责,而我们也必须帮助他这么做,但现在遭到这种危险的不是他,而是我们。道德善良的人会把这视为天意的安排,并尽自己的所能,克服这种危险,但不会把天意给自己送来的东西推给别人。

生命比财产更有价值,因为生命是财产的条件,而不能反过来说,财产是生命的条件。因此,拯救我们的同胞的生命要比拯救他们的财产占有优先地位;进一步说,在进攻来自单纯的、毫无理性的自然力量时,保障我们的生命的安全要比拯救我们的财产与他们的财产占有优先地位。我们将会看到,在进攻来自理性存在者的非正义行为时,这种情况在何种限度内有了改变和何以会有改变。

C) 我的财产或别人的财产对我来说应该是完全一样的,它们都可能遭到理性存在者的暴力侵犯。在这时要做的事情,就不再单纯是像无理性的自然力量给财产造成危险时那样，维护财产，而是设法挫败那种绝对违背法理和职责的行为。道德规律的意志是道德善良的人本身的意志；所以，道德善良的人无法忍受、也不可忍受道德规律禁止做的事情。由此可见，**在掠夺财产的行为绝对违背道德规律的限度内**，阻止这种行为是绝对的职责。每个人都
(I,5,272) 能直言不讳地声明自己反对这种行为。大家不要忘记我在这里加的限定条件。只有侵犯别人财产的人已经承认这份财产是财产，因而与其所有者缔结了财产契约，对这份财产的侵犯才绝对违背道德规律。所以，当这种行为是由一个国家的一个公民对他本国的另一个公民做出的时候，或者是由另一个与他的国家处于和平状态的国家的一个公民对他本国的公民做出的时候，它是绝对违法的和不道德的；但是，当它是由武装起来的敌人做出的时候，它却不是绝对违法的和不道德的，因为在这个条件下两个交战的国家之间有一种悬而未决的法律争执，究竟哪一方有理，在对外法律方面是有或然性的；所以，在这里没有一方有权作出法律判决，因为对方是不承认作出判决的那一方的法庭的。

我应该阻止掠夺财产的行为；这是绝对的命令。但我可以为此使用什么手段呢？在何种限度内我可以使用暴力呢？在什么程度上我甚至可以拿我的生命与别人的生命去冒险呢？

α）首先，情况是这样的，即国家虽然不能立即提供帮助，但至少事后能提供帮助。于是，国家就能完全消除不正义的行为。所以，在这种情况下我的职责是不直接做任何事情，既不使我自己处于危险境地，也不使侵犯者处于危险境地，而确实向国家指明事实真相。我们在下文中会看到，最后一种做法何以终归仍然受到制

约,在提出控诉以前仍然必须做些什么。

出现这种情况,需要有下列两个条件中的任何一个。或者,被掠夺走的财产是这样的,即它是可以辨认的,并且原来直接由国家所掌握。或者,我们熟悉侵犯者其人。而在后一个条件下,给国家提供必要的证据是十分必要的,正因为如此,也是合乎职责的。

β）其次,不存在上述两个条件中的任何一个。如果我不立即进行抵抗,那么,就我所能预见到的而言,非正义的企图会畅行无阻,并最后得逞。在这种情况下,用暴力进行抵抗是我的职责;不过,要有那些在捍卫躯体和生命时劝告采用的预防措施。如果侵犯者竭力抗拒,这就变成了生死斗争。我的生命遭到袭击,而且事情是在这样一种袭击的上述规则下出现的。我这时不再捍卫我的财产,而是冒着伤害对方躯体的危险,捍卫我的生命。

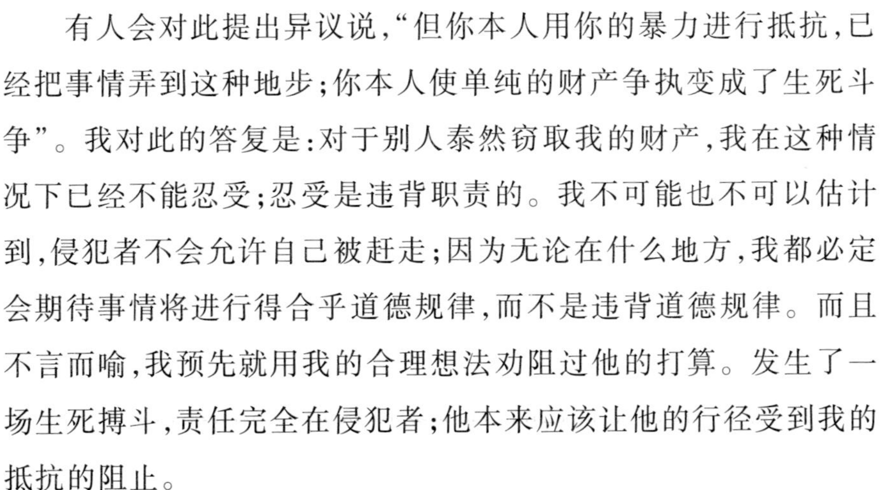

有人会对此提出异议说,“但你本人用你的暴力进行抵抗,已经把事情弄到这种地步;你本人使单纯的财产争执变成了生死斗争”。我对此的答复是:对于别人泰然窃取我的财产,我在这种情况下已经不能忍受;忍受是违背职责的。我不可能也不可以估计到,侵犯者不会允许自己被赶走;因为无论在什么地方,我都必定会期待事情将进行得合乎道德规律,而不是违背道德规律。而且 (Ⅰ,5,273)
不言而喻,我预先就用我的合理想法劝阻过他的打算。发生了一场生死搏斗,责任完全在侵犯者;他本来应该让他的行径受到我的抵抗的阻止。

γ）再次,至于谈到不仅在这种情况下,而且在一般情况下向国家提出控告,那么,道德规律的安排如下。

在国家法律要求告发的时候,进行告发是我的职责,因为服从国家是我的职责。

在我是否想控告，全靠我的随意性——国家对此自然有其规定的界限，例如，在私人事务中，即在家里突然发生的袭击绝对财产的事情中，适用的规定是“没有控告人，就没有法官”——的时候，在控告取决于我们的随意性的时候，道德思维方式要求我不要立即就地提出控告，其理由在于国家无法令人信服。无论我们是否认识国家判决的正确性和正义性，我们都必须服从它的判决，而它的判决是靠有形力量执行的。就此而言，它并不把人当作理性存在者来对待，而是当作必须返回其原来的界限内的单纯自然力量来对待；它完全有权利这么做，因为它就是为了这个目的建立起来的。这样，在**私人事务**中国家就是以我的名义行动的，因为它是受我的召唤和应我的委托行动的，如果我没有召唤它，它就不会有行动；因此，它所做的事情应该被认为是我做的。但是，**我**应该把我的同胞当作理性存在者，而不应当作单纯的自然力量来对待，如果我能用这种方式与我的同胞达成某种调解的话。因此，我有责任在提出控告以前，再作出各种尝试，看我是否能靠我的合理想法，使我的对手认识到他的过错，并决定自愿纠正这种过错。

如果这些合理的想法完全无济于事，我的职责便是提出控告，因为那些非正义的行为绝对不应该得逞，而是必须予以挫败。有人可能会说，“你究竟是从什么时候开始知道它们完全无济于事呢？你能用什么方式知道它们将无济于事呢？照此说来，坚持不懈地贯彻它们，就不再永远是你的职责了吗？”我的回答是：我在这里关心的是恢复原状与弥补过错，这总有一天必定要完成；所
(I,5,274) 以，我当然能给我自己和对方规定一个明确的时间。如果对方不

得不根据我通过国家提出的控告去弥补和纠正过错，我也就会永远有合理的想法，至少使他事后正确地和合理地承认他按照这种认识当然不再可能做的事情，并使他自己的意志服从于迄今只有他的外在行动勉强服从过的法律，而且这也就又永远成为我的职责了。

由此可见，无论在发生法律争执以前和以后，还是在发生法律争执时期，我都永远应该把我的对手当作有理性、讲道德的人来看待。同样，如我们在上文中已经看到的，甚至在我与某人陷于生死斗争的境地的时候，我也应该设法维护他，把他当作实现道德规律的一个可能的工具。所以，我们在这里就得到了一个讨论**对敌人的爱**的机会；关于这种爱本来是不应专门讨论的，因为像我们将会看到的那样，关于这种爱需要陈述的一切东西已经包含在迄今制定的普遍原理当中。单纯为了澄清这方面的若干误解，我才涉及这个问题。

δ）显示病象的爱，即对这个人或那个人的特殊的偏爱，是不合乎道德的；它只有自然性质。我们的行为的动力不应该也不可以是这样的爱。大家在相当大的程度上都一致认为，这种对敌人的爱是不应该要求的；但如果有人说，它之所以是不应该要求的，是因为它根本不可能，那么，他们提出来的这样的理由是不正确的。为什么这种爱果真是不可能的呢？对于一个也许在憎恨和迫害我们的人，大家本来就不可能感到一种特殊的、出于自然原因的偏爱，因为这种偏爱并不是相互的。对敌人的爱**之所以**是不应该要求的，仅仅是因为它根本不是合乎道德的和取决于我们的自由随意性的，而是单纯基于自然冲动的。

但是，也有些人主张，“要爱你的敌人”这条命令并不要求对敌人抱有任何内心的信念，而只要求表示一种外在的行动，大家的行动仅仅应该显得**好像是**爱自己的敌人的，而不管自己在内心里对敌人有什么信念；从另一方面来看，这些人也犯了错误。他们的这种主张之所以错误，是因为没有任何一种不出自内心信念的行动是合乎道德的。他们的这种主张可能是要求对敌人有一种单纯的合法性，但道德规律绝不直接要求有这种合法性。

简明扼要地说，我们对于这个问题的解释如下。在道德规律领域里，对于我的同胞只能有一种看法，那就是认为他是理性的工具。我应该并且必定会完全从这个方面毫无例外地看待我的每个
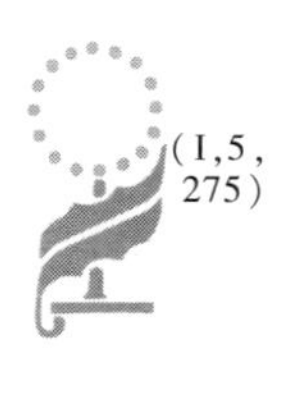
(1,5,275) 同胞，即使从他当前的行动中会得出他不是理性的工具的结论。即使他在当前不是理性的工具，我也像在上文中充分证明的那样，绝不可放弃我对他会成为这样的工具所抱的希望。这个道理也同样适用于我的敌人。我应该爱我的敌人，这意味着，我应该相信他能改恶从善；我应该以实际行动表示这种爱，这意味着，我应该尽我的一切所能，致力于他的改恶从善。

此外，尤其应该注意到，道德善良的人没有任何个人的敌人，也不承认这样的敌人。除了恶以外，他不讨厌和敌视任何东西，也不设法阻挠任何东西；之所以绝对如此，是因为恶是恶的。无论恶是恰好施加给他的，还是施加给另一个人的，在他看来都完全一样，因为他本人对他来说除了是道德规律的工具以外，就绝对不再是任何东西，而任何其他人对他来说也是如此。他为什么把恰好给他造成障碍的人想像得比给某项善举造成障碍的人更坏，而宁可放弃对于恰好给他造成障碍的人的希望，也不放弃对于给某项

善举造成障碍的人的希望，这是没有任何个人动机的。谁要是对于一种侮辱，因为它恰好由自己遇到而感受至深，谁就可以确信自己是一个利己主义者，而仍然与真正的道德信念相去甚远。

D）尽管关于为人诚实这项职责不可能出现什么相互冲突的看法，因而在这里不必加以讨论，但从这项职责却派生出某种必须予以讨论的东西，那就是**荣誉与名望**。

道德意义上的荣誉和名望是其他人对我们的一种看法，按照这种看法，我们一般在我们的行为中，特别是在我们与其他人的相互作用中，除了公正与善良，绝不可能打算得到任何其他东西。如从上文中看到的，每个人对于任何其他人都应该抱有这种看法，因为每个人都应该把任何其他人视为实现道德规律的一个可能的工具；每个人都应该坚持这种看法，直至相反的看法在他眼前得到了证明；但即使在这个时候，每个人也不应该放弃对于人在未来会遵守这个准则的希望。其他人对我们抱有的这种看法，制约着我们对他们的影响，因此，维护和保卫这种看法就是我们的职责。——坚决漠视业已流传的一切关乎我们的有害谣言，是对我们毕竟应该影响的人们的漠视和藐视，是对我们的道德使命的漠视和冷淡，因而是一种很要不得的思维方式。要用自然而然的方法对别人的评论采取漠不关心的态度，并不需要有特别的克制力。我们只要稍微详细观察一下通常见到的这类人，就不会过分重视他们的评论。但有道德的人却绝对不能允许他自己采取这种漠不关心的态度；无论在什么地方，有道德的人在人们身上看到的东西，与其说是他们实际上是什么，倒不如说是他们**应该**是什么和**应该**成为什 (I,5,276)
么。

如果有人现在损害了我们的这种荣誉，而我们只要公布对他本人不利的情况，就能捍卫我们的这种荣誉，那么，我们的职责就是要这么做。例如，我们的职责是指出和证明另一个人说过谎话。这里的情况与我们在反抗非法袭击，捍卫财产和生命时的情况是一样的。我们应该捍卫我们的荣誉，甚至置损害我们荣誉的人于不顾。

§.25. 论直接传播和促进道德性的职责

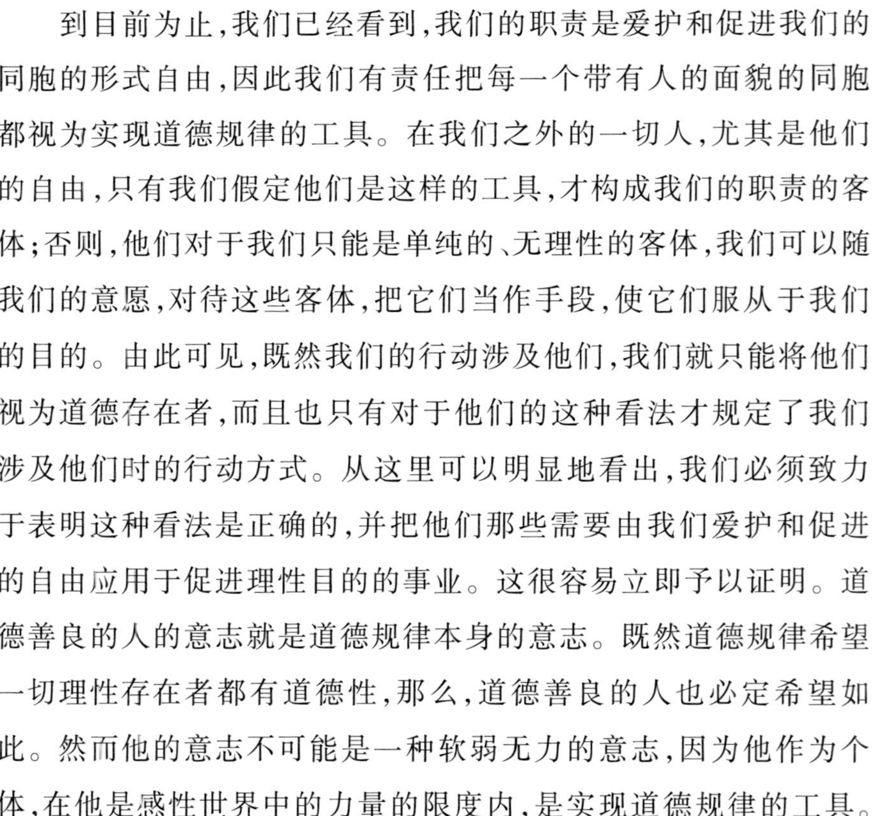

到目前为止，我们已经看到，我们的职责是爱护和促进我们的同胞的形式自由，因此我们有责任把每一个带有人的面貌的同胞都视为实现道德规律的工具。在我们之外的一切人，尤其是他们的自由，只有我们假定他们是这样的工具，才构成我们的职责的客体；否则，他们对于我们只能是单纯的、无理性的客体，我们可以随我们的意愿，对待这些客体，把它们当作手段，使它们服从于我们的目的。由此可见，既然我们的行动涉及他们，我们就只能将他们视为道德存在者，而且也只有对于他们的这种看法才规定了我们涉及他们时的行动方式。从这里可以明显地看出，我们必须致力于表明这种看法是正确的，并把他们那些需要由我们爱护和促进的自由应用于促进理性目的的事业。这很容易立即予以证明。道德善良的人的意志就是道德规律本身的意志。既然道德规律希望一切理性存在者都有道德性，那么，道德善良的人也必定希望如此。然而他的意志不可能是一种软弱无力的意志，因为他作为个体，在他是感性世界中的力量的限度内，是实现道德规律的工具。

所以，他必然要尽他的一切力量，设法实现他的这个必然的意志。

由此可见，要证明在我们之外传播和促进道德性是我们的绝对的、普遍的职责，没有丝毫的困难。

但是，要说明这何以可能，则有些困难。 (I,5,277)

这是因为，只有不受丝毫的强制，不要丝毫的外因，而靠自己的自由决断做出的事情，才能被称为合乎道德的。因此，道德性似乎是不可能言传的，在这项工作中一个人似乎也不可能给另一个人提供丝毫的外来帮助。所以，传播道德性的要求就显得十分空洞和不可实行，并且我们也觉得在这里除了表示软弱的愿望以外，就没有剩下多少办法；原因在于，我们不通过感性作用，怎么能促进道德性呢？感性作用怎么能在每时每刻都推动自由呢？就是从我们想说明的许多方面来看，这也无可否认是真的。

I

首先，有道德信念的人不可能想到用强制手段，即用悬赏和惩罚，使人们拥有德性；他不可能想到，他本人或者作为国家和其他强有力的统治者要施加这种手段，或者，以全能的存在者的名义，作为其心腹，预言采用这种手段，用它恫吓人们。用这类手段策动起来的一切行为都绝对没有任何道德性。既然有人还总是想削弱和限制这个论断，用种种借口维护进行赏罚的德性体系，那么，我便想极其严格地证明我的主张。

一切追求幸福的冲动都是基于自然冲动。我希望得到这个或那个客体，是由于在我的天性中有一种冲动；我不希望得到这个或那个客体，是因为在我的天性中有一种对它们的反感。有人如果利用这种冲动，使我采取某些行为，那就是把这些行为当作满足自然冲动的条件；因此可以完全明显地看到，在这里满足我的自然冲动依然是我的行为的终极目的，行为本身也不过是达到这个目的的手段，并且只能被我视为这样的手段。而非道德性的本质，即认为满足自然冲动是我行动的终极目的的观念，恰好就在这里。与此相反，道德规律则要求我使自然冲动完全服从于一种更高的动
(I,5,278) 力。由此可见，人们用那种方法并没有使我变得合乎道德，反而格外增强了我的非道德性，因为他们是用他们称之为伦理学的那类东西，把非道德性冒充、认定和实际塑造为最高的、最神圣的事物。他们用非道德性本身取代道德性，从而清除了道德性，清除了追求道德性的一切趋向和对于道德性的一切预感，这样，他们就否定了达到道德性的一切希望。这种对待人的方法与我们对动物使用的方法恰好一样。我们利用动物的本能，把我们试图获得的熟练技能与这种本能结合起来；于是，他们也在人这里试图达到一个目的，那就是单纯使人变得驯服，而不使人得到教养。

所以，人们毕竟应该放弃那种既模糊肤浅，又十分有害，并且要根除一切真正道德性的遁词。它的说法是："获取报酬的确不应该是有德性的人的唯一目的，不过他也应该把获取报酬附带地作为目的；或者说，获取报酬不应该是主要目的，而仅仅应该是附带目的"。其实，绝不是这样。获取报酬根本不应该是目的。任何希望领到报酬或害怕受到惩罚的行为，都是绝对不合乎道德的。

人们不应该说，"只是在开始的时候我们想利用这种手段，待到我们已经使大家能够由此达到纯粹的道德性时，我们也就不使用它了"。其实，使用这种手段，并不能使大家开始抱有道德信

念，而是仅仅使那种旧的、非道德的信念继续保存下来，并得到真正精心的护养。其实，你们关于大家没有能力生活于纯粹道德性的任何状态的全部借口，纯属凭空虚构；你们在纯粹的道德性与不纯粹的道德性之间作出的划分，也简直荒谬绝伦。在世界上并没有两种道德性，而只有一种道德性。那种不纯粹的、不是仅仅来自职责观念的道德性，绝不是什么道德性。不过，我们这里只谈到信念，而完全没有谈到这种信念在现实行动中的实现的完备性或不完备性。

II

道德性也同样不能用理论信念加以强求。首先，理论信念本身就不能加以强求。职业哲学家们之所以很少把一个正确的、能解释许多社会现象的原理记在心上，是因为这会妨碍他们的幻想，而他们据说是有能力用他们的逻辑推理改进与改变人们的看法的。无论是谁，如果他不深入到他自身，从内心深处感受到他的自我对于表露出来的真理的赞同，他就绝不会变得确信无疑。这种赞同是心灵的激情，而绝不是理智的推论。对于我们自身的这种 (I,5,279)关注依赖于自由，所以，称赞本身是自由地给予的，而绝不是强求到的。（这并不是说，我们只要希望有什么，就可以自由地确信什么；我们可以确信和可望确信的只是真理。不过，即使对于真理，我们也不是必须确信；相反地，对于真理的确信取决于善良意志。确信不是理性的一种受动，而是理性的一种行为，它是通过理性的自动性的活动服从于真理的。对于一些断绝我们的情欲的原理的确信，是以善良意志居于支配地位为前提，因此，我们不能再由这种确信得出居于支配地位的意志。）

III

既然我们必将谈到理性根据发挥的影响，而这种影响只能以理论论证的方式发生，所以，我们在当前至少已经察觉，这种影响是以其客体中有善的本原为前提的，因此，如果我们没有信心假定处处都有这个本原，一切促进道德性的工作就会是不可能的。

并且在这里也可以证实，在人的天性里有某种无法根除的东西，我们总是能把陶冶德性的教化工作与它结合起来，而这就是对它表示尊重的激情。这种激情虽然能以未曾使用的不发达形态存在于心灵中，但既不能从心灵里被彻底消灭，也不能在其外在对象中被立即铲除。大家都会喜欢、寻找和希求感性快乐，会对享受感性快乐感到满足，但从来不会尊重感性快乐。那种激情在这里是找不到任何用途的。但是，一俟它找到自己的对象，它就表现为必不可免的，一切值得尊重的东西都会十分肯定地受到尊重。因此，传播道德性的首要规则将会是这样的：你要向你的同胞指出值得尊重的东西。但是，除了我们自己的道德思维方式和道德举止，我们几乎不可能向他们指出在这方面还有更加合乎目的的东西。从这里就产生了好榜样的职责。我们将会返回来讨论这个问题，而现在则应沿着推论的链条继续前进。而第一阶段的道德教化工作就是要发展对于这种榜样的尊重。

IV

一俟人不得不尊重自身之外的某种东西，他就发展出了尊重

他自己的冲动。只要表示这种尊重的激情是由我们之外的某种东 (I,5,280)
西发展出来的,尊重自己的冲动就像自爱一样,无法从人的天性彻底消除。漠然蔑视自己,将自己泰然视为卑鄙的可怜人,这是任何人都无法忍受的;另一方面,如果他本来就令人蔑视,他却要尊重他自己,这也同样不可能。

这种做法往往使人的道德状况得不到任何改善,反而总是在相当大的程度上使它恶化。要避免对于自我蔑视感到的不堪忍受的痛苦,有两条道路可走,而且这两条道路经常是同时并存的。人设法逃避自己,是因为他畏惧自己;他谨防看到自己的内心深处,是因为这只能给他展示出一些支离破碎的对象。为了单纯回避自己,他越发把自己的心思分散到外部世界的各个对象中。他使自己的良心变得麻木不仁。因为这种方法对他毕竟不能完全有效,他又设法免除对于在他之外的某物勉强表示的尊重和由此而来的对于他自己的蔑视,他的方法是力图说服自己,使自己相信:他表示过的尊重是愚蠢之举和狂热幻想;根本不存在什么值得尊重的、高尚的和庄严的东西;一切都不过是假象与幻想;没有任何人比他本人更好;人的一般天性绝不更好。用理性根据反驳这个体系,是白费力气;因为这个体系不是在理智中有它的根据,而是在心灵中有它的根据。因此,必须首先驳倒它在心灵中的这种根据,必须使它的拥护者们免除对他们自己的畏惧与羞耻。他们之所以与一切善的东西分离,只是因为他们自己与自己分离。我们应该首先使他们自己与自己和解,也就是说,应该向他们指明,他们毕竟不像他们自己以为的那样,缺乏一切善的东西。其次,我们应该把他们引向他们本身具有的善的本原。

由此可见，或者，不道德的行为是十足的野蛮行为，在这种情况下，必须使用最初指出的方法，教导人尊重某种东西，从而开化这种行为；或者，不道德的行为是人对其自身的绝望，在这种情况下，我们应该向他指明，至少别人没有对他丧失信心；我们应该让他察觉他受到的信任，并且在我们特别遭到他的伤害时，要使他本人注意他身上潜伏的善的东西。别人对谁表示信赖，谁就会立刻真的有所自信；别人对谁丧失信心，谁就必定会真的开始丧失自信心。

所以，在我们的理论里一切都有联系，一个环节衔接着另一个环节。在上文中已经证明，在内心里对任何一个人的改恶从善的可能性表示绝望是绝对违背职责的。在上文中表现为我们内心的

(1,5,281) 职责和我们外在行为的范导的东西，在这里又表现为促进我们的终极目的的手段，并且在外部很坚决地显示这种内在的信心也变成了一项职责。

在所有的人之内存在的和无法根除的善的本原，恰恰是出于绝对 a priori[先验的]根据，完全不考虑利害，而无私地尊重某种东西的潜在能力，也是要尊重自己的冲动，是使人不至于沉沦到漠然和泰然蔑视自己的可耻地步的潜在能力。我们应该返归善的本原，把这些能力和冲动发挥出来。我们应该向所有的人指明，这为他们自己的举止奠定了基础。对于那些绝对否认人有无私冲动的可能性的人们，例如爱尔维修之辈，我们应该声明：既然你们像你们报道给我们的那样已经发现，人们只受自私心的驱使，他们如果认为自己能受无私动机的驱使，就会欺骗自己而大错特错，那么好吧，这对你们的确是很惬意的，你们可以尽你们的所能，利用这项

发现,继续走你们的路;但是,你们为什么要把这项发现报道给我们呢?既然所有的人,当然也包括你们在内,只能靠自私心行动起来,那么我们要问,你们想用这种报导得到什么好处呢?还是你们想用这种报导使你们防止什么损失呢?那种欺骗即使会造成伤害,也起码不会给你们造成任何伤害,因为你们已经像你们担保的那样,完全使你们避免了这种伤害。而我们受到伤害,对你们有什么关系呢?在你们周围别人受到伤害,对你们有什么妨碍呢?你们反而对这种伤害感到高兴,并从中给你们获取尽可能多的好处。此外,就我们看到的来说,其他人永远犯这种错误,会直接给你们带来好处;如果你们能首尾一致,你们就必定会为了维持和传播这种错误而做一切事情,因为你们会由此获得一种手段,在德性与公益的幌子下,为你们的秘密目的而取得对我们的胜利,但如果你们直截了当地把你们的私利向我们宣告为最终目的,你们则不那么容易取得这样的胜利。简单地说,既然你们不可能从传播你们的发现中获得任何好处,那么,你们的说法就是自相矛盾的。

的确不仅如此;你们把这项发现报导给我们,对于我们是否承认它,并非抱着完全无所谓的态度,而是你们要由此完成一件能说服我们的紧迫任务,用一切可能的激昂热情捍卫你们的原理。但
从什么地方会产生出你们表现的这种兴趣呢?如果像你们肯定的 (I,5,282)
那样,那种狂热幻想确实很可鄙,你们为什么要用很大的热情和精力对抗它呢?你们就让它不攻自破吧。由此可见,如果除了自私自利以外,你们不受某种其他东西的驱使,你们的做法就绝对无法让人理解。那么,驱使你们的东西会是什么呢?给你们指出这种东西,并不难办。

你们很关切的事情是使我们确信你们的意见，但不是为了我们在我们的行动中以你们的意见为准，因为这对你们来说必定很不惬意，而是为了我们用我们的信念帮助你们的信念，使之得到确认。不管你们怎么说，你们对你们的事业本身并不很有把握；你们希望用我们表示的同意，完全补足你们本身缺乏的信念。

现在我要进一步问你们，为什么你们竟然也想这么完全确信你们的事业呢？如果单纯的自私自利是你们的行为的动力，这种完全的确信能给你们带来什么好处呢？你们又前后不一致了。你们之所以想确信你们的事业，是因为若不如此，你们就必定会蔑视你们自己，把你们自己看得比其他人更坏，也就是说，看得比你们与生俱来的性状更坏和更无耻。所以，你们才希望能尊重你们自己；而关于你们的行为方式，你们在你们自身之内就有一个比单纯的自私自利高尚的本原，并且你们比你们自己想像的更好。

或者，你们是另外一些人，他们不处于你们当前的场合，不暴露你们心里的看法，而是把它谨慎地隐藏到内心深处，并且在你们行动的时候伪托你们自身并不具有的令人崇敬的目的。你们为什么这么做呢？如果你们想用这种方式单纯欺骗你们的同胞们，把他们能更好地用于促进你们的目的，那么，你们通过你们的行动，也当然承认了他们有一种比自私自利高尚的动力，因为你们正在利用它，对它表示信赖，并以它为依据，采取了你们的措施。但在这种情况下，你们那种认为人的天性除了自私自利，没有任何高尚东西的看法，就与你们现在假定某种高尚东西，从而通行无阻的做法，又发生了矛盾。至少在人的内心表露得最确凿无疑的行动中，你们会不禁承认，在人之内有一种更高的本原；但你们也只能靠你们自己，靠你们的深刻感受，察觉这种本原，并且只有这样，你们才能推而广之，认为别人也有这种本原。由此可见，即使是你们这样的人，也并不像你们曾经认为的那样，缺少一切善的东西。

一句话，世界上绝不存在这样一种人——这里谈的不是野蛮的自然人，关于其教化程度已经在上文有过论述——这种人由于得到的教化微乎其微，似乎就不会在有些时候也从事一种不能单纯用利己主义自爱原则加以解释的行动，或一种不能单纯用假定别人也抱有利己主义自爱原则的方法加以解释的行动。对于这种 (I,5,283)
行动，对于给这种行动奠定基础的原则，我们必须提请人们注意。

为了使这个原理不致遭到我们在上文已经表明的异议，即"理论信念不容强求"，为了我们确实可以指望劝服别人，让他相信他当然还有某种善的东西，我要补充说，在我们的情况下我们确实可以指望劝服别人，让他相信他还有某种善的东西，因为这种需要加以劝服的人的心灵已经预先倾向于我们的陈述。只要有可能，每个人就都喜欢能尊重他自己；这是大家确实可以指望的。因此，如果我们向他指出，至少他的素质值得尊重，我们就可以十分有把握地期待着得到他的赞同。

在这个基础上就能逐步建立起一种道德思维方式。

V

我们现在回头讨论我们在上文中搁置起来的那个问题。为了发展人们内心里的那种表示尊重的激情，如我们在前面说过的，我们必须向他们指出某种值得尊重的东西；但要达到这个目的，我们除了拿我们自己做榜样，就没有任何更好的手段。由此产生了榜

样的职责。

有人常常对这种职责抱有完全不正确的看法，好像我们是单纯为了做个好榜样，才不得不做我们在另外的情况下本来不必去做的这件或那件事情（例如，进教堂吃圣餐之类的事情）。但是，如我们在上文已经看到的，在道德规律的领域里绝不存在任何良莠不分的行为；这条规律绝对包容和规定了一切能够通过自由出现的事物。凡是道德规律要求我做的事情，为了这件事情本身，我绝对必须去做，而完全不必考虑榜样；凡是道德规律禁止我做的事情，我绝对不可去做，也同样完全不必考虑榜样。违背职责的事情必然会提供坏的榜样，从不道德的行为中从来都产生不出好的结果。但是，我也不能做得超过对我的要求，因为这项职责本来就占用了我的全部精力和我的全部时间。由此可见，凡是希望以好的榜样为终极目的，单纯为了好榜样才出现的行为，都是不可能存在的。榜样的职责绝对不涉及行为的**内容**；不过，它也许涉及行为的**形式**，而且这是理所当然的。

(1,5,284) 这就是说，道德规律单纯把完成所要求的事情当作职责；关于它是公开完成的，还是秘密完成的；是在公布它所依据的原理的情况下完成的，还是在不公布这类原理的情况下完成的，道德规律就其本身而言，就其涉及单纯的行为而言，是不作出任何判定的。但如果大家注意到，我们有责任做出一个好榜样，它除了引起对德性的尊重以外，当然既不应该，也不可能再起什么作用，那么，这对我们就不再是无所谓的，相反地，道德规律要求于我们的是我们的准则与行为的最大**公开性**。

首先谈谈这种**公开性**的**内在特点**。这种公开性的目的是引起对于值得尊重的事物的尊重；但尊重不容强求和假装，而是以不被察知的方式自愿表现出来的。因此，有德性的人必定不会让人察觉这个目的；并且既然他应该让人看出他心中的一切东西，而别人也确实在注意着他的现实表现，所以，他在与各个人的联系中必定根本不会抱有这个目的。他无拘无束地让他心灵最深处的东西在外部映现出来，而不必进一步做某种促使别人注意的事情。

开诚布公的人的外在特点是这样的：他径直走自己的道路，他的言行无论在什么地方，都恰恰与他心里想的东西一样，与他视为合乎职责的东西一样，而不必左顾右盼，察看人们是否在注视他，也不必仔细打听，询问人们对他的行为方式有何评论；因为他没有时间这么做，他的时间都由履行他的职责的活动占用了。正因为如此，他也从来不掩饰自己，因为他同样没有时间去筹划那种秘而不宣的做法。如果他受到批评，他会对每个批评进行答辩；如果他按照自己的信念，认为自己受到了不公正的对待，他会捍卫自己；如果他的过错被证明为有罪，他也绝不粉饰自己的行为。在人的品格中，绝没有任何一种特点比开诚布公更出色，也绝没有任何一种特点比隐瞒真情更危险。坦率直爽的性格至少会使人恪守本分，即使他原来不守本分。谁要是隐瞒真情，谁就有一种畏惧真理的隐疾，有一种不希望让人揭示出来的心病；这样的人在克服不了畏惧真理的心情以前，是绝对没有办法变好的。

喜欢矫饰的人以引人注意为目的。把这种品格在其他人身上和我们*自己身上*同开诚布公的品格区分开——实际上，这对我们必定至关重要——是很容易做的，其标志在于：喜欢矫饰的人通常都做出一些预试动作，它们对于达到他的目的是根本不需要的，因

(I,5,285) 而只能有惹人注目、哗众取宠的意图;开诚布公的人则除了做那些对于达到他的目的所恰好需要的事情以外,就再不做任何事情。

开诚布公的人首先主张的是关于他的准则的公开性。他的居于主导地位的准则必定是绝对为了职责而履行他的职责。出于这种动机,他绝对不从事秘密活动。他耻于把他对高尚伟大的事物的服从当作迷信;在他看来,想把自己树立为宇宙中的上帝,那是极其可鄙的。给我们出于职责感而为别人已经做的或本来起码应该做的事情标新立异,赋予另一种名义,把做这种事情看作对别人的特殊友情和偏爱、宽宏大量和恩惠之类,这也同样是可鄙的。

像我们从准则的公开性已经明显地看出的,在开诚布公的人的行动中也有同样的公开性原则,因为如果公开性原则不见诸行动,那就根本没有准则可言,并且除了身体力行,我们也无法使任何人相信公开性确实是我们的准则。侈谈道德,毫无用处;这助长了对于德性的怀疑,所以绝不会提供任何好的榜样,而只会提供一个很坏的榜样。从这方面来看,开诚布公的人表现得特别前后一致。他的行动与他的言论完全一致。

特殊职责概论

§.26. 关于特殊职责与普遍职责的关系;以及特殊职责的划分

谈到特殊职责与普遍职责的关系,我们只需要提及以下内容。

促进理性的目的，是一切人的唯一职责；这项职责在自身包含着一切其他职责；特殊职责只有与实现这个总目的的过程联系起来，才成其为职责。我应当履行我的地位和职业所要求的特殊职责，这绝不是因为我应当这样做，而是因为我能从我的角度由此促进理性的目的。我应当把特殊职责看作实现一切人的普遍职责的手段，而绝不能把它看作目的。只有在这个限度内，只有我为了普遍职责而履行我的地位和职业所要求的特殊职责，我才在完成这种特殊职责的过程中尽到我的职责。因此，对于"每个人都是通 (I,5,286) 过诚实地完成他的地位所要求的特殊职责尽到他的职责的"这个命题的理解，必须加上这样的限定加以理解："在他完全出于职责和为了职责而完成他的特殊职责的时候"。因为还可以设想许多其他动机，它们也能推动一个人极其勤勉地注意履行这种职责，例如，对于职业的天然偏爱和癖好，对于责备和惩罚的畏惧，热衷于功名的雄心，以及诸如此类的东西。受这些动机驱使的人虽然做了他应该做的事情，他的行为是合法的，但他并没有像他应该做的那样做这件事情，他的行为是不合乎道德的。由此可见，对于一个人在自己的地位上是否确实完成了他的职责，只能由他本人凭他自己的良心加以解释。这是我们关于特殊职责中的意志的必要形式所作的一个说明。

关于这种意志的内容我们还应该补作另一个说明，从而同时获得一个标准，按照这个标准，每个人都能认识到自己是否出于对职责的热爱而充分履行自己的地位所要求的职责。也就是说，如果地位与职业绝对不是目的本身，而仅仅是达到目的的手段，那么，由于把手段置于目的之上是荒谬的，所以，为了地位和职业而

牺牲德性就是不能允许的和违背职责的。

预先由职业规定的事务和决定这些事务的可能性的权利有时会损害理性的目的。谁以自己的地位和职业为终极目的,谁就不是出于职责感,而是出于另一种根据操持他的职业,贯彻他那些预先由职业规定的事务,因为他根本不知道还有更远大的前景,而只知道自己应该做这件或那件事情,抱这种或那种主张。反之,谁把自己的职业看作手段,谁就肯定不会再贯彻那些事务,因为它们在这时的作用不是促进理性的目的,而是阻碍这一目的。我在研究过程中谈到地位和职业所要求的具体职责时,将具体地应用这个一般的说明,并指出它对特定地位得出的结论。这样,这一说明本身也就会同时变得一目了然。

我们的特殊职责概论的划分必须以人的特殊处境或关系——它被人们称为地位——的划分为基础。如果说到前一种划分,那么,人们的处境或者首先是**天然的**处境,即基于自然的安排的处
(I,5,287) 境,或者是**人为的**处境,即基于偶然的和自由的意志规定的处境。在日常生活语言中,我们经常听到**地位**和**职业**这两个词汇是有联系的。前一个词汇与后一个词汇相比,显然表示某种更加固定、更加持久的东西,后一个词汇则包含着自由的特征和自由存在物相互作用的特征。因此,我不必主张用日常语言来这样理解处境,好像我要给语言的用法规定什么规则;仅仅为了**我们的这项**研究,我们也可以把前一种处境称为人的**地位**,而把后一种处境称为人的**职业**。

§.27. 关于人依据其特殊天然地位所具有的职责

在各个具有理性的感性存在者——它们被我们称为人——当中，只有两种天然的处境或关系是以促进人类繁衍的自然安排为基础的，那就是**配偶之间的相互关系**和**父母与子女之间的关系**。我们已经在《自然法权基础》里[55]详细谈过这两种关系。在这里，我们只是扼要概述那里讲过的内容；关于进一步的研讨，则请我们的读者到那里查阅。

A. 论配偶的关系

I

如前所述，配偶的关系是基于自然为了繁衍族类而在两个不同性别中所作的安排。正像在其他一切地方那样，在这里自然为了在自由存在者中达到自己的目的而使用的手段，也是一种自然冲动，这种特殊冲动与自由的关系同一切自然冲动与自由的关系是一样的；关于这一点，我们在上文已进行过充分的研讨。这种冲动本身既不能由自由活动产生出来，也不能由自由活动毁灭殆尽；它是已经给定的。只有自由存在者的行动直接由自然冲动产生出来，自然的目的才能达到；这条规则在两性结合的自然冲动中比在 (I,5,288)
任何其他自然冲动中都体现得更加严格。概念只能阻止或允许冲动变为行动；概念不能根除或取代冲动本身，使得行动好像是**直接**

基于目的概念,而不是单纯借助于这个概念而基于冲动。人类并不是按照概念,按照自由的意志决断才得以繁衍的。

所以,一看就知道,我们现在关于这种自然冲动的满足所要说的与我们过去关于一般自然冲动的满足已经说的,应该是完全相同的。冲动必定确实存在,而不是想像力人为地制造出一种需要。我们只能允许把冲动的满足当作实现目的的手段。在这里,最切近的目的就是繁衍我们的族类。这个目的又可以与我们的最高终极目的联系起来,即与理性占统治地位的目的联系起来。不过,这种冲动还有一个完全不同的、包含有形成分较少的方面,就此而言,那项只允许把这种冲动的满足当作繁衍族类的手段的命令应该暂且限定于这样一点:至少我们不可承担没有由此实现这个目的的罪名。

II

假如自然目的只要求两个人有一种单纯的活动,那么,我们的研究就应该结束了,也不应该有什么婚姻关系和由这种关系产生的职责。大家知道,并且我们刚才又提到,在什么条件下才允许按照自然冲动的要求去行动;只要双方已经同意,就很容易设想两个人的自由相互作用是得到允许的。

但这里的情况则不然。自然的特殊安排是这样的:在两性为了繁衍族类而组成的共同体里,只有一方的态度是能动的,另一方的态度则仅仅是受动的。(关于这种安排的进一步的规定及其根据,大家可以参阅拙著《自然法权基础》。[56])人与人之间最温柔的关系就是产生于这个唯一的根据。

在一个理性存在者中不可能有一种把自己作为单纯的使用对象，只采取受动态度，只献身于外来影响的冲动。单纯的受动恰好违背了理性，取消了理性。毫无疑问，女人是有理性的，理性对她的性格的形成产生过影响，因此，她的性冲动不可能表现为采取单纯的受动态度的冲动，而是必然同时转化为一种采取行动的冲动。为了不损害那种必然同时存在的自然安排，她的这种冲动只能是一种使男人，而不是使她自己得到满足的冲动，一种使她自己献身的冲动，一种不是为了她自己，而是为了别人的冲动。这样一种冲动就叫做**爱情**。爱情是自然和理性最原始的统一。 (I,5,289)

因为在爱情中掺杂了一种不取决于自由的自然冲动，所以我们不能说爱是女人的职责；但我们可以说，即使是在有一些采取道德态度的禀赋的地方，自然冲动也只能以爱情的形式表现出来。女人的粗野的性冲动是在自然界中存在的最令人厌恶、最令人作呕的东西，同时也表明了一切伦理秩序的荡然无存。女人的心地不纯洁恰恰在于她们直接表现性冲动，即使由于其他原因，这种冲动从来不见诸行动；这种不纯洁是一切罪恶的基础。与此相反，女人的纯洁和贞操恰恰在于她们的性冲动从来都不表现为性冲动，而是只以爱的形式表现出来；这种纯洁和贞操是女人灵魂中的一切高尚和伟大之处的源泉。对于女人来说，贞洁是一切道德的原则。

III

如果一个女人出于爱情而委身于一个男人，那么，必然会由此合乎道德地产生**婚姻**。

我们首先谈女人方面。她奉献出自身，也就奉献出她的一切，奉献出她的一切能力、力量和意志，一句话，奉献出她的经验自我，并且她**永远**奉献出自己。在这里我们首先要强调的是她奉献出她的**一切**。她奉献出了自己的人格。假如她从奉献中拿出某种东西，那么，这种拿出来的东西对她来说就必定会具有比她本人更高的价值，而这是对她本人的最大藐视和贬低，它们是与道德思维方式绝对不能并存的。其次要强调的是，她是按照她的前提，**永远**奉献出自己的。这个前提是：她毫无保留地把自己的一切，把自己的生命和意志，奉献给自己所爱的男人，并且她只能成为这个男人的人；只有在这个前提下，她的奉献活动才是出于爱情而完成的，并

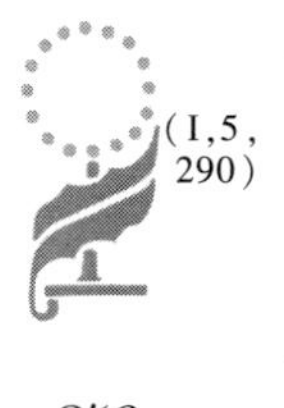

(I,5,290) 与伦理原则并存不悖。但是，假如她在奉献自己的时刻除了把自己设想为那个男人的人，并不会把自己设想为别的，那么，她就不会觉得自己受到了强迫，而受到强迫是违背上述前提和取消伦理原则的。

在单纯的爱情概念中就包含了刚才所述的意义上的婚姻概念。我们说一个有道德的女人只能把自己奉献给爱情，也就等于说她只能在婚姻的前提下奉献自己。

其次谈男人方面。女人的全部道德品质都是基于上述条件。但任何人都不能要求另一个人牺牲自己的品质。因此，男人只有按照女人独自做出奉献的条件，才能接受她的奉献。否则，他就不是把她当作一个道德存在者，而是当作单纯的物品加以对待的。即使一个女人甘愿按其他条件奉献自己，男人也不能接受她的奉献。一项法律条文说，谁受到的对待符合于自己的意志，对他来说就不会发生不公正的事情；这项条文在男女关系中是绝对不适用

的。我们不承担别人的过失,就不可能利用别人的不道德行为;这种事情在这里是绝对的道德沦丧。

从以上两个方面的论述可以得出结论说,性冲动的满足只有在(我们业已指出的意义上的)婚姻中才是许可的;而在婚姻之外,这种满足对女人来说是彻底抛弃自己的道德品质,对男人来说是参与这类犯罪行为,是利用动物性癖好。在完美的、不可分离的婚姻之外,在两个性别不同的人之间为了满足他们的性冲动而建立的任何结合在道德方面都是不可能成立的。在婚姻关系中,虽然两性的结合在其自身也带有原始动物性的烙印,但它获得了一种迥然不同的、使理性存在者感到有尊严的性质。它变成了两个具有理性的个体完全融合为一的活动,在这种活动中,女人方面是无条件的奉献,男人方面是誓愿表示脉脉温情和宽宏大度。女性的纯洁也始终存在于婚姻关系中,只有在这种关系中才不受到损害。女人永远只把自己奉献给爱情。即使是在男人那里,他那种在其他场合可以表白出来的自然冲动也获得了另一种形态;这种冲动变成了爱情的回报。

配偶双方的这种关系通过他们彼此的一切联系而得到了扩张。婚姻越持久,这种关系就越密切。妻子绝不能不再全心身地依恋于她的丈夫,绝不能不再毫无保留地委身于他;她不必心里想着,自己放弃了尊严,也不必认为,促使自己屈服的东西肯定是自己的性冲动,而不可能是爱情。丈夫绝不能不再把一切都还给妻 (I,5,291)
子,实际上,丈夫还给妻子的东西要比妻子给予丈夫的东西更多;他决不能不再值得尊重,绝不能不再是高尚的,因为不仅她在今生的命运,甚至那种被她变成她自己的品格的信任态度,也都取决于

他的举止行为。关于婚姻关系绝不需要规定任何命令。如果婚姻关系是应有的关系，那么，它本身就是给它的命令；如果它不是这样，那么，它就是一种独特的、相互关联的犯罪行为，这种行为是完全不能靠道德规律改恶从善的。

我在这里只想作出一个结论。

结婚是每个男人和每个女人的绝对使命。自然人并不是男人或女人，而是同时是男人和女人。道德人也同样如此。人的品质有许多方面，而恰恰是其中最高尚的方面只能在婚姻中形成，诸如：女人的那种要奉献自身的爱情；男人的那种要为自己的伴侣牺牲一切的宽宏大度；一种不为自己，而为配偶，要成为值得尊重的人的必要感；一种只有在婚姻中才必然会产生，因而有可能存在的真正友谊；父母情；如此等等。人在原初的追求是自私的；但在婚姻中，连自然也引导人要为了对方而忘记自己；两性的婚姻结合是使人从自然出发，变得高尚起来的唯一途径。没有结婚的人只是半个人。

诚然，我们不能对一个女人说，“你应当爱”，也不能对一个男人说，“你应当被爱，然后再爱”，因为这不完全取决于自由；但是，我们却可以把这定为一条绝对命令。因此，如果我们依然没有结婚，撇开我们的认识来说，原因必定在我们。明确打算永不结婚的决心是绝对违背职责的。若非由于本人的过失而不结婚，这是一大不幸；若是由于本人的过失而不结婚，则是一大过错。为了其他目的——诸如，为了教会的职务，为了国家和家庭的意图，或者为了思辨生活的宁静——而牺牲这个目的，是不能允许的，因为做一个完整的人这个目的，要比任何一个其他目的都更加高尚。

B. 论父母与子女的关系，以及由这种关系产生的彼此的职责 (I,5,292)

这里谈的，不是一般的长者与一般的、没有受过教育和没有经验的孩子彼此具有的职责。诚然，关于这个题目有许多可讲的东西，但这不是我们目前要研究的。我们要讲的，是父母与其特定的亲生子女彼此具有的职责。他们之间的关系不是基于一种自由制定的概念，而是基于一种自然机制；因此，我们有必要揭示这种机制，并用它阐明他们的道德关系。

I

在父子之间绝对没有自然的、由自由引导的和与意识相结合的联系。有些哲学家想把权利和义务建立在生育行为的基础上，但是，生育行为本身是在没有自由和意识的条件下发生的，并且通过这种行为也产生不出对于被生育者的任何认识。不过，在母子之间却有一种自然的、与意识相结合的联系。母体里产生出胚胎，母亲本人的保养同胚胎的保养和健康密切有关，并且这是母亲本人意识到的。她知道，她在对何种对象这么不断地、反复地采取小心谨慎的态度，这样，她就养成了把胚胎的生命视为她自己的生命的一个部分的习惯。孩子是母亲冒着生命危险，忍着疼痛生出来的。孩子一出世，母亲的疼痛就结束了；这必然是一个愉快的时刻。母子的动物性结合还会持续若干时间；在母亲的身体里为孩子准备好了养料，正像孩子感到接受养料是一种需要一样，母亲感到提供养料也是一种需要。母亲出于需要而抚养自己的孩子,这与动物界的情况是一样的。

受一种单纯的自然本能的驱使,是绝对违背理性存在者的尊严的。当然,这种本能不可能也不应当加以消灭,但是,正如我们在前面谈到女人的性冲动时看到的,它将与理性和自由相结合,以另一种形态表现出来。这种形态会是什么呢?按照单纯的自然安
(I,5,293) 排来说,孩子的需要也是母亲的自然需要。如果我们设定一种具有意识和自由的存在者,那么,这种单纯的自然冲动就会转变为感觉和感情。这时取代自然的需要的是一种心灵的需要,那就是把抚养孩子自由地当作母亲本人的需要。这种感情是同情和怜悯的感情。我们不能说爱是职责,同样也不能说母亲的同情是职责,倒不如说,这必然产生于自然冲动与理性的原始统一。但我们能说,自然冲动和理性制约着一切道德生活的可能性。如果一个女人不能抱有母亲的温柔的情感,我们则无疑可以说,她还没有超越动物性。在超越动物性以后,才出现自由,并随之出现职责的命令。可以指望于母亲的,是她耽于这些温柔的情感,不断在内心增强它们,并把所有会损害它们的因素都压制下去。

父亲对他的孩子的爱——在这里撇开一切影响我们的公民宪法、社会舆论与想像力的因素不谈——仅仅是一种间接的爱。它产生于他对孩子的母亲的爱。婚姻关系中的温存情感使分享他的配偶的情感成为他的乐趣和职责,这样,在他本身就出现了对他的孩子的爱和对抚养他的孩子的关心。

父母双方对于他们的结合所产生的孩子的首要职责,就是悉心抚养孩子。

II

我们可以设想，如果我们能更加忠于自然的安排，情况会如何。我们可以设想，丈夫和妻子永远共同生活，共同劳动，并且为了孩子的抚养，必须把孩子放在自己的跟前，所以，他们也和孩子一起生活。由于人非常喜欢把理性和自由的概念传播给自己以外的一切人，所以，丈夫和妻子也会把这个概念传播给自己的孩子，按这个前提对待孩子；在这种情况下，那种借助于父母与孩子的相互作用在孩子身上所要求的理性的迹象，就不会不很快呈现出来。

按照自由存在者的必要概念来说，自由同样属于安好这个范畴。既然父母爱他们的孩子，因而希望孩子安好，那么，他们就根本不可能打算剥夺孩子的自由。但是，既然父母又要同时负责孩子的抚养，把这件事情当作自然和职责要求达到的目的，那么，他们也只有同时有可能抚养孩子，才能袒护和允许孩子的自由。 (I,5, 294)

这是第一个教育概念，或者，像人们可以专门称呼这部分教育那样，是**抚养**概念。抚养自己的孩子是父母的职责；爱护和促进孩子的自由，也是他们的职责。当这种自由会有害于孩子的抚养时，父母的职责就是使这种自由的应用服从于他们抚养孩子的最高目的；也就是说，抚养是职责。

但立刻出现了一种更高的教育的职责，即道德教育的职责。这是出于以下原因。

父母发现了孩子的——在目前还仅仅是形式的——自由；但是，每个自由存在者都有能力成为有道德的，并且应当把每个自由存在者都教育成这样，所以，也应当把孩子教育成有道德的。从自然方面抚养孩子，是唯独由父母承担的事情，为了这件事情，他们必须把孩子放在自己身边；因此，也唯独他们是可以对孩子进行道德教育的人。

道德教育的职责包括两项内容。首先是有目的地培养孩子的力量的职责，使他能够成为促进理性目的的良好工具；因此，这是在孩子方面培养出**技能**的职责。可以顺便说一下——因为详细探讨教育理论在这里不可能是我们的打算——教育依赖于艺术和规则，就此而言，教育的真正目的是发展和塑造学童的自由力量。其次是给学童已经形成的自由指出道德方向的职责，这是根本不能用任何其他方法完成的，而只能用我们已经讲过的那种促进我们之外的道德的方式。

III

那么，父母与孩子的相互关系在教育方面是什么样的呢？

限制自己的孩子的自由也往往是父母的职责。这在一方面是为了孩子的抚养，父母不能允许自由的应用不利于孩子的抚养；在另一方面是为了培养孩子的技能。从后一方面来看，父母必须督促孩子去做各种旨在达到这个目的的事情，而放弃那些既与抚养
(I,5,295) 的目的无关也与培养的目的无关的事情，因为这些事情是多余的，无非是浪费光阴和精力而已。父母不必为了道德而限制孩子的自由，因为只有自由地去做或不做某件事情，才是道德的。

关于父母有权限制他们的孩子的自由，几乎不会发生问题。我之所以必须维护每个人的形式自由，是因为我必须把他视为受过道德教育的存在者，把他的自由视为促进理性目的的手段。我

不能充当对他作出判决的法官，因为他与我是平等的。但是，我却把我的孩子不是视为这种受过道德教育的存在者，而是视为刚好需要加以塑造的存在者，并且他恰恰是作为这样的存在者，由于我有教育他的职责而被给予我的。因此，正如我必须维护那些与我平等的人们的自由一样，为了相同的目的，我也必须限制我的孩子的自由。

如果孩子的自由的应用会有损于教育的目的，父母的职责就是限制这种自由；不过，也只有在这个限度内，他们才可以这么做。对于孩子的自由的任何其他限制都是违背职责的，因为它是违背目的的。孩子们的自由应当加以培养；因此，他们必须拥有接受可能有的教育的自由。父母不应当固执己见，禁止他们的孩子接触某种事物，并且像他们说的那样，用这种方法摧垮孩子的意志。只有那种与教育目的背道而驰的意志才应当予以摧垮。孩子们完全应该有意志；我们教育的是自由的存在者，而不是一些没有意志的机器，供那种将会占有它们的捷足先登的优秀人物加以使用。不过，要对此作出判决，也只有父母本人是他们自己的法官，他们必须凭自己的良心，亲自解决这个问题。

如果除了强制手段，便没有任何其他办法使孩子服从教育目的，那么，父母就有强制的权利；并且，在只有用这种方式才能达到合乎职责的目的以后，强制孩子也成了父母的职责。

孩子受到强制，就成了父母的行为的单纯对象。只有在停止强制的地方，孩子才有自由，而且这种自由也必须被视为父母的行为的结果。在这样一些情况下，孩子的行为没有丝毫的道德性可言，因为他的行为是被逼出来的。

但是,孩子身上的道德感应当加以发展。在这种情况下,必须留下某种东西,作为他自己的自由活动的结果,而这种能够留下的东西就是孩子的**自愿服从**。这种自愿服从在于,孩子在没有强制手段和对这种手段的畏惧的条件下,自愿做父母要求做的事情,自愿放弃父母禁止做的事情,**之所以如此,是因为**父母禁止做这样的(I,5,296)事情或要求做那样的事情。这是因为,如果孩子本人相信要做的事情是合乎目的的善举,因而相信自己是受自己固有的爱好的推动这么做的,那么,在这里就没有什么服从,而是有一种认识。服从的基础并不是特别认识到要求做的事情属于善举,而是真纯地相信父母的智慧很高和品行善良。

我们不能说女人的爱或同情是职责,我们同样也不能说这种纯真的服从是职责。但是,这种服从是出自一般的道德天性和合乎职责的信念,并且在正确地对待孩子的时候,它是独立存在的,因为它的基础不可能是别的,而只能是对于虽然未被理解、但被朦胧地感觉到的精神优势与道德优势的尊重与敬佩;此外,它还与对于这种优势的爱慕和同样分享这种优势的欲望结合到了一起。这就是服从的根源;如果有某种东西可以证明善寓于人的天性之中,那么,它就是这种服从。

服从一旦存在,就能通过自由活动得到加强和提高;孩子尤其能沉湎于那些提高自己的观察过程和情感活动,从这方面来说,服从只有在这时才成为**孩子的职责**。——服从是孩子的唯一职责;它比其他道德感发展得更早,因为它是一切道德生活的根基。后来,在孩子们的道德生活在父母允许他们自由的范围里成为可能以后,服从仍然一直是最高的职责。超越这个范围,孩子就不得希望自由自在。

（服从对孩子来说是对整个道德思维方式的模仿，所以它比任何事情都重要。这就是说，有教养的人如何对待一般道德规律，如何对待道德规律的执行者，即上帝，孩子就如何对待自己的父母的命令和父母本人。我们绝对应当不计各种后果，去做职责命令我们做的事情；但是，要能做这样的事情，我们就必须假定，这些后果将在上帝的控制下得到善报。孩子也是这样对待父母的命令的。在基督教里上帝被想像为父亲[57]，这是恰当的。不过，人们不应当满足于无休止地谈论上帝的善，而是也应当不作玄奥的思考和烦琐的推敲，就同时考虑到我们对上帝的合乎职责的服从，考虑到我们对上帝意志的真纯顺从；我们不仅在情感活动和自我安慰 (I,5,297) 中应当如此，也特别在勇敢地执行自己的职责的活动中应当如此，而不管我们的短浅目光以为发现了什么结果。培养这种服从是父母能够直接使孩子萌生道德信念的唯一手段。因此，督促孩子服从实际上完全是父母的职责。——有一种非常错误的道德准则，我们把它和其他许多祸害都归因于早先占支配地位的幸福论。人们想按照这种准则，使用自己认识到的理性根据，强迫孩子做一切事情。除了这种准则该受谴责的其他原因以外，它还有一个谬误，那就是要求孩子具有太多的理性，比人们要求自己具有的理性还多；因为连成年人的行为在绝大多数情况下也是出于爱好，而不是出于理性根据。）

我们在这里还得回答一个问题：孩子方面的无条件服从和父母方面对这种服从的要求可以达到什么程度？（每一种服从都是**无条件的**，也是盲目的；因为否则，它就不会是服从了。在特殊情况下，它是盲目的。但在一般情况下，盲目的服从是不可能的；服从必然是基于独自确信我们所服从的那种人的智慧很高和品行善良。）

我们提出的这个问题可以有两方面的含义。一方面，我们可以问空间上的广度，即问孩子应该服从父母的行为的范围，问孩子应该**在什么程度上**服从；另一方面，我们可以问时间上的长度，即问孩子应当服从**多长时间**，是否有一个允许孩子自由的期限，这个期限在何时。

就前一个含义上的问题而言，它不是由孩子提出来的，便是由父母提出来的。但它不应当由孩子提出来；因为问题的答案恰恰是孩子应当服从，而他的服从又恰恰在于：超过他父母允许他自由的范围，他就不再想要自由。关于这种服从的必要界限，只有父母能当判决的法官，孩子则根本不能，因为他是服从于父母的。——像人们听说的那样，有人认为孩子应当服从一切合理的东西，这种说法是完全自相矛盾的。只服从合理的东西的人，其实什么也不服从。因为在那样的情况下，他必然有权作出判断，说什么东西是合理的，什么东西是不合理的。如果他只做合理的事情，那么，他就是出于自己的确信，而不是出于服从去做这样的事情。服从的
(I,5,298) 要求是否合理，这可以由父母凭自己的良心来负责；他们是不会让自己接受孩子的判决的。但是，也许有人还会问，假如父母命令孩子做不道德的事情，又怎么办呢？我的回答是：命令的非道德性或者是经过详细调查才暴露出来的，或者是直接看出来的。前一种情况是不可能发生的，因为听话的孩子不可能假定他的父母会命令他做坏事。假如出现了后一种情况，那么，孩子服从父母的根

据，即孩子对父母的高尚道德的信任就会立刻丧失殆尽，而且任何其他的服从也会成为违背职责的。当父母常有的不道德的行为和可耻的生活方式对孩子昭然若揭时，也会有同样的情况。在这种情况下，孩子的服从和父母的教育都是不可能的。

公平合理地说，如果正是父母提出上述问题，则应该这样回答：既然你们不能凭自己的良心确信你们的命令会遵照你们的最佳信念达到教育的目的，你们就不要发布你们的任何一个命令。你们没有任何精神的和道德的权利，超出上述范围，进一步要求服从。

如果问题在于服从的职责能持续多久，则应该对此回答如下。

首先，要求服从是为了教育；但教育是达到目的的手段，目的达到以后，手段也就不需要了。教育的目的在于，使孩子的力量可以在某个专业里用某种方式适用于促进理性目的。这个目的是否已经达到，孩子本人不可能是对此作出判决的法官，因为他承认父母有更高的见识。于是，[这里出现了三种可能的情况。]或者是[第一种情况]：父母亲自判定这个目的业已达到，允许孩子们自由活动，让他们按照自己的自由意志和判断行事。

或者是第二种情况：用成绩判定教育的目的——孩子的力量对于促进理性目的的那种适用性——已经达到。国家是有资格对此作出判决的外在法官。如果国家给予某人的儿子一个职位，那就是国家作出了他的教育已经结束的判决。国家的判决在法律上对父母有约束力；他们必须服从这种判决，而不得提出申诉。国家的判决也在道德上对父母有约束力；他们应当为了职责而服从这种判决。

最后是第三种情况:对孩子们的教育完全不再可能进行;这是
(I,5,299) 孩子结婚以后的事情。女儿完全服从于她的丈夫,以他的意志为转移,因此,她不可能再继续以别人的意志,即她父母的意志为转移。儿子承担起关切他妻子的命运的任务,完全以她的愿望为依据,因此,他不可能再继续让别人的愿望,即他父母的愿望决定自己。

IV

即使是在允许孩子自由以后,父母与子女之间也继续保持着一种特殊的道德关系。

如我们假定的那样,父母在同时是教育者的情况下,是了解他们的孩子的内心和全部品性的,因为他们亲眼看到了这种品性的形成,并且培养了这种品性。他们对这种品性比子女本人了解得更清楚。所以,他们依然是子女的最好的顾问。并且由于这个缘故,父母劝导他们的子女,在其他一切人面前依然首先是他们的职责——这一点很重要,因为假如不是这样,父母与子女就不会有任何**特殊的**关系,而是只会有一种**一般的**关系,按照这种一般的关系,劝导一切人为善都是职责——并且我要说,永远是他们的特殊职责,因为他们的劝导恰恰在这个场合提得最中肯。子女的职责是比对待任何其他劝导都要更加仔细地倾听和更加深入地考虑他们的父母的劝导。服从虽然不再是他们的职责,他们已经解脱这项职责,而只能照自己的信念行事;但是,仔细倾听和悉心考虑父母的劝导却仍然是他们的职责。父母保留着不断**关心**子女的职责,子女保留着真纯**敬重**父母的职责。(敬重的实质恰恰在于,假定别人的智慧更高,并且努力发现别人提出的一切劝导中的明智与善良之处;径直拒绝别人所说的东西则是缺乏敬重的表现。)

此外,在父母与子女之间依然有相互帮助和相互支持的特殊职责。子女要在其父母那里获得自己最好的导师和顾问;父母要在其子女那里获得自己为这个世界塑造出来的作品,以期在死后还能对这个世界履行自己的职责。

关于人依据其特定职业所具有的职责 (I,5,300)

§.28. 人可能从事的职业的划分

我们在上文已经说明什么是职业。各种各样的职业都属于促进理性目的的工作。一个人在促进理性目的的工作中专门承担的部分就是他的职业。我们也已经提到,必须依据什么准则来选择这种职业;依据的准则不是爱好,而是职责。

理性目的的真正对象总是理性存在者组成的共同体。理性存在者的行动或者是直接以这个共同体为对象,或者是为了这个共同体而以自然为对象。它不会有单纯为了自然而作用于自然的活动;它的活动的最终目的总是人类。人所能从事的一切职业的主要划分即以此为根据。我们可以把直接以共同体为对象的活动称为高级职业,把为了共同体而以自然为对象的活动称为低级职业,并且按照这个划分的根据,把人分为两个阶层,即高等阶层与低等阶层。

首先，直接以作为理性存在者的人为对象的行动可以有多少方式呢？

人有一种即使不算最高尚，也是最重要和最高级的东西，即认识，这是他的全部精神生活的原料。人的行动是由认识引导的。虽然最佳的信念有其内在价值，但是，如果认识不正确，信念就不能引导人们实现理性目的。因此，我们首先应该对人类共同体进行工作，以培养人们的理论认识。这就是**学者**的职业。所以，我们要首先谈学者的职责。

但是，认识永远只是达到目的的手段。如果没有善良的意志，认识就没有内在价值，而没有内在价值的认识对于理性存在者的共同体来说是没有什么用处的。然而，认识本身又不会必然产生出善良的意志，这是我们在上文已经阐述得非常清楚的一条重要原理。因此，还有一项直接致力于改善人类共同体的意志的特殊任务。这是由教会通过其仆人，即所谓神职人员来完成的。教会本身恰恰是理性存在者组成的一个共同体，神职人员更正确的叫法是民众道德教师，而他们也应当是这样的人。因此，我们其次要
(I,5,301) 谈的是民众道德教师的职责。——学者是培养理智的，民众道德教师是培养意志的，文学艺术家处于这两者之间，是培养审美感的，而审美感有助于将人的理智和意志统一起来。因此，我们将顺便就文学艺术家的职责作若干补充说明。

如果人们应该相互影响，那么，他们的法律关系必须首先予以保障。这是一切社会得以存在的条件。完成这项工作的设施叫做**国家**。所以，我们还要谈**国家官员**的职责。以上谈的都是高等阶层。

人的生活和他在感性世界里的效用是由他与物质的某种结合方式制约的。如果人们要把自己塑造得合乎道德，那他们就必须生活；他们在自然界里的各种生活条件必须在这些条件受他们支配的范围内加以创造。那种最不显眼的、被认为最卑贱的工作就是以这种方式与促进理性目的的活动结合起来的。这项工作与道德存在者的维持生计和自由活动密切相关，因而如同最高贵的工作一样，具有了神圣性。

在生产那种可供我们作饮食衣着与活动工具之用的东西的过程中，一方面可以对自然力量或天然东西因势利导，予以支持，例如农民的职业，他们引导自然力量或天然东西的组织起来的过程，从这方面看，他们的劳动是崇高的；另一方面，也可以像矿工、渔夫和猎人那样，单纯寻找一些无须人工经营就已经生成的产物，而不必再做任何事情。所有这些人与农民概括到一起，可以被通称为生产者。为了人的目的，一部分野生产物必须进一步予以加工，由此成为人工产品。例如手工业者、匠人和工场工人的职业，这些人总的说来都是制造人工产品的，所以我想把他们称为匠人。（不过，必须把他们与文学艺术家区分开。）人们必须交换他们所需要的各种物品。若有某些人从事一项经营这种交换的特殊职业，那将是十分合乎目的的。这就是商人的职业。低等阶层的这些不同部门的职责大同小异，所以，我们将只需概述低等阶层的职责。

§.29. 论学者的职责

(I,5,302)

如果我们像应该做的那样，从道德方面来看地球上的人们，并且不管他们实际上会逐渐变成什么，都把他们看作一个唯一的家族，那么，我们就可以假定，这个家族也只有一个知识体系，它一代一代地扩大，并臻于完善。正像个人那样，整个人类也将随着岁月的增长而越发聪明，并通过经验而得到发展。

每一个时代的知识都应当提高，为了提高知识，才有了学者阶层。

学者犹如时代的文库，首先是知识保管者。他们的这种作用确实在单纯的结论方面不同于非学者，因为在非学者那里虽然也能遇到一些单纯的结论，但它们是零散的，反之，他们却同时拥有一些原则。他们不仅知道某种东西是如此，而且也知道人怎样得到了这种知识，知道这种知识怎样与人的其他知识联系起来。做到这一点是必要的，因为他们应当进一步发展这种知识，尤其是还应当修正现有的知识；但是，如果不懂得推导出知识的各项原则，就无法看出现有的知识对真理的背离。我们可以由此首先得出结论说，学者应当从历史的角度懂得科学直到他的时代为止的发展进程，懂得科学应用的各项原则。

其次，我们还可以得出结论说，学者应该进一步发展共同体的这种精神：或者是修正错误的知识，因为这同样是扩充知识（谁修正了一个错误，谁就提高了自己的认识）；或者是进一步从迄今已知的东西作出推论。

学者进行研究、修正错误和从事发明，并非单纯为他们自己，而是为了共同体。只有这样，他们的研究才成为某种合乎道德的事情，他们才成为执行一种职责的人，成为在他们的专业中为共同体服务的人。他们直接发生影响的范围是有学养的公众，他们的研究结果从这个范围出发，经过众所周知的途径，传遍整个共同体。

几乎没有必要再明确提到，只有学者真正出于对职责的热爱，认识到自己履行对人类的职责，以科学为己任，他们的思维方式就其形式而言才能被称为合乎道德的。我们在这里只问他们应该做 (I,5,303)
什么。这个问题可以根据以上所述来回答。学者应该一方面懂得他们的时代的文化课题，一方面进一步研究这种课题。他们必须真诚地探索这种课题，因为只有这样，他们才真正获得一种特有的价值。即使他们不可能这么做，他们也至少一定要有这么做的坚定意志、充沛热情和勤奋精神；这样，他们的一生也就没有虚度，就是说，他们至少使科学在他们的时代仍然保持了活力，而他们也确实是继往开来的文化发展的链条中的一个环节。使研究精神经久不衰而保持活力，也是一项真正的重要贡献。

严肃热爱真理是学者的真正道德。他们应当确实发展人类的知识，而不应当愚弄人类。他们应该像每个有道德的人那样，忘怀于这个目的。有人用华丽的言辞讲一些似是而非的东西，或进而坚持和维持他们脱口而出的错话，究竟是要干什么呢？这也不过是用以支持他们的自私自利罢了。但这完全否定了道德学说，也必然同样会否定明智的考虑，因为只有真的东西和善的东西才能在人类社会中万古长存，而假的东西不管在起初讲得多么漂亮，却总会烟消云散。

§.30. 论民众道德教师的职责

I

全人类构成一个唯一的道德共同体。在这个共同体里，每个人的合乎职责的信念都是尽他的所能与所知，在他自身之外传播道德，也就是说，使所有的人都与他自己具有相同的信念；因为每个人都必然会认为他自己的思维方式是更好的，否则，坚持自己的思维方式就会是没有良心。但任何其他人出于同样的理由，也认为自己的那个与此不同的思维方式是更好的。在这种情况下作为整个道德共同体的总目的出现的就是这样一个目的：取得关于各个道德课题的一致看法。这是在道德存在者中的一切相互作用的最终目的。

社会就我们从这个角度看它而言，叫做**教会**。由此可见，教会并不像人们经常想像的那样，是一个特殊的社会，相反地，它仅仅是同一个唯一的人类大社会的一个特殊方面。所有的人就他们具
(I,5,304) 有真正的道德思维方式而言，都是属于教会的，并且他们也应当属于教会。

II

劝说所有的人做有道德的人，是每个人的一般职责；这项职责可以转交给一个特殊阶层，而且也转交给了这个阶层。但这并不意味着，在一个人有机会劝说别人为善时，由于这项职责转交给了

那个特殊阶层,他就可以完全不承担这项职责;而是仅仅意味着,他不必再将这项职责明确地当作自己的特殊职责。那个阶层的人是教会的公职人员或神职人员。——人人都应当教育别人,所以,在大家把自己的职责转交给这个阶层以后,这个阶层的公职人员就是以众人的名义做教育工作的。他们必须以大家一致承认的东西,即象征为出发点;关于这类象征,我们在上边已经谈到,并且它已经由另一个根据得到了证明。他们也必须以大家应该一致承认的东西为归宿。因此,他们必须比一般个人看得更远,必须掌握时代的道德文化的最优秀、最可靠的成果,并且要引导所有的人都得到这种成果。因此,他们实际上是并且必然应该是这个特殊专业领域里的学者。——所有的人都应该保持一致,而且也应该在前进的过程中永远保持一致;所以,教会神职人员的前进步伐总得使所有的人都能跟上他们。他们当然在尽可能快地提高他们自己;但是,他们仅仅应该尽可能快地把所有的人在道德信念上统一起来,而不是单纯提高这一个人或那一个人。一俟他们在自己的道德演讲中超过大家的文化发展程度,他们就不再是对众人讲话,也不再是以众人的名义讲话,而是以他们自己的名义讲话。作为私人,他们诚然可以这么做,或者说,当他们以他们自己的名义,在学术界讲他们自己的理性获得的成果的时候,他们可以这么做;但是,当他们作为教会神职人员讲话的时候,他们则不是讲他们自己,而是在讲共同体。

III

道德性是通过交往中的单纯理性教育而自由地发展起来的,

并且唯独是从人的内心发展出来的。正如我们在上文已经清楚地看到的,它不能通过理论方面的确信被人为地创造出来。公共教育机构把人对道德性的意识作为前提;这是神职人员必须由之出发的东西,唯独这种东西才使他们的职务成为可能,他们的职务就是建立在这种东西上的。不道德的人是不参加教会的,也没有替他们对教会尽义务的代表。由此可知,公共宗教机构的宗旨绝不
(I,5,305) 可能是提出理论证明和道德学说的体系,或者说,根本不可能对道德原则作思辨的思考;共同体不进行这样的证明,因为它既然是共同体,也就已经有了信仰。共同体的信仰是事实,而把这种信仰从a priori[先验]原则阐发出来,仅仅是学者的事情。因此,公共道德观念的目的不可能是别的,而只能是唤起和增强那种业已普遍存在的道德意识,把所有那些能在内心使它发生动摇,能在外部使它无法见诸行动的东西排除掉。这种必须加以排除的东西无非是这样一种怀疑态度:道德的最终目的究竟是否可以得到促进?善是否确实有一个发展过程?或者,整个这种信念是否都是一种流于荒诞不稽的梦想?除了一种坚定的信仰,没有任何东西能唤起和增强这种信念,而那种信仰就在于:促进理性的目的是可能的,那种向好的方面的发展必然会成功。但是,这种信仰如果仔细加以研究,则是对上帝存在和灵魂不朽的信仰。如果上帝不存在,对善的促进工作就无章可循,并且不能开展;因为这种促进工作既不存在于那种丝毫不涉及自由的自然进程当中,也不受有限存在者的支配,其理由同样在于,有限存在者仅仅是依靠自然力量行动的。不过,坚信这种促进工作必然会有章可循,并且能够开展,则意味着上帝是存在的。同样,如果我们不能永远延续下去,我们也

不能按照计划向我们的终极目标不断推进,因为我们的目的在任何时刻都无法达到。

由此可见,民众道德教师是专门讲解信条的。这并不意味着他要 a priori[先验地]演绎信条,因为信仰直接产生于道德信念,他也必须同时假定了这两者;而是意味着他唤起信仰,因为他把信仰假定为已知的,从而把人们指向上帝与永恒境界。参加了外在教会的人们有一个很大的方便之处,那就是他们习惯于把他们可能从事的那种甚至最卑贱的工作也同人所能设想的最崇高的东西联系起来,同上帝和永恒境界联系起来。

同样,民众道德教师的职务也就是给共同体的成员们讲授职责概念的特定用途,他有权利假定他们是爱好使用职责概念的。他们都乐于过合乎理性、合乎道德的生活;他们只是不晓得自己该如何着手,不晓得要过这种生活,需要什么东西。这就是民众道德教师由之出发的前提。正像所有的个人在他们同心同德、异口同 (I,5,306) 声时能提供每个人对于职责概念知道的东西那样,民众道德教师是以他们所有的人的名义讲话的。人们怎样才能使自己抱有这种或那种构成职责思维方式的心情呢?民众道德教师要回答诸如此类的问题。他的讲授非常实际,已经考虑到职责概念的直接应用。

总之,民众道德教师的主要规则在于**不进行证明**,**不进行辩论**;因为他已经假定信条是得到公认的,已经假定善良意志是业已确定的。在信徒大会上严厉抨击嘲笑宗教的人,儆戒顽固不化的罪人,就像对一帮坏孩子那样对共同体成员讲话,是完全违背目的的。应当认为,那些人不会前来参加大会,而凡是参加大会的人都已经用到会的行动公开表示了自己的信仰和善良意志。此外,既然民众道德教师是以共同体的全体成员的名义讲话的，是代表他们，而不是代表上帝——因为他自己像他们一样服从于上帝，并且像其他人一样，在上帝面前不过是一个可怜的罪人——所以，他讲的话就与他们所能讲的话恰好一样；他是劝导人，而不是立法者；他应该从经验出发，而不应该从原则出发。

IV

像我们在上文已经提到的那样，民众道德教师在共同体面前不必理睬那些坚决不信教的人和不承认、不尊重职责的人——只有这才是真正无信仰的人——不过，在**特定**范围内他们还是可以理睬这些人的。关于怎样影响这些人的方法，我们在上文已经说明。民众道德教师应该使他们反求诸己，应该教导他们在比他们以前所能做到的更高的程度上尊重他们自己。无信仰的根源总是在于暗中对自己的轻视和绝望。必须消除这个根源；这样一来，一切单纯基于这个根源的东西就会不推自倒。

民众道德教师就应当这样对待各个人的一切特殊道德需要。对于朝这个方向发展的一切因素，他都应当永远乐于提出建议。他也应当去找那些不来找他的人；但重要的问题是要对每个人的尊严和独立性抱着谦逊和尊重的态度。只有在有人明确地求助于他的时候，他才可以从道义方面特别予以劝导。他没有任何权利，把自己的意见强加于人。

(I,5,307)

V

民众道德教师的真正的、独特的职责是做出好的榜样。他不是单独为了自己，而是为了整个共同体才这么做的；他是共同体的代表。

共同体的信仰绝大部分是基于民众道德教师的信仰，并且严格地说，无非是一种对他的信仰的信仰。他对各个人来说确实不是一个特定的人，而是整个教会这个道德共同体的真正代表。他不应当把他讲的东西作为一种学到的和通过思辨发现的东西来讲，而应当作为一种从自己的内心经验创造出来的东西来讲。共同体的成员们就相信这么讲，因为这里的一切都只是经验的结果。如果民众道德教师的生活自相矛盾，那就没有任何人会相信他的经验；既然他既不可能也不应该补作理论证明，因而共同体的成员们只能相信他的经验，所以，在他补作理论证明的情况下大家就根本不会相信他所说的任何东西了。

§.31. 关于文学艺术家的职责

由于我已经谈了学者和民众道德教师对人类教育的关系，所以从一个方面说，为了讲得完备起见，我有必要按我的方式也谈谈文学艺术家，他们对这种教育有一种同样很大的、只不过没有直接察觉出来的影响，并且从另一个方面说，每个人要讨论这个问题，都应做自己分内的事情，这也是我们时代的需要。

文学艺术家不像学者那样只培养理智，也不像民众道德教师那样只培养心灵，而是培养完整的、统一的人。他们面向的对象既不是理智，也不是心灵，而是把人的各种能力统一起来的整个情感，它是由理智和心灵组成的第三种东西。有人说他们所做的工作就是把**先验哲学观点变成普通意识观点**,大概不会有比这更恰当的说法了。——哲学家劳神费心,按照规则,才把自己和别人提高到先验哲学观点上。文学艺术家不必明确思考,就站在这个观点上;他们不知道任何其他观点;他们同样不知不觉地把那些愿意接受他们的影响的人们提高到这个观点上,以致那些人察觉不到这种转变。

我想把我的看法说得更清楚一些。从先验哲学观点来看,世
(I,5,308) 界是被创造出来的;从普通意识观点来看,世界是业已给定的;从美学观点来看,世界虽说是业已给定的,不过是按照那种认为它是被创造出来的观点给定的。世界,现实的、给定的世界,简言之,**自然**——因为我们谈的只是自然——有两个方面:一方面,自然是我们受到的限制活动的产物;另一方面,它是我们的自由的、显然**理想的**行动的产物,(但不是我们的实在效用性的产物。)从前一个方面来看,自然本身是处处受限制的;从后一个方面来看,它是处处自由的。前一种看法是普通意识的;后一种看法是美学的。例如,空间里的每个形态都可以在一方面被看作各个邻近的物体所作的限定,也可以在另一方面被看作具有这个形态的物体本身的丰富内容和力量的表现。谁遵循前一种看法,他就只看到一些被扭曲的、受挤压的和令人惊惧不安的形状;他看到的是丑。谁遵循后一种看法,他就会看到大自然中的充满活力、丰富多彩的东西,看到生机勃勃和奋发向上;他看到的是美。这是至高无上的东西。道德规律发布绝对的命令,压抑一切自然爱好。谁这样看待道德规律,谁就是作为奴隶对待这条规律。但是,道德规律同时也是自我本身;它出自我们固有的本质的内在深处;我们在服从它的时

候，也不过是服从我们自己。谁这么看待道德规律，谁就是以美学观点看待这条规律。文学艺术家从美学方面看一切事物，他们看到一切都是自由的和生动的。

我在这里谈的不是这种看法赋予我们的整个生活的优美和喜悦；我在这里也不过是要大家注意人的陶冶，注意我们由此获得的那种用以完成我们的最终使命的道德高尚化的过程。

文学艺术家的世界究竟在什么地方呢？在人的内心，而不在任何其他地方。由此可见，文学艺术家要引导人返求诸己，使人感到那里才是自己的家。他们使人脱离给定的自然界，让人独立自主地站立起来。理性的独立性就是我们的最终目的。

审美意识并不是道德，因为道德规律是按照**概念**要求独立性的，而审美意识是无须任何概念自行产生的。但审美意识是走向道德的准备，它为道德准备了基地；当道德来临时，它就会发现从感性的束缚中解放出来的工作已经完成一半。

由此可见，审美教育与促进理性目的有一种最有效的联系，职
责是可以从这种联系方面加以规定的。诚然，无论对于谁，都不能
把“你要关心人类的审美教育”规定为职责，因为我们已经看到，
审美意识并不取决于自由，并不能用概念予以培养，而是必须完全
自行产生出来；但是，无论对于谁，都可以用伦理学的名义发出这
样的禁令：“你不要阻碍审美教育，不要传播毫无趣味的东西，竭
力使这种教育成为不可能。”因为每个人都会有趣味，而趣味可以 (1,5,309)
通过自由得到培养；所以，每个人都会知道什么东西不合乎趣味。
现在有人传播毫无审美趣味的东西，并不是让人们以超然态度等
待未来的教育，而是要使未来的教育走上畸形发展的道路。关于

这个课题，我们可以制定两条规则。

1. 对于所有的人来说：你不要当违背大自然的意志的艺术家；一个人要当艺术家，如果不是由于自然冲动所致，而是为一种任意下定的决心所迫，那就总是违背大自然的意志的。说艺术家是天生的，这句话绝对正确。规则是束缚天才的，而不是创造天才的；之所以如此，恰恰是因为规则就是规则，因而以作出限定为目的，而不以达到自由为目的。

2. 对于真正的艺术家来说：你要谨防出于自私自利的动机或追逐眼前荣誉的欲望，而讨好你那个时代已经败坏的趣味；你要努力表现那个飘浮在你心灵面前的理想，而忘却一切其它的东西。文学艺术家应该只用自己职业的神圣性激励自己，并且完全应该学会用自己的才能服务于自己的职责，而不服务于别人。如果他这么做，他立刻就会以迥然不同的眼光看待他的艺术；他将成为一个更好的人，同时也成为一个更好的艺术家。俗话说，讨人喜欢的东西就是美的[58]；这句话对艺术和道德都是有害的。有教养的人类喜欢的东西当然是美的，而且只有这样的东西才是美的；但是，只要人类还没有教养——人类究竟什么时候才能成为有教养的呢？——能够讨人喜欢的东西就往往是最没有审美趣味的，因为这类东西是时髦货，但是在另一方面，最卓越的艺术作品则不可能受到什么欢迎，因为时代还没有发展出一种能够理解这样的艺术作品的鉴赏力。

§.32. 论国家官员的职责

(I,5,310)

按照以上所述,必须把国家宪法看作通过明确的或默认的契约表达出来的共同意志的结果。如我们在上文已经指出的,在紧急情况下,以默认的方式赞同和服从某些机构就等于明确赞同它们。国家在人人自由的共同范围里允许什么,每个人就可以问心无愧地做什么;因为根据前提来说,其他公民到这个范围为止,已经放弃自己的自由。如果没有国家的许可,大家就一定会担心这个共同范围内的每一自由行动可能损害别人的自由。

国家官员——我在这里谈的,主要是参加立法工作、可以不受起诉的高级国家官员——无非是那种共同意志的掌管者,他是由一切阶层委派和聘用的,而没有权利片面修改宪法。他这样看待自己,是他只能凭良心处理的事情;因为恰恰是在转交给他的组织形式里,并且也只有在这种组织形式里,所有的人才能问心无愧地行动。如果他专横地改变这种组织形式,以致遭到对于这种改变的大声反对,那他就压制了大家的良知,使大家发生了这样的疑虑:是服从他呢?还是履行自己对所有其他人的自由所负有的职责呢?

但是,有一种出于纯粹理性的社会契约的法规。国家官员必须掌管的实定法规可能与这种法规相去甚远;它可能是很严厉的和不公平的。他在遇到这两种法规的矛盾时须采取什么态度呢?我们在上文中已经基本上回答了这个问题。

首先,国家官员当然可以掌管这种实定的、照他自己的信念来看不完全符合于纯粹理性法规的宪法；如果他是被任命为掌管这种宪法的，他甚至有这么做的职责。这是因为，必须有一部宪法，没有宪法就没有社会和进步，而社会的目的就是进步。根据我们假定的前提，现存的社会符合于一切人的意志，每个人都可以放弃和削弱自己的法权。但是，理性的要求与自然的安排都同时在于，
(Ⅰ,5,311) 国家这种社会组织应该逐渐接近于那种唯一合法的宪法。因此，抱着这个目的管理国家的统治者就必须懂得这种宪法。根据以上所述，凡是从概念出发而超越了普通经验的人，都叫做学者，因此，国家官员必须是自己那个专业领域里的学者。柏拉图曾经说过，任何不分有理念的君主都不能很好地进行统治[59]，这正是我们在这里所讲的意思。

国家官员必须懂得以下三点：其一是他有职责掌管的宪法，是这种宪法所依据的明确的或默认的契约；其次是应当存在的国家宪法或理想；最后是整个人类，尤其是其中的民众为了享有这种宪法而必须走的道路。

我们可以把国家官员的统治方式用一个简单的公式描述如下：凡是绝对法权，即自然法权所要求的，他都必须完全实施，而不得讲究情面和息事宁人；凡是书面写出的实定法权所要求的，他只要能认为是有利害关系的人们的意志的持久结果，就都可以实施。——我想把我的意思说得更清楚一些。关于前一种法权，有一种论点认为，政府是为了被统治者的利益才建立的（即 Salus populi uprema lex esto［人民的幸福是最高的法权］），这种看法是完全错误的。法权之所以存在，是因为它应当存在；它是绝对的，它应当予以实施，即使没有人由此受益。（Fiat justitia，et pereat mun-

dus[即使世界毁灭,也应当公正。])关于第二种法权,像我们已经提到的,有一种论点认为,有人为了他人的利益而 削弱自己的法权,这种看法并不违反自然法权。(Volenti non fit injuria[如果有人自己愿意,这对他来说就不是不公正]。)但是,如果他被迫削弱自己的法权,这就绝对违反了公正。因此,如果出现普遍的和公开的抗议,反对一项本身并不公正,而只有在一致同意的前提下才可能公正的法律,那么,放弃这项法律就是统治者的绝对职责,尽管那些借用不公正的法律得利的人们会对违反契约大叫大喊。只有不出现任何抗议,统治者才可以问心无愧地按照这项法律办 (I,5,312)
事。——(由于这些原则很容易遭到误解,并且可能由此出现对它们的危险滥用,所以我想对它们作进一步的规定。国家契约就其规定人们的相互权利而言,并不是由一些个人缔结的,而是由各个阶层缔结的。例如,在贵族独占国家的最高职务和纯粹的土地财产的地方[这是在骑士财产的名义下进行的,其他的地产则大部分不是纯粹的财产],贵族就是依据一种往往以默认的方式与市民阶层达成的契约,独占了这些东西的。因为市民阶层能使自己适合于做某种其它的事情,于是就容忍了贵族的那种做法,并对此采取了自己的措施。这种事情就是这样办妥的;如果统治者未经要求,单方面取消这种宪法,他的行为就是完全违法的、独裁的;他对这种宪法负有职责,而且贵族也是在他维护这种宪法的条件下服从他的。在一个市民靠他的一贯表现同意这种宪法以后,如果他没有事先通报,侵犯了假定的贵族权利,那他就是违法的,理应根据他一直默认的实定法律加以惩罚;但无论如何不能根据自然法权处决他,因为他在事前本来就已经公开要求收回这种法权,

而不是在事后才要求收回这种法权。他本来就想利用实定法律给他的好处,他怎么能在事后诉诸一种反对他的法律呢?如果一个市民以正常手段向统治者要求收回他的法权,并通过这一行动取消他与贵族达成的契约,那么,他也就通过这一行动同时取消了他与他自己的阶层达成的契约,因为他是与这个阶层联合起来,缔结了自己与贵族的契约的;他退出了这个契约,因此也必须放弃自己通过这个契约获得的利益。[例如,必须放弃经商的权利,假如市民阶层是独享这类权利的。]那么,这样的人究竟想要得到什么呢?他想被接纳到贵族阶层里;但是,即使他的外在处境允许这么做,这对他来说也必须有法律上的认可。——由此可见,那些抱怨违反国家契约的人们必定可以改变自己的阶层。这是要求收回自己的自然法权的人们弥补自己遭到的不公正待遇的唯一手段。一个能令人容忍的国家必须无条件地给人改变其阶层提供方便;相反的做法是绝对违法的,没有任何一位统治者能问心无愧地容忍这种做法。例如,农奴制度[glebae adscriptio]和不允许某些阶层的人上大学的禁令就是绝对违法的。——但是,如果整个市民阶
(1,5,313) 层或至少它的大部分人要求收回他们的自然法权,那么,统治者的绝对职责就是在这个问题上修正立法,而不管贵族是否愿意。假如受惠阶层是明智的,他们就不会让事态发展到要求收回自然法权的地步,而是会逐渐自动放弃他们的特权。)

诸如此类的契约得以延续,是以各个受骗吃亏的阶层的无知和愚钝为基础的,是以他们不懂得自己的权利和不会行使自己的权利为基础的。随着文化的不断提高和广泛传播,那些特权就不再存在了。自然和理性的目的就在于那些特权不再存在,而有一

种出身方面的完全平等——也只能在这个方面,因为后来选定的职业又会造成差别——出现于一切公民当中;正因为如此,传播文化也是全体公民的目的。文化是一切改良的基础,所以,阻止文化的发展或允许那些对黑暗感兴趣的阶层阻止文化的发展,是绝对违法的和违背职责的。此外,蒙昧主义也是对理应存在的国家的一种犯罪。支持启蒙是懂得自己的使命的统治者只能凭良心去做的事情。

纯粹理性要求国家宪法具有的一项最高使命是统治者要向人民负责,但大多数现存的国家恰恰在这一点上背离了理性提出的理想,都没有采用这种责任制。诚然,在这样一种国家里,按照理念施政的统治者确实无法推卸理性所要求的责任,因为没有任何一个人能卸掉这项责任;但是,他治理国家的方式却是这样的:好像他是负责的,所以,假如要求他说明他肩负的责任,他似乎会时刻准备作出这种说明。

以上所说的一切,仅仅适用于最高权力,不管这种权力是转交给一个人的,还是由许多人分担的。最高权力不承认任何比自己更高的法官,(除了全国人民,假如全国人民能进行审判。)低级官员必须严格遵守法律条文。在一个国家里,除了低级官员以法律解释者自居,就几乎没有什么更违背目的的事情了。低级官员解释法律,一定会发生不公正的事情,因为在这种情况下据以审判败诉人的法律是法官在事后才按照自己的解释创造出来的。当然,法律也不应当写得能让人随意解释、歪曲和篡改;法律的不明确性是一个国家的很大的弊端。如果有人以自然法权为依据,对实定法律提出异议,低级官员当然就不应该再贯彻实定法律;不过,在这时他不应该采取任何直接行动，而应该把这件事情呈交给作为立法机关的最高当局。

(I,5,314) 总之，每一部不阻止整个共同体和各个个人走向完善的进步过程的国家宪法，都是合法的，都可以问心无愧地予以实施。只有那种以维持一切事物的现状为宗旨的国家宪法才是完全违法的。

§.33. 论低等阶层的职责

如我们在上面已经看到的，低等阶层肩负着一项使命，那就是为了理性存在者而直接作用于无理性的自然事物，以便使自然事物适合于理性存在者的目的。

按照我的前提，我在这里不应直接谈低等阶层，而应直接谈那些必须教育他们的阶层。所以，我只叙述他们应当具有的思想品质。

1）每个人的尊严、他的自尊心以及由此而来的道德观念，主要取决于他能否将他的工作与理性的目的或上帝用人达到的目的——这是同一个意思——联系起来，他能否对他自己说“我的所作所为就是上帝的意志”。低等阶层的成员们可以有最大的权利对他们自己这么说。即使他们不是经验世界里的人类的顶峰，他们也肯定是经验世界里的人类的砥柱。如果高等阶层不首先都能生活，学者怎么能进行研究，民众道德教师怎么能从事布道，国家官员怎么能治理国家呢？

如果大家考虑到，并且也让各个低等阶层考虑到，人类走向完善的进步过程从来都正是依赖于他们，并将继续依赖于他们，他们的尊严就得到了提高。因为人类要大踏步前进，就必须尽可能减少用于机械性劳动的时间和精力。大自然必须变得温和宜人，原材料必须变得容易驾驭，一切东西都必须变成这样：人们稍用力气，就得到了自己需要的东西，而他们与自然界的斗争也不再是一种十分劳神费力的工作。

为了这个使命，各个低等阶层的绝对职责就是完善和提高他 (I,5,315) 们的手艺，因为这完全决定了人类的进步。至少致力于满足这种要求，是这些阶层里每个人的职责。只有这样，他才能在理性存在者的序列中占有他的地位。否则，他就只是手艺世代相传的链条里的一个环节。（有些著作家断言，耕犁的发明者比某个几何定理的发明者具有更大的功劳。最近有人激烈反对这种说法；我觉得这没有道理。他们用这些说法表示的，与其说是一个人的想法，不如说是一个学者的想法。双方同样有道理，又同样没有道理。两项发明以及作出它们所需要的机械性劳动与科学，都没有绝对价值；实际上，在它们与理性目的的关系中，它们只具有相对价值。因此，两项发明在相当大的程度上具有相同的价值；在发明者当中决定更高的价值的是想法，而不是成就。）

各个低等阶层如果不受直接拥有知识的高等阶层的引导，就几乎不可能履行他们那种提高其手艺的职责。

2）因此，尊敬高等阶层的成员是各个低等阶层的职责。我在这里讲的不是他们对法律掌管者本身应该抱有的服从态度，也不是他们对民众道德教师本身应该抱有的听话和信任态度，因为这些都是一般职责；我在这里讲的是他们对于作为有高度教养的人的学者和艺术家，即使这些人不身居要职，也完全应该抱有的尊敬态度。这种尊敬并不在于从外表方面表示敬意,也不在于像奴隶那样默默地表示敬畏,而是在于假定学者和艺术家比他们懂得多、看得远,假定这些人对处理问题、经营行业、操持家务和从事教育提出的改进办法和建议会以真知灼见为根据;这种尊敬并不在于他们本来不应当有的那种盲目相信和默然服从,而是仅仅在于悉
(I,5,316) 心注意和预先假定那些建议会很合理,值得继续检验。一句话,这种尊敬就是我们业已指出的那种长大成人的子女对父母所持的态度,只不过程度不完全相同罢了。这种尊敬的态度取决于自由的思考和反思,因此,大家虽然不能把采取这种态度直接当作职责,但可以把有助于采取这种态度的思考当作职责。毋庸赘言,事情很清楚,低等阶层如果不假思索地拒绝来自高等阶层的一切改进建议,就永远不会进步。

但必须考虑到,高等阶层几乎完全是由于自己的过错,才得不到这种尊敬。这种尊敬在很大程度上取决于高等阶层对低等阶层是否表示尊重。大家应当尊重他们的自由,这是因为,大家并不是管辖他们的政府当局,所以绝不能命令他们,而只能劝导他们。大家应当尊重他们的工作,并且让他们看到,大家是知道他们的工作的尊严的。大家如果想对他们发生影响,那就应当下到他们中间来。除了想在没有学识的人们面前炫耀自己有学识以外,就再没有任何更无聊的虚荣心了。他们是不会赏识这一套的。与他们交往的规则像一切通俗演讲的规则一样,是这样的:绝不要从原则出发,因为他们不懂得原则,也无法听懂演绎;而是要把一切应该给他们讲的东西,尽量归结为他们自己的经验。

高等阶层和低等阶层的正确关系,即两者的合乎目的的相互

作用，是人类的改善所依据的真正基础。高等阶层是人类这个巨大整体的精神，低等阶层是这个整体的四肢；前者是思考者和谋划者，后者是执行者。一个直接按照意志的预定目的，顺利完成每项动作的身体，是健康的身体；只要理智一直精心保养各个肢体，这样的身体就始终是健康的。人类共同体也是如此。只要高等阶层与低等阶层的关系是应有的，即合乎目的的，在其他各个阶层之间就立刻会自动出现正确的关系。如果各个低等阶层在他们的教养方面有长足进步——他们只要注意高等阶层的建议，就会进步——那么，国家官员就不再会看不起学者，把学者当作无所事事的梦想家，因为国家官员本身就是为时间进程所迫，实现学者的各种思想的，并且发现这些思想在经验中总是验证不爽；同时，国家官员也不再会遭到学者的蔑视，被当作没有思想的经验主义者。在这种情况下，学者与所谓的神职人员就不再会以不同的人的身份，甚至常常以同一个人的身份发生冲突，因为普通的人总是变得更有能力与时代的文化并驾齐驱。 (I,5,317)

我们人类的改善是一切伦理学的最终目的，除了指明这种改善应该依据的要点，我几乎无法以某种更合乎目的的东西来结束本书。

译者注释

1. 即从知识学的三条原理得出的“自我与非我的相互规定”。它既是从客观东西到主观东西的理论理性达到的终点，也是从主观东西到客观东西的实践理性出发的起点。费希特将它称为主客同一体。
2. 《费希特全集》，第 I 辑第 3 卷，第 329—334 页。
3. 《费希特全集》，第 I 辑第 2 卷，第 382 页以下。
4. 《费希特全集》，第 I 辑第 4 卷，第 194 页。

5. 《费希特全集》，第 I 辑第 2 卷，第 406 页：“自我不仅应该为它自己以外的任何一个理智而自己设定自己，而且它应该为它自己本身而设定自己；它应该把自己设定为由自己本身所设定的”。

6. 康德《纯粹理性批判》，第三版，里加 1790 年，第 473 页：“假定有一种先验意义上的自由，作为世界上的事件能够据以发生的一种特殊的因果性，即假定有一种绝对地开始一个状态的，因而也绝对地开始这个状态的一系列后果的能力”。
7. 《费希特全集》，第 I 辑第 4 卷，第 424 页。
8. 康德《实践理性批判》，里加 1788 年，第 83 页：“既然道德规律本身被确立为演绎自由，即演绎纯粹理性的一种因果性的原则，那么，道德规律的这种全权保证就可以完全充分地代替一切 a priori〔先验〕论证，而满足理论理性的一种需要，因为理论理性曾经至少不得不假定有一种自由”。
9. 《费希特全集》，第 I 辑第 3 卷，第 323 页脚注、第 319 页与 320 页。
10. 《费希特全集》，第 I 辑第 2 卷，第 442 页。
11. 参看《自然法权基础》，§.6，§.5 与 §.3。
12. 康德《判断力批判》，柏林与李堡 1790 年，第 XXVI 页：“如果给定的是普遍的东西（规则、原则与规律），那么，把特殊的东西归属于普遍的东西之下的判断力（尽管它作为先验的判断力 a priori〔先验地〕提供了一些条件,唯有按照这些条件,特殊的东西才能被归属于普遍的东西之下)就是起规定作用的。但是,如果给定的仅仅是特殊的东西,判断力应该为这种特殊的东西寻找普遍的东西,那么,判断力就仅仅是起反思作用的”。

13. 康德《实践理性批判》,第41页:“一切实质的实践规则都把规定意志的根据置于低级欲求能力之内,然而假如没有意志的任何单纯形式的规律,充分地规定意志,那么,任何高级欲求能力就都不可能会得到存在的余地”。

14. 《自然法权基础》,§.5与§.6。

15. 摩·门德尔松(M. Mondelssohn 1729—1786)著《论感觉》,柏林1755年,第114页:“我们终于达到很远的地方,以致我们发现了愉快的一种三重性起源,并且分清了它们的错综复杂的界限。一个是多样东西中的同类东西,或感性美;另一个是多样东西的统一性,或完善性;最后一个是我们的躯体性状得到改善的境况,或感性的乐趣”。

16. 卡·威·耶路撒冷(K. W. Jerusalem 1747—1772)著《哲学论文集》,哥·埃·莱辛编,不伦瑞克1776年,第61—63页:“有一种感性乐趣,对于恶化的躯体性状的感受是直接与它联系起来的……饮酒者在开始进入陶醉状态时感到的愉快就属于这种感性乐趣。这时,他的四肢不再听他使唤,他的语言、他的意识也不再能由他控制”。

17. 康德《道德形而上学基础》,里加1785年,第77页:“所以,道德是一个理性存在者能够以其自身为目的的唯一条件,因为只有通过道德,他才成为目的王国的一个立法成员。于是,只有道德以及与道德相适应的人性,才是具有尊严的东西”。第119—120页:“知性世界的概念,只是理性为了把自己设想为实践的、不得不在现象之外采取的一种立场。倘若感性对人起着决定性的作用,那么,理性就不可能把自己设想为实践的;这一立场是必要的”。

18. 赖因霍尔德《人类表象能力新论》,布拉格与耶拿1789年,第567页:“从事表象活动的主体由冲动的自动性加以规定的能力,或这种主体规定自己从事冲动引发的行动的能力,叫做意志;这种主体从事冲动引发的行动的现实的和有意识地采取的自我规定,叫做意愿。”第571页:“人的意志在两种情况下是自由的。第一种情况是：人的意志作为理性的自动性的能力，绝不能受到任何外来刺激的强制；第二种情况是：人的意志作为一种除了理性，也还拥有感性的主体的能力，既能先验地规定自己，也能后验地规定自己，因此，绝不是以排他的方式，既不受无私冲动的规律的制约，也不受自私冲动的规律的制约。"可以进一步参看《康德哲学通讯》，莱比锡1792年，第2卷，第259页与第281页。

19. 康德《实践理性批判》，第205页以下："就世界中各种事件的因果性而言，在纯粹思辨理性的二律背反中也发现了自然必然性与自由之间的一种类似的冲突。这个冲突可以用这样一个证明加以解决：如果人们把各种事件和发生它们的世界只看作现象，这个冲突就绝不是真实的冲突；因为同一个能行动的存在者作为现象虽然在感性世界中有一种永远符合于自然机制的因果性，但在同一个事件方面，就能行动的人同时把自己视为本体而言，却会包含那种虽然符合于自然规律，但不受其支配的因果性的规定根据"。

20. 康德《实践理性批判》，第2卷第2章，III."在纯粹实践理性与思辨理性的结合中实践理性所占的优先地位"。

21. 康德《单纯理性界限内的宗教》，柯尼斯堡1793年，第271页："意识到我愿意从事的行为正当，是无条件的职责"。

22. 同上书，第274页："例如，我们可以举出一位异端审判官，他坚守自己的法定信仰具有的独一无二的地位，到了必要时以身殉职的地步。他要对一个被指控为不信上帝的所谓异端（通常是好公民）作出判决。这时我要问：如果他判决这个异端死刑，人们是否能说他是按照自己的（尽管发生迷误的）良心作出判决的，或者，不论他是做错了，还是故意做得不公正，人们是否能确切地指摘他完全丧失良心；因为人们可以当面指摘他，说他在这样一个案例中从来都完全不能确信自己不会做得不公正"。

23. 同上书，第270页："良知是一种本身属于职责的意识"。

24. 康德《实践理性批判》，第1卷第1章，§.1.定义。

25. 康德《单纯理性界限内的宗教》，第6页以下："必须说明，这里把人的本性只理解为（遵从客观道德规律）一般地运用人的自由的那个先行于一切被察觉到的行为的主观根据，不论这个根据存在于什么地方。但是，这个主观根据自身总又必须是一个自由活动(因为如若不然,人的随意性在道德规律方面的运用或滥用,就不能归因于人,而人心中的善或恶也不能叫做道德上的)。因此,恶的根据不可能存在于任何通过偏好规定随意性的客体中,不可能存在于任何自然冲动中,而只存在于随意性为了运用自己的自由而为自己制定的一个规则中,即存在于一个准则中。关于这个准则,必然不能再继续追问,在人心中采纳它而不采纳相反的准则的主观根据是什么,因为假如这个根据最终自身不再是任何准则,而是一个自然冲动,自由的运用也就可以完全追溯到自然原因作出的规定,而这是与自由矛盾的”。

26. 同上书,第 32 页:“这种恶是根本的,因为它败坏了一切准则的根据;同时它作为自然倾向也不能借助人力予以消除,因为这只有借助善的准则才能做到,如果假定一切准则的最高主观根据都已败坏,这种情况则不可能发生;虽然如此,但它也必定有可能加以克服,因为它是在作为自由行动的存在者的人身上遇到的”。第 33 页:“天生的罪孽(reatus)——之所以这样称谓它,是因为早在人总是仅仅表现出自由的运用时,它就会让知觉到,而且没有任何事情不是毕竟必然出自自由,因而是能够被归咎于人的——在它的前两个阶段(脆弱和不纯正)上被判定为无意的(culpa),在它的第三个阶段则被判定为蓄意作出的罪孽(dolus)”。

27. 克·亚·爱尔维修(C. A. Helvetius 1715—1771)《论精神》(巴黎 1758):“利益是我们用以判断各种行为的根据”;“每个人所谓的正直,只限于那些对他自己有利的行为的惯常表现”;“如果一个人在每一可能情形下都保证他能坚持德行,这个人不是伪君子就是傻瓜”;“道德世界为利益的规律所支配”。见《西方伦理学名著选辑》,下卷,北京 1987 年,第 44 页以下。

28. 约·亨·卡姆佩(J. H. Campe 1746—1818)著《从教育方面来看感受性与善感性》,汉堡 1779 年,第 4 页:“敏感性这个词汇一般要说的是:它所指的并不是一种引发任何感觉方式的巨大能力,而仅仅是一种引发包含某类道德内容的感觉的巨大能力;我的读者不是早已认识到了这一点,便是现在毕竟认识到了这一点,所以我在这两种情况下都不必纠缠于这件事情”。

29. 《新约全书》,"路加福音",第 18 章第 9—14 段。
30. 康德《单纯理性界限内的宗教》,第 1 章,"论人性中的恶根"。
31. 赖因霍尔德《人类表象能力新论》,第 571 页以下。
32. 康德《单纯理性界限内的宗教》,第 24 页:"人天生是恶的,无非是说,就人的类族来看,这是适用于人的,而不是说,这样的品质好像是从人的类族概念(即人之为人的概念)可以推论出来的(因为如果这样,这样的品质就会是必然的),相反地,就像大家通过经验认识人那样,人只能根据这个概念加以评判,或者,大家可以在每个人身上,甚至在最优秀的人身上,把这假定为主观上必然的"。
33. 暗指马丁·路德著《论意志决定的羁绊》。
34. 康德《以世界公民的观点撰写一部通史的想法》,载《柏林月刊》,第 11 期,1784 年 11 月,第 392 页。

35. 罗马诗人奥维德(Publius Ovidius Naso 公元前 43—公元 17)《变形记》,第 8 卷第 140 节:"出身和祖先我们自己无法决定,我认为这不是我们的事情"。
36. 《新约全书》,《哥林多前书》,第 10 章第 31 段。

37. 《自然法权基础》,§1—4。
38. 谢林《自然法权的新演绎》,载《哲学评论》第 IV 卷第 4 期,1796 年,§. 13:"在我的道德力量遇到抵抗的地方,就不再可能有天然的东西。我不寒而栗,停顿下来。迎面向我传来喊声:这里有人!我不可再进一步"。
39. 关于这一节的论述,可参看费希特 1800 年 9 月 18 日致赖因霍尔德的信件草稿,入《费希特全集》第 III 辑第 4 卷,第 313—314 页。
40. 康德《实践理性批判》,第 54 页:"你要这样行动,那就是能够使你的意志的准则永远同时被视为普遍立法的原则"。
41. 柏拉图《书信集》,第 VII 卷,325d6—326a2:"虽然我最初抱着热烈愿望,忙于公众事务,但当我考虑到法律废弛,习俗败坏,看到各种事情在各个方面如何变得不妙时,我就终于头晕脑涨了"。
42. 康德《道德形而上学基础》,第 64—65 页,"人,总而言之,每个理性存在者,都是作为其自身的目的存在的,而不单纯是作为这个或那个意志随意使用的手段存在的,所以,人在自己的一切行动中,无论是针对自己的，还是针对其他理性存在者的，都必须同时永远被视为目的”。

43.《自然法权基础》，§.3。

44. 同上书，§.11。

45. 康德《纯粹理性批判》，第三版，第626页：“存在显然不是任何实在的属性，即不是一个关于能附加到物的概念上的某种东西的概念。它仅仅是一个物或某些规定本身的位置”。

46. 卢克莱齐娅(Lucretia)系卢西·塔尔昆·考拉丁(Lucius Tarquinius Collatinus)之妻。塞克斯特·塔尔昆(Sextus Tarquinius)利用威胁手段，逼使她委身于他。她事后向她的丈夫和父亲诉说了发生的情况，请求他们为她被奸污报仇，并执剑刺腹而自尽。按照传说，她的死构成了公元前510年罗马王权覆灭的起因。

47. 科德鲁斯(Codrus)，按照传说，系雅典末代国王。多里安人于公元前1068年从伯罗奔尼撒前往征服阿提卡时，德尔法神谕宣示，他们只有不杀死雅典国王，才会获胜。科德鲁斯乔装为农夫，击毙一名敌军，因而被敌军杀死。多里安人知道他们已经杀死雅典国王以后，便立即撤退了。

48.《费希特全集》，第I辑第3卷，第405页以下。

49.《费希特全集》，第I辑第4卷，第73—77页。

50.《旧约全书》，“利未记”，第19章第18段；《新约全书》，“马太福音”，第22章第39段。

51. 马克西米里安·朱利·利奥波德·冯·不伦瑞克(Maximilian Julius Leopold von Braunschweig 1752—1785)，在奥得河畔法兰克福为普鲁士供职的少将。1785年4月27日用舢板抢救依然被郊区决堤的洪水与浮冰困扰的居民时，不幸身亡。

52.《费希特全集》，第I辑第3卷，第405—409页。

53.《费希特全集》，第I辑第3卷，第407页。

54.《自然法权基础》，§.19.I.“关于人身安全和不可侵犯的权利”。

55.《自然法权基础》，附录“家庭法概论”，第4章“关于父母与子女之间的相互关系”。

56. 同上书，附录“家庭法概论”，第1章“婚姻的演绎”。

57.《新约全书》，“马太福音”，第5章第45段。

58. 康德《判断力批判》,第15页:“对有的人来说,使他感到有趣的东西是适意的,讨他喜欢的东西是美的,被他珍视的,即他在其中肯定一种客观价值的东西是善的”。

59. 柏拉图《国家篇》,第V—VII卷,473c11—e5,484b3—c4,519b7—d7。尤其是519b7—c2:“从我们已经说过的这些话里也可以得出一个必然的结论,即没有受过教育和不懂真理的人都不适宜治理国家”。

修订后记

本书是梁志学与李理依据德国巴伐利亚科学院版《费希特全集》第I辑第5卷翻译的。它的第一版以单行本在1995年2月出版于中国社会科学出版社，在1997年1月收入《费希特著作选集》第三卷，出版于商务印书馆。原书的导论与§.1—§.25由梁志学译出，§.26—§.33由李理译出。根据近十年来我们自己的研究结果和读者提出的批评建议，我们又对本书作了修订，改正了我们发现的纰漏。这次修订，导论与§.24—§.33由李理负责，§.1—§.23由梁志学负责。撰写中文版序言和增加译者注释也是梁志学完成的。看校样时，张东辉学友还协助我们审读过全部正文。但我们深知，真正译好一本古典哲学著作极不容易。我们这次完成的修订工作，也只是朝着这个目标迈进了一步。因此，我们衷心希望译界同行继续给我们提出批评建议。

梁志学　李理

2005年12月于北京

图书在版编目(CIP)数据

伦理学体系：根据知识学的原则/(德)费希特著；梁志学,李理译.—北京:商务印书馆,2017
(汉译世界学术名著丛书:120年纪念版:珍藏本)
ISBN 978-7-100-14822-1

Ⅰ.①伦… Ⅱ.①费… ②梁… ③李… Ⅲ.①伦理学—研究 Ⅳ.①B82 ②B516.33

中国版本图书馆CIP数据核字(2017)第157532号

汉译世界学术名著丛书
(120年纪念版·珍藏本)
伦理学体系
——根据知识学的原则
〔德〕费希特 著
梁志学 李理 译

商务印书馆出版
(北京王府井大街36号 邮政编码100710)
商务印书馆发行
北京冠中印刷厂印刷
ISBN 978-7-100-14822-1

2017年12月第1版 开本710×1000 1/16
2017年12月北京第1次印刷 印张26
定价:132.00元